Michael Graber-Dünow

»Das gibt's nur einmal ...«
Kulturarbeit im Altenpflegeheim

Michael Graber-Dünow

»Das gibt's nur einmal ...« Kulturarbeit im Altenpflegeheim

Hintergründe, Konzept, Beispiele

schlütersche

Bibliografische Information Der Deutschen Nationalbibliothek
Die Deutsche Nationalbibliothek verzeichnet diese Publikation in der Deutschen Nationalbibliografie; detaillierte bibliografische Daten sind im Internet über http://dnb.ddb.de abrufbar.

ISBN 978-3-89993-195-2

Autor:
Michael Graber-Dünow
Montastraße 8
63543 Neuberg

Michael Graber-Dünow ist Sozialarbeiter und Altenpfleger. Seit 1997 leitet er das Justina von Cronstetten Stift in Frankfurt.

Titelbild: © Sly
Satz: PER Medien+Marketing GmbH, Braunschweig
Druck und Bindung: Druckhaus »Thomas Müntzer« GmbH, Bad Langensalza

Für meine Eltern
Hildegard Graber und
Willi Graber († 24. Januar 2007)

»Das gibt's nur einmal,
das kommt nicht wieder,
das ist zu schön, um wahr zu sein.
So wie ein Wunder fällt auf uns nieder
vom Paradies ein gold'ner Schein.«*

* (Refrain des Schlagers »Das gibt's nur einmal« aus dem Film »Der Kongress tanzt« (1931); Sängerin: Lilian Harvey; Text: Robert Gilbert, Komponist: Werner Richard Heymann)

Inhalt

Danksagung

Ich bedanke mich bei allen, die mich bei der Erstellung des Buches mit Informationen, Anregungen und Tipps unterstützt haben. Ein besonderer Dank gilt den alten Menschen, die mir für die in das Buch eingearbeiteten Interviews zu Verfügung standen, sowie dem Pflegedienstleiter des Justina von Cronstetten Stifts, Peter Barwitzki, der die im Text abgedruckten Fotos zur Verfügung stellte. Ein weiteres herzliches »Dankeschön« gilt meiner Lektorin, Claudia Flöer, für die stets positive Zusammenarbeit. Last but not least möchte ich mich auch bei meiner Frau Gudrun Dünow sowie meinem Sohn Fabian für ihre Geduld in den vielen Monaten der Entstehung des Buches und für ihre Unterstützung bedanken.

Vorwort

Dieses Buch gibt einen Überblick über die Möglichkeiten der Kulturarbeit im Pflegeheim, denn: Kulturarbeit in der stationären Altenhilfe ist vor dem Hintergrund eines ganzheitlichen Menschenbildes für die Lebenszufriedenheit der Heimbewohner unverzichtbar.

Dabei beschäftigt sich der erste Teil des Buches mit einigen grundlegenden Überlegungen zum Thema. Unter der Prämisse, dass wesentliche kulturelle Prägungen in der Kindheit und Jugend eines Menschen erfolgen, enthält der zweite Teil einen Abriss der Kulturgeschichte der 1920er bis 1940er Jahre in Deutschland (mit einem Ausblick auf die 1950er Jahre). So erhalten die Leser einen guten Überblick über wesentliche Aspekte jener Zeit, in der die meisten heutigen Heimbewohner aufwuchsen bzw. als junge Erwachsene lebten.

Im dritten Teil wird schließlich die praktische Umsetzung von Kulturarbeit am Beispiel des Frankfurter Altenpflegeheims Justina von Cronstetten Stift dargestellt, das ich seit dessen Eröffnung im Juni 1997 leite.

Das Buch wendet sich vor allem an die Mitarbeiter von stationären Altenhilfeeinrichtungen, die mit der Gestaltung und Umsetzung von Kulturprogrammen betraut sind. Aber auch Beschäftigte in der offenen Altenhilfe, in Seniorenclubs, Volkshochschulen oder Freizeittreffs können wesentliche Inhalte des Buches auf ihr Arbeitsfeld übertragen. Zugleich kann das Buch in der Ausbildung, insbesondere von Altenpflegern, Sozialarbeitern, Sozialpädagogen, Ergotherapeuten und Heilpädagogen eingesetzt werden. Darüber hinaus soll es allgemein bei allen in der stationären Altenhilfe beschäftigten Berufsgruppen zu einem Verständnis für die Notwendigkeit von Kulturarbeit im Heim beitragen.

Allen Leserinnen und Lesern wünsche ich eine anregende und informative Lektüre des Buches. Zugleich bitte ich um weitere Hinweise und Ergänzungen zum Thema.

Neuberg, im Oktober 2007 — Michael Graber-Dünow

Teil 1

Kulturarbeit im Heim

»Kultur« ist ein umfassender Begriff. Folgt man der Definition der einschlägigen Lexika, so leitet er sich aus dem lateinischen Wort *cultura* (Pflege des Körpers und des Geistes) und später, im Kontext des Landbaus, aus *colere* (bebauen, (be)wohnen, pflegen, ehren, ursprünglich etwa »emsig beschäftigt sein«) ab.

Kultur kann allgemein als Gesamtheit der Lebensäußerungen der menschlichen Gesellschaft in Sprache, Religion, Wissenschaft, Kunst u. a. bezeichnet werden.

Dieser Definition folgend ist auch die »Kultur eines Altenpflegeheims« umfassend: Sie beinhaltet beispielsweise die Ausstattung des Heimes, seine Kommunikationskultur, die Gestaltung alltäglicher Abläufe, die Ess- ebenso wie die Sterbekultur. Ein weiterer wichtiger Aspekt der Heimkultur ist das Angebot kultureller Veranstaltungen, mit dem sich dieses Buch beschäftigt.

1 Ziele der Kulturarbeit

Jeder Mensch ist ein kulturelles Wesen, das kulturelle Bedürfnisse besitzt, die es befriedigen möchte. Diese generelle Aussage trifft selbstverständlich auch auf die Bewohner von Altenpflegeheimen zu. Wenn wir in der stationären Altenhilfe also von einer ganzheitlichen Sicht des Menschen sprechen, muss diese die Bewohner auch in ihrer kulturellen Dimension erfassen und die Möglichkeit der Befriedigung kultureller Bedürfnisse implizieren.

Dabei besteht das vorrangige Ziel des Angebots von Kulturveranstaltungen zunächst schlicht darin, dass die Bewohner daran Gefallen finden. Sie sollen sich an den Angeboten erfreuen und auf diese Weise (neue) Lebensfreude erfahren. Das hat nichts mit eher negativ besetzten Begriffen wie Spaß- bzw. Freizeitgesellschaft oder Eventkultur zu tun. Es geht vielmehr um die Befriedigung eines grundlegenden menschlichen Bedürfnisses. Kulturelle Angebote wirken nicht nur im Augenblick, sondern erzeugen ebenso Vorfreude wie auch einen »Nachklang« (dies gilt natürlich nur dann, wenn bei den jeweiligen Bewohnern keine Einschränkungen des Gedächtnisses aufgrund demenzieller Erkrankungen vorliegen).

Kulturelle Angebote können aber auch durchaus Reizpunkte schaffen. So wichtig es für viele Bewohner beispielsweise ist, vertraute Lieder zu hören, so befruchtend kann es andererseits sein, gelegentlich mit neuen und ungewohnten Klängen konfrontiert zu werden. In unserem Hause finden beispielsweise in regelmäßigen Abständen Auftritte von Folkloregruppen aus anderen Ländern und Kulturkreisen statt (siehe Anhang), deren musikalische und tänzerische Darbietungen manchmal durchaus fremdartig erscheinen. Wir stellen jedoch immer wieder fest, dass Heimbewohner entgegen dem weit verbreiteten Klischee gern bereit sind, sich auf solch »neue Erfahrungen« einzulassen. Dies ist vor allem dann der Fall, wenn ihnen die Hintergründe der Darbietungen erklärt werden. Solche Angebote tragen dazu bei, den Horizont und das Bewusstsein zu erweitern. Sie können Verständnis für andere Kulturen erwecken und einen Zugang zu bisher fremdartigen Denk- und Verhaltensmustern eröffnen. Somit wirken sie auch toleranzfördernd.

Abb. 1: Thulall-Tanztheater mit Harianu Harshita während der Indischen Woche 2004.

Kulturangebote können aber nicht nur die Auseinandersetzung mit anderen Kulturen, sondern auch mit persönlichen und gesellschaftlichen Problemen sowie existenziellen

Fragen fördern. Sie können für Bewohner damit Entlastung schaffen und sogar sinnstiftend wirken.

Die Teilnahme an kulturellen Angeboten ist außerdem mit einem vielfach als positiv erlebten Gemeinschaftserlebnis verbunden. Durch die Auseinandersetzung und das Gespräch über das Gebotene wird die Kommunikation untereinander gefördert.

Heimbewohner können von diesen kulturellen Angeboten aber nicht nur direkt, sondern auch mittelbar profitieren, wenn Kulturarbeit seitens des Heimes als wichtiger Bestandteil seiner Gemeinwesenarbeit begriffen wird. So sollten auch die Angehörigen der Bewohner selbstverständliche Adressaten der Kulturveranstaltungen im Heim sein. Durch das Kulturangebot können Anreize für Besuche geschaffen werden, da diese dann mit dem gemeinsamen Erlebnis interessanter Veranstaltungen verknüpft sind. Der Bewohner hat dadurch außerdem die Möglichkeit die »Rolle des Gastgebers« einzunehmen. Er ist nicht mehr der passive, hilflose Heimbewohner, der aus Mitleid oder Pflichtgefühl besucht wird (wie man überspitzt formulieren könnte), sondern er kann seinen Besuchern ein interessantes kulturelles Erlebnis bieten.

Darüber hinaus sollte das Heim sein Kulturprogramm aber auch für die Einwohner des Stadtteils bzw. der Gemeinde öffnen. Externe Besucher bedeuten für die Bewohner neue Kommunikationsmöglichkeiten; auch bestehende Sozialkontakte können so leichter gepflegt werden. Außenstehende können dadurch Schwellenängste überwinden. Dies kann dazu führen, dass Vorurteile gegen Heime abgebaut werden und die Einrichtung und damit ihre Bewohner stärker in den Stadtteil bzw. die Gemeinde integriert werden. Des Weiteren besteht die Möglichkeit, örtlichen Vereinen oder Gruppierungen die Räumlichkeiten des Heimes für Veranstaltungen, an denen dann auch die Bewohner teilnehmen können, zur Verfügung zu stellen, sodass aus solchen Kooperationen letztlich beide Seiten ihren Nutzen ziehen. Es ist also ein reger Austauschprozess zwischen Heim und Gemeinwesen anzustreben, in dem das Heim letztlich sogar zu einem kulturellen Zentrum im Stadtteil bzw. in der Gemeinde werden kann.

Für das Heim selbst sind solche Angebote außerdem ein eminent wichtiger Bestandteil einer positiven Öffentlichkeitsarbeit. Dazu gehört die Ankündigung der Veranstaltungen durch Flyer und/oder Plakate (auch in ortsansässigen Geschäften, Apotheken und Arztpraxen) ebenso wie ein entsprechender Hinweis in der lokalen Presse. Selbstverständlich müssen die zuständigen Pressevertreter auch zu der Veranstaltung eingeladen werden, damit eine abschließende Berichterstattung über deren Verlauf erfolgen kann. Bei kleineren regionalen Zeitungen kann dies evt. durch eine Pressemitteilung, welche die Veranstaltung nochmals zusammenfasst, erreicht werden.

Die Kulturarbeit ist auch eines der Bereiche, in der die stationäre Altenhilfe einen klaren Vorteil gegenüber der häuslichen Pflege besitzt, da dort die Befriedigung kultureller Bedürfnisse in weitaus geringerem Maße möglich ist. Vielfach reduziert sich für die ambulant Gepflegten sogar die Möglichkeit der kulturellen Teilhabe einzig auf die Nutzung des Fernsehens und Radios. Der Umzug in ein gut geführtes Heim muss also nicht zwangsläufig negative Konsequenzen für die Betroffenen nach sich ziehen, sondern er kann den alten Menschen auch neue Perspektiven eröffnen. So können sich beispielsweise für

Abb. 2: Nach dem Besuch eines Promenadenkonzerts.

Abb. 3: Herstellen von Dekorationsmaterial für die Indische Woche.

Bewohner, die zuvor in ihrer Wohnung unter Isolation und Vereinsamung litten, im Heim neue Sozialkontakte und kommunikative Möglichkeiten ergeben. Dabei können kulturelle Angebote unterstützend wirken. Und auch zuvor brach liegende kulturelle Bedürfnisse können in einem Heim, das vielfältige Aktivitäten anbietet, endlich wieder befriedigt werden.

Neben der Teilnahme an rezipierenden Angeboten müssen die Heimbewohner aber auch die Möglichkeit haben, selbst kreativ tätig zu werden, wie z. B. im Rahmen künstlerischer bzw. kunsthandwerklicher, musikalischer oder literarischer Aktivitäten. Wie bei allen Angeboten im Heim gilt selbstverständlich auch hierbei der Grundsatz, dass diese an den Bedürfnissen, Interessen und Ressourcen der Bewohner anknüpfen müssen. Unterforderungen sind dabei ebenso zu vermeiden wie als frustrierend erlebte Überforderungen. Auch dürfen sie keinesfalls, wie manch alt hergebrachte »Bastelangebote« in Heimen, die Bewohner infantilisieren. Ein entsprechendes Interesse selbstverständlich vorausgesetzt, kann dem einzelnen Bewohner das »richtige Angebot« in der »richtigen Dosierung« ermöglichen, Kreativität zu entwickeln und auszuleben. Die daraus resultierenden Erfolgserlebnisse können das Selbstvertrauen stärken. Der Bewohner erlebt Selbstbestätigung und im besten Fall kann er eine neue sinnstiftende Aufgabe finden, sodass diese Aktivitäten letztlich sogar zu seiner Selbstverwirklichung beitragen.

Fazit:
Jeder Mensch ist ein kulturelles Wesen, das kulturelle Bedürfnisse besitzt. Kulturarbeit will diese Bedürfnisse anregen und befriedigen. Dabei verfolgt Kulturarbeit gleich mehrere Ziele:
Kulturelle Angebote

- sollen den Bewohner vor allem gefallen,
- können mit neuen und ungewohnten Themen konfrontieren,
- fördern die Auseinandersetzung und wirken sinnstiftend,
- fördern das Gemeinschaftserleben,
- lassen den Bewohner zum Gastgeber werden,
- öffnen das Haus für Besucher von außen,
- integrieren die Einrichtung in den Stadtteil/die Gemeinde,
- stellen die Einrichtung positiv dar,
- bieten die Möglichkeit, selber aktiv und kreativ zu werden.

2 Die Programmgestaltung

Prinzipiell ist anzustreben, das Kulturangebot im Heim gemeinsam mit den Bewohnern zu entwickeln. Der Heimbeirat ist nach § 30 der *»Verordnung über die Mitwirkung der Bewohnerinnen und Bewohner in Angelegenheiten des Heimbetriebes«* (Heimmitwirkungsverordnung) ohnehin an der *»Planung oder Durchführung von Veranstaltungen«* sowie der *»Alltags- und Freizeitgestaltung«* im Heim zu beteiligen. Darüber hinaus besteht außerdem die Möglichkeit einen Kultur- oder Festausschuss zu installieren, in dem interessierte Bewohner, Angehörige, Beschäftigte und ehrenamtliche Helfer mitarbeiten. So kann die Arbeit nicht nur auf mehrere Schultern verteilt werden, sondern die kulturellen Angebote im Heim können durch unterschiedliche Vorstellungen und Interessen der Teilnehmer auch vielfältiger gestaltet werden. Durch eine solche Arbeitsgruppe können auch persönliche Kontakte von Teilnehmern zu Vereinen, Kulturgruppen und Künstlern für die Einrichtung gewinnbringend genutzt werden. Eine Gefahr solcher Gremien kann jedoch darin bestehen, dass die Beteiligten nur ihre eigenen Interessen vertreten und anders gelagerte Wünsche von nicht beteiligten Bewohnern deshalb nicht zum Tragen kommen.

Gerade in reinen Pflegeheimen gestaltet sich die Beteiligung der Bewohner oft schwierig. Dies ist einerseits auf gesundheitliche Einschränkungen (insbesondere demenzielle Erkrankungen) zurückzuführen; andererseits begründet sich dies jedoch auch in der Passivität vieler alter Menschen, die einer Generation angehören, die es nicht gewohnt ist, Wünsche, aber auch Kritik zu äußern. Sie tendieren daher eher zu Zufriedenheitsaussagen hinsichtlich des bestehenden Angebots.

Um trotz dieser Problematik ein adäquates Kulturprogramm gestalten zu können, ist es unabdingbar, dass die Interessen der Bewohner bekannt sind und ihre kulturelle Sozialisation berücksichtigt wird. Um zu erfahren, welche kulturellen Interessen einzelne Bewohner haben und wie sie das Kulturangebot des Heimes einschätzen, sind neben formellen Bewohnerbefragungen vor allem informelle Gespräche hilfreich. Dabei ist es von besonderer Bedeutung, dass eine Heimatmosphäre entsteht, in der die Bewohner die Erfahrung machen können, dass Kritik nicht nur erlaubt, sondern sogar erwünscht ist (nebenbei bemerkt ist auch dies ein wichtiger Aspekt der »Kultur eines Heimes«).

Die kulturellen Interessen der Heimbewohner sind natürlich nicht einheitlich: Was dem einen Bewohner zu trivial ist, empfindet der andere als zu elitär. Dem Dritten mag langweilig oder unverständlich erscheinen, was den Vierten begeistert.

Die unterschiedlichen Interessen sind das Ergebnis einer lebenslangen kulturellen Sozialisation, die von unterschiedlichen Faktoren bestimmt wird. Dabei spielt die Schichtzugehörigkeit und das soziale Milieu, aus dem der Bewohner kommt, eine wichtige Rolle. So waren beispielsweise die Besuche klassischer Konzerte in der Kindheit und Jugend der heutigen Heimbewohner in der Regel der bürgerlichen Mittelschicht vorbehalten; Arbeiterfamilien konnten sich ein solches teures Freizeitvergnügen meist gar nicht leisten. Da jedoch auch der musikalische Geschmack im Laufe des Lebens Wandlungen unterworfen

Abb. 4: Klassisches Konzert mit Alexander und Khalida Fradkin.

Abb. 5: Nostalgie-Kabarett – Jaques Oerter singt Couplets von Otto Reutter.

ist und sich weiter entwickelt, bedeutet dies noch lange nicht, dass Unterschichtangehörige generell keine klassische Musik hören.

Um den Interessen möglichst aller Bewohner gerecht zu werden, müssen die vom Heim angebotenen Veranstaltungen ein möglichst breites Spektrum umfassen. Der Kulturbegriff muss also weit gefasst sein und darf sich nicht nur an der »Hochkultur« orientieren. So sollte beispielsweise das Konzertprogramm eine musikalische Bandbreite umfassen, die die unterschiedlichsten Musikstile und -richtungen wie klassische Musik, Oper, Operette, Walzer, Jazz, Schlager, Volkslied usw. beinhaltet.

Beim Veranstaltungsangebot sollte man sich aber auch nicht scheuen, auch einmal einen »Minderheitengeschmack« zu bedienen. Hohe Teilnehmerzahlen sind bei Veranstaltungen nur ein bedingter Maßstab für den Erfolg.

Insbesondere bei demenziell erkrankten Bewohnern, die ihre Wünsche nicht mehr eindeutig formulieren können, sind des Weiteren gute biografische Kenntnisse über ihre kulturellen Interessen notwendig.

Selbstverständlich muss das Veranstaltungsangebot zugleich auf die noch vorhandenen geistigen Fähigkeiten zugeschnitten sein. Auch die Konzentrationsfähigkeit der Teilnehmer an einer Kulturveranstaltung darf nicht überfordert werden. Im Zweifelsfall ist zu überlegen, ob die Veranstaltung durch eine kurze Pause unterbrochen werden kann. Aufgrund unserer praktischen Erfahrungen in der Kulturarbeit mit Heimbewohnern gehen wir als »Faustregel« von einer Veranstaltungsdauer von in der Regel maximal einer Stunde aus.

2.1 Besuch externer Veranstaltungen

Im Sinne einer Normalisierung des Heimlebens ist es wünschenswert, wenn die Bewohner – ebenso wie die in einer Privatwohnung lebenden Menschen – ihren persönlichen Vorlieben gemäß außerhalb der Einrichtung Konzerte und Ausstellungen besuchen, an Straßenfesten teilnehmen, ins Kino gehen und andere kulturelle Angebote wahrnehmen würden. Die Heime sollten ihre Bewohner daher bei solchen Aktivitäten in jedem Fall, beispielsweise durch die Organisation von (ehrenamtlichen) Begleitdiensten, unterstützen.

Die Praxis zeigt jedoch, dass es einem Großteil der Bewohner trotz dieser Unterstützung nur in sehr beschränktem Umfang möglich ist, Kulturveranstaltungen außerhalb des Heimes zu besuchen. Dies liegt sich zum einen daran, dass viele Heimbewohner nicht die finanziellen Mittel haben, die relativ hohen Eintrittspreise, die für viele kulturelle Veranstaltungen erhoben werden, zu bezahlen. Davon sind insbesondere die Bewohner betroffen, die (ergänzende) Sozialhilfe erhalten und die somit nur den Barbetrag nach dem SGB XII zur freien Verfügung haben.

Ein großer Teil der Pflegeheimbewohner ist aber auch aufgrund seiner gesundheitlichen Einschränkungen nicht mehr in der Lage, externe Veranstaltungen zu besuchen bzw. die Anstrengungen eines mehrstündigen Veranstaltungsbesuchs durchzustehen, ohne dass die Belastungen den persönlichen Gewinn übersteigen.

Ein weiterer Hinderungsgrund kann darin bestehen, dass manche Veranstaltungsorte nicht behindertengerecht gestaltet sind. Aber auch die Organisationsstruktur des Heimes kann sich hier negativ auswirken, beispielsweise wenn nicht genügend Begleitpersonen zur Verfügung gestellt werden können oder die Rückkehr ins Heim nach einer bestimmten Uhrzeit ausgeschlossen ist. (Das dürfte durch eine entsprechende Änderung der Organisationsstruktur der Einrichtung am einfachsten zu lösen sein.[1])

Trotz vieler Einschränkungen sollten sich die Heime auf alle Fälle bemühen, den Bewohnern regelmäßig den Besuch externer Veranstaltungen anzubieten. Diese Angebote sind für die Lebenszufriedenheit der Bewohner von großer Bedeutung, da sie auf diese Weise ein Stück Normalität leben können. Außerdem wird die Integration der Bewohner in den Stadtteil bzw. in die Gemeinde gefördert.

So bieten wir in unserer Einrichtung beispielsweise jede Woche mit ehrenamtlicher Unterstützung einen Ausflug an. Während im Sommer dabei eher der Besuch von Ausflugszielen im Freien, an der »frischen Luft« von den Bewohnern gewünscht wird, werden in den Wintermonaten vorwiegend Ausstellungen und Museen besucht. Darüber hinaus finden Besuche von Konzerten, Theateraufführungen und auch Zirkusvorstellungen statt. Da das Angebot solcher externen Aktivitäten jedoch begrenzt ist, kann es ein umfangreiches Kulturprogramm im Heim nicht ersetzen.

Abb. 6: Führung durch den Frankfurter Palmengarten.

1 vgl. hierzu: Graber-Dünow, M. (2003): Milieutherapie in der stationären Altenhilfe, 2. vollst. überarb. Auflage, Hannover. S. 101ff.

2.2 Kulturprogramm im Heim

Mit einem umfangreichen Kulturprogramm gibt das Heim den Bewohnern die Möglichkeit, ihre kulturellen Bedürfnisse trotz gesundheitlicher Einschränkungen zu befriedigen. Das Prinzip dieses Angebots könnte lauten: Wenn Bewohner nicht mehr zu kulturellen Veranstaltungen gehen können, müssen diese eben zu ihnen kommen!

Dabei gibt es in fast allen kulturellen Bereichen sowohl die Möglichkeit rezipierende Angebote zu machen wie auch Veranstaltungen anzubieten, die den Bewohnern die Möglichkeit geben, sich aktiv und kreativ zu beteiligen.

Die Einsatzmöglichkeiten von **Musik** sind äußerst vielfältig. Musik kann im Heim als Untermalung von Festen und Feierlichkeiten (beispielsweise bei einem Grillfest) ebenso eingesetzt werden wie als Konzert. Um allen Geschmäckern gerecht zu werden, muss dabei das musikalische Spektrum sehr breit angelegt sein: klassische Musik und Opernarien sollten im Heim ebenso zu hören sein wie Operettenmelodien, Schlager, Volkslieder oder Jazz.

Die musikalische Unterhaltung durch das Radio spielte in Deutschland in den 1920er Jahren eine besondere Rolle. Oft verbrachte die ganze Familie den Abend vor dem Volksempfänger, um Konzerten zu lauschen. An diese Tradition anknüpfend können auch im Heim Schallplattenabende veranstaltet werden. Mögliche Mottos für solche Veranstaltungen sind:

- Wunschkonzerte (z. B. alte Schlager, klassische Musik)
- Lieder bestimmter Sänger/Musiker (z. B. Zarah Leander, Johann Strauß – evtl. verbunden mit Auszügen aus deren Lebensgeschichte oder Anekdoten)
- Musikstile (z. B. Swing, Walzer – evtl. mit Hinweisen auf ihre historische Entwicklung und ihre bedeutendsten Musiker)
- Jahreszeiten oder Feiertage (z. B. Frühlingslieder, weihnachtliche Musik)
- Länder (z. B. französische Chansons, Flamenco – hier sind begleitende Ausführungen, die das Gehörte kommentieren und damit für die Zuhörer leichter zugänglich machen, erfahrungsgemäß hilfreich)

Auch mit Schelllackplatten oder Drehorgelmusik kann man an sehr frühe Musikerfahrungen alter Menschen anknüpfen.

In einem Singkreis und in der Musiktherapie haben die Bewohner die Möglichkeit, aktiv zu singen oder mit einem (Rhythmus-)Instrument selbst Musik zu machen bzw. mitzuspielen. Es ist immer wieder erstaunlich, welche großen Fähigkeiten und Ressourcen auch hochgradig demenziell erkrankte Menschen hier noch haben. Diese gilt es zum Wohle der Betroffenen zu nutzen.

»Meine Frau (die an Demenz leidet, Anm. d. Verf.) *fängt jetzt an – obwohl sie gar nicht so musikalisch ist – beim Singkreis den Takt zu schlagen. Heute ist sie begeistert von diesen alten Schlagern und von der Volksmusik und schlägt den Takt, was sie sonst ihr Leben lang nicht gemacht hat. Das kann man kaum nachvollziehen, aber es ist so.«*
(Herr P., Jg. 1925)

Neben Gruppenaktivitäten kann Musiktherapie auch für einzelne Bewohner eingesetzt werden. Dies ist insbesondere für die immer größer werdende Gruppe der Heimbewohner von Bedeutung, die aufgrund schwerster körperlicher Erkrankungen trotz aktivierender Pflege ihr Bett nicht mehr oder nur noch kurzfristig verlassen können.

Der Einsatz von Musik sollte jedoch immer gezielt erfolgen. Eine »Dauerberieselung« durch ein ständig im Hintergrund laufendes Radio ist gerade bei demenziell erkrankten Bewohnern eher kontraproduktiv, da sie die Schallquelle nicht mehr orten können, sodass die Musik nicht als angenehm empfunden wird, sondern eher ihre Unruhe verstärkt.

Wichtig: *Bei jeglicher Nutzung von Musik sind die Bestimmungen der deutschen »Gesellschaft für musikalische Aufführungs- und mechanische Vervielfältigungsrechte«, kurz Gema, zu beachten. Nutzer von Musik müssen bei der Gema die Aufführungsrechte für diese Musik erwerben; die dadurch erzielten Einnahmen schüttet die Gema wiederum an die Musikschaffenden aus.*

Auch Altenpflegeheime und sonstige Altenhilfeeinrichtungen sind prinzipiell verpflichtet, bei der Nutzung von Musik sogenannte Lizenzbeiträge zu entrichten. Dazu ist bei Konzerten, Festen mit musikalischer Unterhaltung oder sonstigen Musikaufführungen die Musikfolge (d. h. die Reihenfolge der bei der Veranstaltung gespielten Lieder) an die Gema zu melden, die daraufhin eine Nutzungsgebühr erheben kann. Die Höhe der Gebühr ist von verschiedenen Faktoren, wie der Höhe evtl. erhobener Eintrittsgelder, der Größe des Veranstaltungsraums und der Art der Musikdarbietung (Live-Musik oder Musikkonserve) abhängig. Das Urheberecht erlischt übrigens 70 Jahre nach dem Tod des Komponisten, sodass die Nutzung »klassischer Musik« oder Volkslieder in der Regel gema-frei sind.

Die Verantwortlichen in den Heimen sollten auf alle Fälle die Gema kontaktieren, um bei der Nutzung von Musik keine Rechtsverstöße zu begehen. Allein schon zur Vermeidung der zeitaufwendigen Meldung von Einzelveranstaltungen, empfiehlt es sich, mit der Gema eine Pauschalregelung zu vereinbaren. Teilweise werden solche Pauschalregelungen auch von Trägerverbänden abgeschlossen. Die durch die Gema entstehenden Kosten sind nicht hoch, sodass niemand befürchten muss, aufgrund dieser Gebühren das Musikprogramm im Heim einschränken zu müssen.

Während Musik in ihren verschiedenen Schattierungen eigentlich für alle Bewohner geeignet ist (es sei denn, dass jemand noch nie in seinem Leben eine Beziehung zur Musik hatte), setzt der Umgang mit **Literatur** ein Mindestmaß an kognitiven Fähigkeiten voraus.

Literaturinteressierte Bewohner können beim eigenständigen Lesen vom Heim dadurch unterstützt werden, dass ihnen bei Bedarf der »Lesestoff« aus der heimeigenen Bibliothek oder einer öffentlichen Leihbücherei besorgt wird. Durch das Angebot von Büchern in Großdruck und von Hörbüchern, können sich auch Bewohner mit Einschränkungen in der Sehfähigkeit noch eigenständig mit Literatur auseinandersetzen. Die Erfahrung zeigt jedoch, dass dies nur von relativ wenigen Bewohnern in Anspruch genommen wird. Die Gründe dafür sind im Wesentlichen:

- Die Bewohner haben kein Interesse an Literatur und haben auch früher keine Bücher gelesen.
- Durch Sehschwäche ist (trotz Großdruck) kein eigenständiges Lesen mehr möglich.
- Aufgrund von Einschränkungen der Hörfähigkeit oder Probleme im Umgang mit modernen technischen Geräten wie Kassettenrecorder und CD-Player werden auch Hörbücher nicht genutzt.
- Demenzielle Erkrankungen verhindern die Rezeption des Gelesenen bzw. Gehörten.

Für Bewohner, die zwar prinzipiell Interesse an Literatur haben, dieses aber aufgrund körperlicher Einschränkungen nicht mehr realisieren können, sollten durch das Heim Lesungen angeboten werden. Dies ist sowohl als Gruppen- wie auch als Einzelangebot möglich. Erfahrungsgemäß ist es relativ leicht, ehrenamtliche Mitarbeiter zum Vorlesen zu gewinnen.

Die Wahl der Literatur sollte möglichst mit den Teilnehmern abgestimmt werden; neben deren Interessen sind aber auch ihre Vorkenntnisse und kognitiven Fähigkeiten in diesem Zusammenhang von großer Bedeutung. Viele alte Menschen kennen bekannte traditionelle Gedichte (beispielsweise von Joseph von Eichendorff, Theodor Storm, Eduard Möricke oder Johann Wolfgang von Goethe) noch aus der Schule auswendig. Diese Gedichte können daher auch in der Arbeit mit demenziell Erkrankten eingesetzt werden. Es gibt außerdem nicht wenige Bewohner, die zwar kein Interesse an »klassischer Literatur« haben, aber von der Literaturwissenschaft eher als trivial eingestufte Schriftsteller, wie Ludwig Ganghofer oder Peter Rosegger zu schätzen wissen. An »leichterer Literatur« bieten sich auch heitere Geschichten, wie sie beispielsweise Ephraim Kishon geschrieben hat oder Gedichte von Eugen Roth, Wilhelm Busch oder Heinz Ehrhardt zum Vorlesen an. Märchen sind oft mit dem Makel behaftet, als »Kinderkram« zu gelten; sie sind jedoch eigentlich ein Kulturgut, das sich bei entsprechendem Interesse ebenfalls sehr gut zum Vorlesen eignet.

Nach dem Vorlesen einer Geschichte sollte für die Zuhörer die Möglichkeit bestehen, ihre Empfindungen und Gedanken über das Gehörte auszutauschen. Wichtig ist jedoch, dass dies in einer »lockeren Atmosphäre« stattfindet, in der sich niemand zu einer Stellungnahme oder Diskussion genötigt fühlt.

Neben Lesungen, deren Inhalte sich vorrangig an den Interessen und Wünschen der Bewohner orientieren, sind auch Autorenlesungen möglich. Hier handelt es sich zwangsläufig um weniger bekannte Geschichten, die jedoch durch ihre Authentizität und der Möglichkeit des anschließenden Austauschs mit dem Autor bestechen.

Wie schon zuvor erwähnt, ist es auch im Umgang mit Literatur möglich, dass die Bewohner diese nicht nur konsumieren, sondern dass sie auch selbst aktiv schreiben. Probleme können allerdings dadurch entstehen, dass sehr viele Bewohner aufgrund gesundheitlicher

Einschränkungen (Feinmotorik, Sehvermögen) nicht mehr über die Fähigkeiten verfügen, einen (längeren) Text aufzuzeichnen. Ein solcher Text kann jedoch auch diktiert werden. Die meisten Heimbewohner können nach einem meist mehr als 80-jährigen Leben aus einer nahezu unermesslichen Fülle von Erlebtem und Geschichten schöpfen. Sofern sie diese noch erinnern, können sie zum Erzählen über ihr Leben angeregt werden, das mit ihrer Zustimmung dann aufgezeichnet wird. Dies ist nicht nur für die späteren Leser interessant, sondern es kann im besten Fall sogar dazu beitragen, dem Betroffenen den Sinn seines einmaligen Lebens zu verdeutlichen.

In unserer Einrichtung veröffentlichen wir in der Heimzeitung regelmäßig (selbstverständlich auf freiwilliger Basis) die erzählte Lebensgeschichte von Bewohnern. Anlässlich des 60. Jahrestages des Kriegsendes am 8. Mai 2005 hatten wir außerdem einige Bewohner darum gebeten, uns zu erzählen, wie sie diesen Tag damals erlebt hatten. Diese Berichte wurden ebenfalls in unserer Heimzeitung veröffentlicht.

Auch bei der **Bildenden Kunst** bestehen vielfältige Optionen der Programmgestaltung. So besteht die Möglichkeit, mit den Bewohnern zusammen Ausstellungen in Museen, Kunsthallen oder Galerien zu besuchen. Da dabei meist ein Betreuungsverhältnis von 1:1 (pro Teilnehmer eine Begleitperson) erforderlich ist, empfiehlt es sich, für solche Aktivitäten einen Kreis von ehrenamtlichen Helfern zu installieren. Eine Führung durch die Ausstellung kann dabei unter Umständen zum Verständnis auch modernerer Kunstwerke beitragen.

Andererseits gibt es aber auch die Möglichkeit, im Heim selbst Kunstausstellungen zu organisieren. Viele Künstler sind froh, ihre Bilder oder Skulpturen in einem solchen Rahmen präsentieren zu können. Eine Vernissage zur Eröffnung der Ausstellung (und ggf. auch eine Finissage zu deren Abschluss) mit einigen erklärenden Worten und einem Sektempfang schafft nicht nur einen angemessenen festlichen Rahmen, sondern ist auch ein wichtiger Aspekt der Öffentlichkeitsarbeit des Heimes.

Da für Kunstausstellungen jedoch geeignete Räumlichkeiten benötigt werden, können sie sicherlich nicht in allen Heimen durchgeführt werden. Wenn in einer Einrichtung kein separater Ausstellungsraum zur Verfügung steht, kann man überlegen, die Kunstwerke im gesamten Haus zu verteilen und beispielsweise auch die Flure der Wohnbereiche als Ausstellungsfläche zu integrieren. Als Nebeneffekt werden diese durch die Ausstellungsbesucher belebt. Gegen eine solche Konzeption spricht jedoch, dass eine Vielzahl fremder Besucher, die sich zu ganz unterschiedlichen Tageszeiten in den »sekundären Wohnbereichen« der Bewohner aufhalten, von diesen auch als störend und Eingriff in die Privatsphäre empfunden werden können. Auch besteht die Gefahr, dass mit den Ausstellungsbesuchern Diebe ins Haus gelockt werden. Es gilt hierbei also abzuwägen und mit den betroffenen Bewohnern abzustimmen, ob eine solche Ausstellungskonzeption für sie zumutbar ist. Als möglicher Kompromiss bestünde die Möglichkeit, die Öffnungszeiten der Ausstellung auf einige Stunden am Tag zu begrenzen. Dabei ist aber zu berücksichtigen, dass dies dann auch gewährleistet und in geeigneter Weise überwacht werden muss.

Von besonderer Bedeutung ist außerdem, dass im Vorfeld einer geplanten Ausstellung die versicherungsrechtlichen Fragen geklärt werden (beispielsweise bei Beschädigung oder Entwendung eines der Kunstwerke).

Neben einer Ausstellung mit Werken externer Künstler besteht auch die Möglichkeit, eine Ausstellung von Bildern oder kunsthandwerklichen Gegenständen, die von Heimbewohnern oder von künstlerisch tätigen Mitarbeitern gefertigt wurden, durchzuführen. Künstlerische bzw. kunsthandwerkliche Techniken wie zum Beispiel

- Malen/Aquarellieren,
- Modellieren,
- Batiken,
- Ikebana,
- Sticken/Stricken,
- Weben und
- Peddigrohrflechten

finden in der Altenhilfe vielfach Anwendung. Dabei ist jedoch darauf zu achten, dass die Bewohner dadurch weder über- noch unterfordert werden. Eine Ausstellung mit Kunst(handwerks)gegenständen von Bewohnern ist sowohl im Heim wie auch in externen Räumlichkeiten (beispielsweise in der Kirchengemeinde, im Bürgerhaus oder in ortsansässigen Geschäften) möglich. Diese Ausstellungen können auch als Verkaufsausstellungen konzipiert oder mit einem Basar verknüpft werden. Durch den Basar kann die Einrichtung in bescheidenem Umfang Geld einnehmen bzw. sollte dies an die beteiligten Bewohner weitergegeben oder zum Beispiel im Rahmen eines Ausflugs gemeinschaftlich verbraucht werden. Durch den Verkauf von selbst gefertigten Kunstgegenständen können die Bewohner zudem eine besondere Form der Selbstbestätigung erfahren.

Bei Verkaufsausstellungen sind jedoch in jedem Fall die einschlägigen steuerrechtlichen Bestimmungen zu beachten.

Zur Jugendzeit der heutigen Bewohner war der Besuch von Kinos ein beliebtes Freizeitvergnügen. **Filmvorführungen** sollten in Heimen daher ebenfalls einen wichtigen Bestandteil des kulturellen Angebots darstellen. Wie schon zuvor generell erwähnt, wäre der Besuch eines »normalen« Kinos für die Bewohner im Sinne der Normalisierung des Heimlebens wünschenswert. Es gibt jedoch nicht sehr viele Kinos, die ihr Programm auf die spezifischen Wünsche von Senioren abstimmen. Außerdem sind nur wenige Kinos rollstuhlgerecht.

Die Alternative ist eine Film- bzw. Videovorführung im Heim. Mittels eines Videobeamers kann man die Filme auf eine Großleinwand projizieren, sodass dadurch nicht nur Sehstörungen teilweise ausgeglichen werden können, sondern auch eine Kinoatmosphäre entsteht. Bei der Programmauswahl sollte man die Bewohner, beispielsweise durch die Wahl von Wunschfilmen, beteiligen. Unsere Erfahrung zeigt, dass Bewohner vor allem alte Spielfilme aus ihrer Jugendzeit gerne wiedersehen. Hinzu kommen Operettenverfilmungen, Musik- und Revuefilme sowie Konzertaufzeichnungen. Die Filme sollten jedoch die Konzentrationsfähigkeit der Bewohner nicht überfordern. Im Zweifelsfalle ist zu überlegen, ob man den Film nicht in zwei Teilen mit einer kurzen oder sogar längeren Pause zeigt. Dies hat jedoch den Nachteil, dass manche Bewohner durch die Unterbrechung den Handlungsfaden verlieren. Bei einer längeren Pause empfiehlt es sich daher, dem zweiten Teil eine kurze mündliche Zusammenfassung der bisherigen Ereignisse voranzustellen.

Für die Arbeit mit demenziell erkrankten Menschen ist die Vorführung eines Spielfilms hingegen in der Regel wenig geeignet, da es hohe kognitive Fähigkeiten erfordert, über einen längeren Zeitraum einem oder gar mehreren ineinander verwobenen Handlungssträngen zu folgen. Den vorhandenen geistigen Ressourcen von Bewohnern mit einer leichten Demenz angemessen könnte – ein entsprechendes persönliches Interesse selbstverständlich vorausgesetzt – aber zum Beispiel eine Konzertaufzeichnung oder vielleicht auch ein alter Revuefilm sein, der von früher bekannt ist und bei dem es auch nicht so wesentlich ist, wenn der Betrachter den Handlungsfaden einmal verliert, weil diese Filme ihren besonderen Reiz aus der Folge bekannter Musikstücke ziehen, welche dann die Aufmerksamkeit immer wieder erneut fesseln.

In unserer Einrichtung zeigen wir auch regelmäßig Filme, die wir selbst in unserem Hause bei verschiedenen Konzerten, Kleinkunstdarbietungen, Folklorevorführungen, Festen oder sonstigen kulturellen Angeboten gedreht haben. Neben einem Rückblick auf die Veranstaltungen der vergangenen Monate haben diese Filme für die Teilnehmer den besonderen Reiz, dass sie sich dort selbst sehen können. Es ist daher nicht verwunderlich, dass diese Aufzeichnungen sehr beliebt sind.

An die Anfangszeit des Kinos, die manche Bewohner noch aus ihren Kindertagen kennen, anknüpfend, zeigen wir in größeren Abständen auch einmal einen Stummfilm, den wir von einem Pianisten live am Klavier begleiten lassen. Ein weiterer gelegentlicher Programmpunkt in unserer Einrichtung ist die Vorführung eines Films in Anwesenheit des Autors. Bei einem solchen »Autorenfilmabend« erzählt dieser nach der Filmvorführung von der Produktion und steht den Bewohnern für Fragen zur Verfügung.

Wie schon bei den Ausführungen zur Literatur bemerkt, sollte auch bei den Filmvorführungen für die Teilnehmer die prinzipielle Möglichkeit bestehen, sich bei Bedarf über das Gesehene auszutauschen.

Ein weiteres wesentliches Kulturgut ist das **Theater**. Für interessierte Bewohner sollten daher in regelmäßigen Abständen Theaterbesuche angeboten werden. Dabei muss es sich keinesfalls um klassisches Theater handeln. Boulevard- und Volkstheaterstücke erfreuen sich sicherlich bei sehr viel mehr Bewohnern einer weitaus größeren Beliebtheit.

Auch Theateraufführungen im Heim sind natürlich prinzipiell möglich. Hierzu ist jedoch meist eine Bühne (mit Vorhang und der Möglichkeit ein Bühnenbild aufzubauen) erforderlich. Heime, die über solche räumlichen Voraussetzungen nicht verfügen, können aber beispielsweise ein Marionetten- oder Puppentheater engagieren, die mit weitaus weniger Platz auskommen. Auch der Auftritt von Pantomimen oder die Vorführung kleinerer Sketche sind ohne eine größere Bühne möglich.

Unter Umständen kann man mit einer Gruppe von Heimbewohnern sogar selbst ein Stück einstudieren und dies dann im Heim (oder auch außerhalb) aufführen. Dazu müssen die beteiligten Bewohner aber nicht nur am Theaterspiel interessiert sein und über das dazu notwendige Maß an Extrovertiertheit verfügen, sondern sie müssen zugleich eine gute Merkfähigkeit für die Szene und den Text besitzen, den sie außerdem laut und artikuliert vortragen müssen. Auch wenn mir einige wenige Pflegeheime mit Theatergruppen bekannt sind, dürfte unter den genannten Voraussetzungen eine solches Angebot in der Regel schwierig umzusetzen sein.

Für die Bewohner ein eher rezipierendes Angebot sind die vielfältigen Formen der **Kleinkunst**. Als Solitärveranstaltung oder als eine Attraktion im Rahmen eines Festes können in Heimen

- Jongleure,
- Zauberer,
- Pantomimen,
- Artisten,
- Seiltänzer,
- Kleintierdresseure und
- Comedians bzw. Clowns

auftreten.

Auch ein Zirkus kann in einem Heim mit dem Teil seines Programms, das unter den örtlichen Begebenheiten aufgeführt werden kann, gastieren. Wie bereits in den zuvor beschriebenen Kulturbereichen erwähnt, ist auch der externe Besuch eines Varietés oder eines Zirkus mit Bewohnern wünschenswert. Leider sind die Eintrittspreise in der Regel jedoch sehr hoch. Auch gibt es in Deutschland derzeit nur wenige Großzirkusse, die behindertengerecht ausgestattet sind.

In diesem Zusammenhang sei auch darauf verwiesen, dass seit einigen Jahren in Heimen vereinzelt die sogenannte »Clowntherapie« erprobt wird. Dabei soll die therapeutische Dimension des Humors vor allem dazu genutzt werden, um das subjektive Wohlbefinden

Abb. 7: Die »Tabascos« zeigen Jonglage, Comedy und witzige Pannen.

der Bewohner zu steigern und ihnen zu helfen, Belastungen positiv zu bewältigen. Sicherlich ist die »Clowntherapie« ein sehr interessanter neuer Ansatz in der stationären Altenhilfe. Auf alle Fälle ist jedoch zu vermeiden, dass Bewohner infantilisiert und in ihrer persönlichen Problematik nicht ernst genommen werden.

Vielfältige Veranstaltungsmöglichkeiten bietet der **Tanz**. Gerade viele Bewohnerinnen haben in früheren Jahren gerne »das Tanzbein geschwungen«. Aufgrund körperlicher Einschränkungen sind sie heute dazu jedoch vielfach nicht mehr in der Lage. Für diese Menschen gibt es aber die Möglichkeit, an Sitztanzangeboten teilzunehmen. So führt beispielsweise in unserem Hause die Sitztanzgruppe auch regelmäßig Tänze zu Festen oder anderen Anlässen auf. Dies macht den beteiligten Bewohnern nicht nur sehr viel Freude, sondern sie erfahren dadurch auch Anerkennung und Selbstbestätigung.

In einer Einrichtung, in der körperlich noch relativ rüstige Bewohner leben, können Tanztees oder Tanzabende angeboten werden. Auch traditionelle Feste, wie der »Tanz in den Mai« bieten sich dazu an. Der meist bestehende Männermangel kann bei solchen Veranstaltungen entweder durch männliche Mitarbeiter ausgeglichen werden oder durch die Kooperation mit einer Tanzschule. Durch eine solche Zusammenarbeit können nicht nur Herren gewonnen werden, die mit interessierten Bewohnerinnen bei einer Tanzveranstaltung tanzen, sondern es sind auch Tanzvorführungen (Standardtänze, Lateinamerikanische Tänze etc.) im Heim möglich.

Auch Ballettaufführungen können im Heim angeboten werden; hierzu empfiehlt sich ebenfalls die Kooperation mit einer Ballettschule.

Abb.8: Flamenco mit der Tanzgruppe »Sentimiento Andaluz«.

Volkstänze sind in allen Kulturen verankert. Es gibt daher vielfältige Möglichkeiten, diese für die Kulturarbeit im Heim zu nutzen. So ist es beispielsweise denkbar, Feste unter das Motto einer bestimmten Region oder eines Landes zu stellen. Diese Region bzw. das Land sollte sich dann nicht nur in der Dekoration sowie im Speise- und Getränkangebot wiederfinden, sondern auch in einem authentischen Kulturprogramm. Volkstänze, die in einer landestypischen Tracht vorgetragen werden, geben den Besuchern einen Einblick in die Musik- und Tanztradition des jeweiligen Landes.

Einen ganz anderen Zugang zu fremden Regionen ist über **Dia-Vorträge** oder Fotovisionen möglich. Gut gestaltete Dia-Vorträge zeichnen sich vor allem durch künstlerisch ansprechende Bilder und einen ebenso informativen wie verständlichen Text aus, der die Besucher mit einbezieht, in dem sie Fragen stellen und Kommentare abgeben können. Darüber hinaus ist aber auch eine multimediale Gestaltung der Vorträge durch entsprechende Musikeinspielungen möglich.

Je weniger der Bildungsanspruch im Vordergrund eines Vortrages steht, desto mehr ist er auch für demenziell erkrankte Menschen geeignet. Schöne Motive und optisch ansprechende Bilder mit einer melodiösen Musik unterlegt, können bei den Zuschauern Wohlbehagen auslösen und entspannend wirken.

Die möglichen Themen von Dia-Vorträgen sind vielschichtig. Neben den schon genannten Reiseberichten über andere Länder können Dia-Vorträge sich beispielsweise um folgende Inhalte drehen:

- Städte und Regionen in Deutschland
- Tiere
- Pflanzen und Blumen
- Kunst (Kunstepochen und -stile, Porträts einzelner Künstler)
- Technische Entwicklung (z. B. der Eisenbahn oder der landwirtschaftlichen Produktion)
- alte Bilder aus der eigenen Stadt/Gemeinde/Region (z. B. aus den 1920er oder 1950er Jahren)
- Besonderheiten der eigenen Stadt/Gemeinde/Region (z. B. Brunnen oder Häuserfassaden)
- Berichte über besondere Ereignisse oder Feste (z. B. Landesgartenschau oder regional bedeutende Festveranstaltungen)
- Mitmach- und Ratevorträge (»Was ist das?«, »Wo liegt dieses Gebäude?«)
- Rückblicke auf verschiedene Veranstaltungen im Heim

Zur Kultur gehören selbstverständlich auch die verschiedenen **Feste und Feiertage** mit religiösem, jahreszeitlichem oder traditionellem Hintergrund, die sich im Veranstaltungsangebot eines Heimes widerspiegeln müssen. Bei der Programmgestaltung sollte man sich aber nicht nur auf die großen Feste und Feiertage (wie Sommerfest oder Weihnachtsfeier) beschränken. Der Jahresverlauf bietet viel mehr Ereignisse, die das Veranstaltungsangebot des Heimes bestimmen können. Dazu gehören insbesondere:

- **Neujahr:** Zur Begrüßung des neuen Jahres kann z. B. ein Sektumtrunk oder ein Neujahrskonzert angeboten werden.

- **Dreikönigsfest:** Eine Tradition der katholischen Kirche ist die Aussendung der Sternsinger, die Wohnungen bzw. Häuser segnen und dabei für einen guten Zweck sammeln. Da sicherlich in fast allen Heimen auch katholische Bewohner leben, sollte daher ein Besuch der Sternsinger unabhängig von einer evtl. konfessionellen Ausrichtung eines Heimes selbstverständlich sein. Es gibt außerdem viele Kurzgeschichten, die sich mit diesem Thema beschäftigen, sodass an diesem Tag auch eine entsprechende Lesung angeboten werden kann. Ein weiteres mögliches Veranstaltungsangebot ist das gemeinsame Anhören des 6. Teils des Weihnachtsoratoriums von Johann Sebastian Bach, das für den Epiphaniastag geschrieben wurde.

- **Fastnacht:** Fastnachtsfeiern sind sicherlich in sehr vielen deutschen Pflegeheimen selbstverständlich. Bei der Gestaltung der Feier ist die Kooperation mit einem ortsansässigen Fastnachts- bzw. Karnevalverein, der bei der Feier einen Teil seines Sitzungsprogramms vorführt, sehr hilfreich. Dabei sollte auf eine ausgewogene Zusammenstellung des Programms (Musik, Büttenreden, Tanz) geachtet werden. Auch die Einbeziehung von interessierten Bewohnern, die bei der Fastnachtssitzung beispielsweise Büttenreden vortragen können, ist möglich. Bei Bedarf kann auf bereits ausformulierte Büttenreden, die aus dem Internet herunterzuladen oder einschlägigen Büchern zu entnehmen sind, zurückgegriffen werden.
  Auch ein Ausflug zu dem örtlichen Fastnachtsumzug bietet sich in diesem Zusammenhang an.

Abb. 9: Fastnachtsfeier.

- **Aschermittwoch:** Der Aschermittwoch ist im christlichen Glauben der Beginn der österlichen Fastenzeit. In der katholischen Kirche wird am Aschermittwoch in der Messe das Aschenkreuz gespendet. Eine weltliche Tradition zum Abschluss der Fastnachtszeit ist ein Heringsessen zum Aschermittwoch.

- **Ostern:** Im Christentum zählt Ostern zusammen mit Weihnachten zu den höchsten Feiertagen. Wie bei allen anderen christlichen Feiertagen muss es daher gerade zu Ostern selbstverständlich sein, dass entsprechende Gottesdienste bzw. Heilige Messen angeboten werden. Aber auch eher weltliche Bräuche sollten in das Veranstaltungsprogramm des Heimes Eingang finden. Dazu gehören beispielsweise das Basteln von Osterschmuck (für die Allgemeinflächen oder die Bewohnerzimmer), das Färben von Ostereiern, das Singen von Frühlingsliedern oder das Vorlesen von Ostergeschichten.

- **1. Mai:** Historisch gesehen ist der 1. Mai der traditionelle »Kampftag der Arbeiterbewegung«, der mit Kundgebungen und Demonstrationen begangen wird. Auf den Kundgebungen werden nicht nur Reden gehalten, sondern auch gemeinsam Arbeiterlieder gesungen. Warum sollten also nicht auch in einem Pflegeheim am 1. Mai traditionelle Arbeiterlieder vorgetragen bzw. gemeinsam gesungen werden? Ob für Bewohner der »Tag der Arbeit« in dieser politischen Dimension von Bedeutung ist, hängt allerdings von ihrer Biografie, Schichtzugehörigkeit und politischen Einstellung ab. Natürlich gibt es viele Bewohner, die dazu keinerlei Bezug dazu haben, doch diese Einschränkung gilt letztlich bei allen kulturellen Aktivitäten.

  Heute hat der 1. Mai als »Kampftag der Arbeiterbewegung« an Bedeutung verloren und für die Beschäftigten treten an diesem arbeitsfreien Tag Freizeitaktivitäten, wie Ausflüge oder Grillfeste, in den Vordergrund. An diese Entwicklung anknüpfend kann man den 1. Mai daher im Heim beispielsweise auch mit einem Grillfest feiern. Eine Verbindung der beiden genannten Möglichkeiten (Singen von Arbeiterliedern mit anschließendem Grillfest) ist eine weitere Option der Programmgestaltung.

  Am Vorabend des 1. Mai findet vielerorts traditionell ein »Tanz in den Mai« statt. Ob an diesem Tag tatsächlich auch im Heim eine Tanzveranstaltung angeboten wird, sollte man davon abhängig machen, inwieweit die Bewohner noch tanzen können. Wenn es sich bei den Bewohnern überwiegend um Gehbehinderte und Rollstuhlfahrer handelt, ist ein »Tanz in den Mai« sicherlich nicht das rechte Angebot. Trotzdem kann dies aber zum Anlass genommen werden, ein Fest zu feiern, bei dem man beispielsweise mit den Bewohnern zur Musik schunkelt oder sie zu Sitztänzen animiert.

- **Christi Himmelfahrt:** Auch dieser Feiertag hat in unserer Gesellschaft zunehmend seine ursprüngliche Bedeutung verloren. Eigentlich gedenken die Christen an diesem Tag der Himmelfahrt Jesu. Heute wird der Tag insbesondere von Männern, aber auch von der ganzen Familie als »Vatertag« mit Ausflügen und Grillfesten (vielfach sehr alkoholreich) begangen. Wie schon zuvor erwähnt, sollte die religiöse Dimension dieses Feiertags im seelsorgerischen Angebot des Heimes zum Tragen kommen. Auch wenn Männer innerhalb der Bewohnerschaft in der Regel eine Minderheit darstellen, besteht außerdem die Möglichkeit, an die weltliche »Vatertags-Tradition« anknüpfend, an diesem Tag ein Grillfest für alle Bewohner und Angehörigen zu veranstalten.

- **Pfingsten:** Pfingsten ist im christlichen Glauben das Fest des Heiligen Geistes, das im Heim mit einem Gottesdienst bzw. einer Messe begangen werde sollte. Darüber hinaus können sich aber auch heiminterne Traditionen für die Gestaltung dieses Tages entwickeln: So veranstalten wir in unserem Hause an Pfingstsonntag immer ein klassisches Pfingstkonzert.

- **Sommerfest:** Das Sommerfest ist zusammen mit einer Weihnachtsfeier sicherlich das Angebot, das in den meisten deutschen Heimen gemacht wird. Es empfiehlt sich ein abwechslungsreiches Programm aus kulinarischen Angeboten, Musik und visuellen Attraktionen, wie beispielsweise Tanzgruppen oder Kleinkunstauftritten. Vielfach werden die Sommerfeste auch mit einem Flohmarkt, Basar oder »Tag der offenen Tür« verknüpft. Auch stellen manche Einrichtungen das Sommerfest unter ein bestimmtes Motto, das sich in der Dekoration, dem kulinarischen Angebot und den kulturellen Aktivitäten widerspiegelt. Neben den Bewohnern sind meist auch die Angehörigen sowie teilweise die interessierte Öffentlichkeit Adressaten des Sommerfestes.

- **Grillfeste:** Grillfeste erfreuen sich in Deutschland sowohl im Vereinsleben als auch im Privatbereich großer Beliebtheit. Dies sollte im Heim aufgegriffen werden. Regelmäßige Grillfeste vom Frühling bis zum Herbst können das Veranstaltungsangebot des Heimes sehr bereichern. Das Grillen sollte mit einem musikalischen Angebot und/oder wie schon beim Sommerfest erwähnt durch Tanz- bzw. Kleinkunstvorführungen verbunden werden. Auch besteht die Möglichkeit eines der Grillfeste im Jahresverlauf zur Abwechslung als Brunch zu organisieren oder mit einem (Jazz)-Frühschoppen zu verbinden.

- **Erntedank:** Das Erntedankfest wird meist am ersten Sonntag im Oktober gefeiert. Es ist eine bäuerlich-christliche Tradition, bei dem Gott für die Ernte des Jahres gedankt wird. Dies wird in vielen Kirchengemeinden oft mit einer Feier im Anschluss an den Gottesdienst verbunden. Im Heim gibt es verschiedene Möglichkeiten, diesen Tag zu begehen: beispielsweise mit einer Messe bzw. einem Gottesdienst, einem Konzert, einem Fest (zum Beispiel mit Musik und selbst gekeltertem Apfelsaft) oder einem besonderen Essen (beispielsweise Zwiebelkuchen mit Federweißer).

- **(Bayerisches) Oktoberfest:** Das Oktoberfest ist vor allem eine bayrische Tradition, die durch das Münchner Oktoberfest bundesweite Bekanntheit erlangt hat. Wegen der überregionalen Beliebtheit bietet es sich an, diese Tradition auch außerhalb Bayerns in das Veranstaltungsangebot aufzunehmen. Da jedoch sicherlich nur in Bayern selbst und in den angrenzenden Bundesländern original bayerische Musik- und Volkstanzgruppen problemlos engagiert werden können, muss man sich in anderen Regionen auf einen Alleinunterhalter bzw. eine Musikgruppe, die die »passende« Unterhaltungsmusik in ihrem Repertoire hat, beschränken. Traditionelle bayrische Speisen und Getränke, wie »Weißwurst mit Brez'n« und Weißbier dürften mittlerweile hingegen bundesweit problemlos erhältlich sein.

- **Martinssingen:** Am St. Martinstag ziehen traditionell Kinder mit selbstgebastelten Laternen durch die Straßen und singen Martinslieder. Da viele Bewohner kleine Kinder sehr mögen und daher positiv auf sie reagieren, sollte auch im Heim überlegt werden,

Abb. 10: Bayrische Volkstänze beim Oktoberfest.

diesen Brauch aufzugreifen und in den Veranstaltungskalender zu integrieren. Hierzu kann mit dem ortansässigen Kindergarten oder auch einer Grundschule kooperiert werden, sodass eine Kindergruppe mit ihren Lampions ins Heim kommt und dort für oder mit den Bewohnern Martinslieder singt. Im Anschluss sollte es für beide Seiten die Möglichkeit einer ungezwungenen Begegnung gegeben werden. So bekommen die Kinder nach dem Martinssingen vielerorts traditionell »Weckmänner« geschenkt. Eine Form der lockeren Begegnung von Kindern und Bewohnern über das Martinssingen hinaus kann beispielsweise dadurch geschaffen werden, dass im Anschluss an das Singen den Kindern und den Bewohnern gemeinsam Weckmänner zum Verzehr angeboten werden. Als kulinarisches Angebot bietet sich am St. Martinstag ein »Gänse-Essen« an.

- **Advent und Weihnachten:** Die Advents- und Weihnachtszeit bietet vielfältige Möglichkeiten der Programmgestaltung:
  - Herstellen weihnachtlicher Dekoration für den Eigenbedarf der Bewohner, zum Schmuck der Allgemeinflächen und/oder zum Verkauf bei einem Basar
  - Plätzchen backen
  - Gemeinsames Singen von Advents- und Weihnachtsliedern
  - Vorlesen von weihnachtlichen Geschichten und Gedichten
  - Filmvorführungen mit einer weihnachtlichen Thematik
  - Besuche von Weihnachtsmärkten
  - Schaufensterbummel durch die weihnachtlich geschmückten Geschäftsstraßen
  - Besuche von externen Adventskonzerten

- Adventskonzerte im Heim
- Nikolausfeier
- Adventsfeier oder Adventsbasar
- Krippenspiel
- Weihnachtsfeier
- Weihnachtsgottesdienst

Es ist zwar davon auszugehen, dass in fast allen deutschen Pflegeheimen eine Weihnachtsfeier stattfindet; wichtig ist jedoch, dass diese auch tatsächlich an Weihnachten (also an Heiligabend) und nicht bereits irgendwann im Advent angeboten wird. Dabei sollte die Einbeziehung der Angehörigen selbstverständlich sein. Weihnachten ist für die Bewohner ein emotional sehr berührendes Fest, sodass die Heime sie gerade dann nicht allein lassen dürfen.

- **Silvester:** In unserer Gesellschaft ist es üblich, Silvester gemeinsam in der Familie oder mit Freunden zu feiern. Ein entsprechendes Angebot im Heim (zum Beispiel im Rahmen eines »Dämmerschoppens«) bietet sich daher ebenfalls an.

2.2.1 Religiöse Feiertage

Einige der genannten Feiertage stehen in einer christlichen Tradition. Wie bereits erwähnt sollte sich die religiöse Dimension dieser Feiertage daher auch im seelsorgerischen Angebot des Heimes niederschlagen. Über die zuvor aufgeführten Feiertage hinaus gibt es zahlreiche weitere katholische und/oder evangelische Feste, die im Heim für die gläubigen Bewohner ebenfalls mit Gottesdiensten bzw. Messen, Andachten, Meditationen oder rituellen Handlungen begangen werden sollten. Hierzu gehören beispielsweise Maria Lichtmess, Fronleichnam, Mariä Himmelfahrt, Reformationstag, Allerseelen, Allerheiligen und Ewigkeitssonntag (Totensonntag).

Da nun auch die ersten pflegebedürftigen ehemaligen Arbeitsmigranten in die Heime einziehen, wird sich künftig zunehmend die Frage nach deren spezifischen kulturellen Bedürfnissen stellen. Dies gilt selbstverständlich auch im religiösen Kontext. So weichen sowohl die Feiertage wie auch die rituellen Handlungen der orthodoxen Christen von denen der katholischen bzw. evangelischen Kirche teilweise ab.

Einen ersten Überblick über die wichtigsten religiösen Feste des Islams und des Judentums sind den folgenden beiden Auflistungen zu entnehmen. Auf eine detaillierte Darstellung der Feiertage der Buddhisten und der Hinduisten wurde an dieser Stelle verzichtet, weil deren Bevölkerungsanteil in Deutschland bisher noch relativ gering ist. Generell bleibt jedoch festzuhalten, dass die Heime eine Kooperation mit den jeweiligen Glaubensgemeinschaften ihrer Bewohner anstreben müssen, um allen Bewohnern auf Wunsch eine entsprechende religiöse Begleitung und Betreuung zu gewährleisten.

Feiertage im Islam

Die islamischen Feiertage werden nach dem Mondkalender berechnet und variieren daher von Jahr zu Jahr. Die wichtigsten Feiertage:

- **Das islamische Neujahr** (1428 n. H. = nach Hidschra, d. h. nach der Auswanderung des Propheten Mohammad von Mekka nach Medina im Jahre 622 n. Chr; Beginn der islamischen Zeitrechnung)
- **Ashura-Fest** (Fasten- und Rettungstag des Propheten Moses)
- **Mevlid** (Geburtstag des Propheten Muhammad)
- **Ramadan** (Anfang des Fastenmonats)
- **Das Fastenbrechenfest**
- **Das Opferfest** (1428 n. H)

Das Fastenbrechenfest und das Opferfest sind die eigentlichen Feste im Islam. Sie sind für alle islamischen Rechtsschulen und Völker verbindlich und richten sich nach dem islamischen Mondkalender. Die Festlegung der Daten dieser Feste und ihre Umrechnung auf den Gregorianischen Kalender wird bei manchen Rechtsschulen nicht nur von der astronomischen Berechnung, sondern auch von der eigentlichen Sichtung des Neumondes abhängig gemacht. Dies führt dazu, dass die genaue Festlegung besonders beim Ramadanfest manchmal erst am Vorabend des Festes möglich ist. Geografische Gegebenheiten können auch dazu führen, dass die Festlegung des Festes in den verschiedenen Islamischen Ländern um einen Tag variiert.

Die anderen festlichen Anlässe haben keinen einheitlich verbindlichen Charakter im theologischen Sinne, werden jedoch von manchen islamischen Rechtsschulen und Völkern als Feste betrachtet.

Die Fastenzeit beginnt im Monat Ramadan täglich bei der Morgendämmerung und endet beim Sonnenuntergang. Während dieser Zeit ist Essen, Trinken, Rauchen und Geschlechtsverkehr nicht erlaubt. Die Fastenpflicht betrifft alle Muslime ab der Geschlechtsreife. Vor diesem Zeitpunkt ist das freiwillige Fasten erwünscht. Alte, kranke und schwache Leute, sowie Reisende, Schwangere, Wöchnerinnen und menstruierende Frauen sind von der Fastenpflicht befreit.

Quelle: www.islam.de

Feiertage im Judentum

Der jüdische (hebräische) Kalender Die jüdische Zeitrechnung beginnt mit der Schöpfung der Welt, wie sie sich aus der Zurückrechnung der biblischen Chroniken ergibt. Demnach schuf Gott die Erde im Jahr 3761 vor »unserer«, d. h. der säkularen Zeitrechnung.

Der Kalender kombiniert das Mond- mit dem Sonnenjahr. Daher werden die einzelnen Feiertage zwar immer in der gleichen Jahreszeit begangen, doch die konkreten Tage ändern sich von Jahr zu Jahr.

Neujahr (Rosch ha-Schana) Das Neujahrsfest wird zu Beginn des 7. Monats des jüdischen Kalenders gefeiert. Es ist ein Tag der Buße, Umkehr und Erneuerung.

Jom Kippur (Tag der Buße, Versöhnungstag) Der wichtigste jüdische Feiertag, der auf die »Zehn Tage der Reue und Umkehr« (Rosch ha-Schana) folgt.

Laubhüttenfest (Sukkot) Das siebentägige Laubhüttenfest erinnert an den Auszug des Volkes Israel aus Ägypten und ist zugleich ein Erntefest. Es zählt zu den drei Hauptfesten des jüdischen Festkalenders.

Torafreudenfest (Simchat Tora) An Sukkot schließt das Fest Simchat Tora an – der Dank für die Tora, dem grundlegenden heiligen Text des Judentums, der die Gebote und Weisungen Gottes enthält.

Lichterfest (Chanukka) Das Fest erinnert an die Wiedereinweihung des Tempels im Jahr 165 vor unserer Zeitrechnung, das durch das Anzünden des achtarmigen Leuchters vergegenwärtigt wird.

Fest der Lose (Purim) Purim ist der zusätzliche Schaltmonat und erinnert an die biblische Erzählung von Königin Esther, die mit ihrem Mut eine geplante Vernichtung aller Juden durch ihren Widersacher Haman verhindern konnte.

Fest der ungesäuerten Brote (Pessach) Das achttägige Pessach ist dem Gedenken an die Befreiung des jüdischen Volkes aus der Sklaverei in Ägypten gewidmet.

Wochenfest (Schawuot) Am 50. Tag nach Pessach findet das Wochenfest statt. Dann wird der Getreide-Abschluss gefeiert und der Erinnerung an die Offenbarung der Zehn Gebote gedacht.

Quelle: www.religion-online.info

2.2.2 Regionale Feste

Bei der Festgestaltung sollten auch regionale Feste und Feiertage berücksichtigt werden. Hier können sowohl entsprechende Feierlichkeiten im Haus veranstaltet als auch interessierten Bewohnern die Möglichkeit geboten werden, an Veranstaltungen außerhalb des Heimes teilzunehmen. So gibt es beispielsweise in Frankfurt am Main als stadtweite traditionelle Feste den Wäldchestag und die Dippemess. Aber auch stadtteilbezogene bzw. neuere Veranstaltungen wie die Bernemer Kerb, der Fastnachtsumzug »Klaa Paris«, das Sachsenhäuser Brunnenfest, das Opernplatzfest, die Parade der Kulturen oder das Museumsuferfest bieten sich in Frankfurt am Main als Ausflugsziele und/oder als Aufhänger für hausinterne Veranstaltungen an. In unserem Hause veranstalten wir außerdem anlässlich der Frankfurter Buchmesse jedes Jahr eine Autorenlesung oder einen Abend, bei dem das jeweilige Gastland der Buchmesse vorgestellt wird.

Des Weiteren ist es erstrebenswert, dass sich in den Heimen eine Kultur hausinterner Feiertage entwickelt. So feiern wir beispielsweise in unserer Einrichtung jährlich den Geburtstag der Stifterin sowie den Jahrestag der Eröffnung unseres Hauses mit einem großen Fest.

2.2.3 Essen und Kultur

Auch das Essen beinhaltet wichtige kulturelle Aspekte. Dabei ist Essen nicht nur Begegnungskultur, sondern traditionelle und saisonale Gerichte stellen an sich schon ein wichtiges Kulturgut dar. So gibt es in vielen Regionen zu bestimmten Tagen, Jahreszeiten oder Ereignissen traditionelle Gerichte, die selbstverständlich in den Heimen dieser Region ebenfalls angeboten werden sollten (idealerweise als ein Angebot unter mehreren Auswahlmenüs). Beispielsweise wird in Frankfurt am Main am 1. Januar traditionell »Rippchen mit Kraut« gegessen. Dem überlieferten Volksglauben nach geschieht dies, damit im Laufe des Jahres »das Geld nicht ausgeht«.

Neben solch traditionellen Mahlzeiten mit einem regionalen Bezug können aber auch zur Abwechslung und Anregung der Bewohner gezielt Gerichte anderer Regionen oder Länder angeboten werden. So sind im süd- oder mitteldeutschen Raum beispielsweise ein norddeutscher Abend mit einer Krabbensuppe als Vorspeise, Labskaus (oder doch lieber Kohl und Pinkel?) sowie Rote Grütze zum Nachtisch ebenso möglich wie ein italienisches Menü mit Minestrone, Caprese, Pasta und Eis.

Auch ein entsprechendes Getränkeangebot mit Bier oder Alsterwasser, Korn, Grog und Tee bzw. einem Prosecco als Aperitif, italienischen Weinen sowie Grappa und Cappuccino zum Abschluss des Essens darf natürlich nicht fehlen. (Bei solchen Aktionen sollte aber natürlich keinesfalls dogmatisch vorgegangen werden: Alle kulinarischen Angebote sind auch als solche zu verstehen, d. h. wer von den Bewohnern trotz eines norddeutschen, eines italienischen oder sonstigen Abends ein Brot mit Käse oder Aufschnitt und Kräutertee haben möchte, muss dies natürlich auch erhalten).

Eine weitere Dimension erlangen solche Angebote durch die Verknüpfung mit authentischen Kulturveranstaltungen. So wäre es in den beiden obigen Beispielen denkbar, vor oder nach dem Essen bzw. zwischen den einzelnen Gängen einen Shanty-Chor oder einen Sänger mit Seemannsliedern auftreten zu lassen bzw. eine italienische Musik-, Tanz- oder Theatergruppe (comedia dell'arte) zu engagieren. Bei solchen Aktionen spielt darüber hinaus die Dekoration eine wichtige Rolle. Dazu können beispielsweise Poster mit Motiven von »Land und Leuten«, Servietten in den Regional- oder Nationalfarben sowie typische Kunstgegenstände und Souvenirs genutzt werden.

Natürlich müssen sich auch saisonale Gerichte auf der Speisekarte wiederfinden. Diese können ebenfalls mit künstlerischen Aktionen zu einem Fest verbunden werden. So feiern wir beispielsweise in unserer Einrichtung während der »Spargelzeit« im Mai/Juni eines jeden Jahres ein »Spargelfest«. Dabei wird das gemeinsame Spargelessen in ein Fest mit der musikalischen Unterhaltung durch eine Jazzband eingebettet. Andere Anlässe, wie »Erdbeerfest«, »Kartoffelfest« oder »Kelterfest« sind natürlich ebenso denkbar. Der Phantasie für die Festgestaltung sind keinerlei Grenzen gesetzt. Getreu dem Sprichwort »Man soll die Feste feiern, wie sie fallen«, gilt es, Anlässe und Aufhänger für Feierlichkeiten zu finden.

2.2.4 Jahrestage und aktuelle Ereignisse

Auch die unterschiedlichsten Jahrestage und Jubiläen sollten sich im Veranstaltungsangebot des Heimes niederschlagen. Politische, kulturelle, sportliche und gesellschaftliche Ereignisse können dabei ebenso aufgegriffen werden wie zum Beispiel runde Geburtstage oder Todestage von Künstlern oder anderen prominenten Persönlichkeiten. Dabei geht es aber selbstverständlich nicht nur darum, Feste zu feiern, sondern für jedes Ereignis einen würdigen und angemessenen Rahmen zu finden. Hierzu nur einige Beispiele für entsprechende Veranstaltungsangebote aus der jüngsten Vergangenheit unseres Hauses:

- Zum 60. Jahrestag des Kriegsendes am 8. Mai 2005 veranstalteten wir eine Lesung aus dem Buch »Wanderer kommst du nach Spa ...« von Heinrich Böll. Außerdem veröffentlichten wir in unserer Heimzeitung die Erzählungen einiger Bewohner über ihr Erleben dieses Tages.
- Anlässlich des 200. Todestags Friedrich von Schillers am 9. Mai 2005 erschien in unserer Heimzeitung eine unterhaltsame Episode aus seinem Leben sowie eine kleine Auswahl seiner bekanntesten Gedichte.
- Den 250. Geburtstag von Wolfgang Amadeus Mozart am 27. Januar 2006 begingen wir mit einem Vortrag über dessen Leben und Werk mit zahlreichen Musikeinspielungen.
- Außerdem fand im »Mozart-Jahr 2006« ein Konzert unter dem Motto »Mozart im Kreise seiner Verehrer« mit Werken der »Wiener Klassiker« Wolfgang Amadeus Mozart, Joseph Haydn und Ludwig van Beethoven, statt.
- Zum 25. Todestag von Zarah Leander am 23. Juni 2006 wurden ihre Lebensgeschichte sowie ihre bekanntesten Lieder vorgetragen.
- Während der Fußballweltmeisterschaft 2006 kochte unsere Küche als eines der Auswahlmenüs zum Mittagessen landestypische Gerichte von insgesamt 12 WM-Teilnehmern. Außerdem gab es im Laufe der WM bei einer Veranstaltung unter dem Motto

»Der Ball ist rund wie eine Schallplatte« Musik aus verschiedenen Teilnehmerländern zu hören.
- Zum 100. Geburtstag des bekannten Schlagerkomponisten Michael Jary (der Hits wie beispielsweise »Das machen nur die Beine der Dolores«, »Ich weiß, es wird einmal ein Wunder geschehen« und »Davon geht die Welt nicht unter« geschrieben hat) am 24. September 2006 ließen wir seine Biografie und seine Musik Revue passieren.
- Im Rahmen der landesweiten Feierlichkeiten zum 60-jährigen Bestehens des Bundeslandes Hessen im Herbst 2006 veranstalteten wir einen »Hessischen Abend« mit landestypischen Gerichten und Getränken sowie »Einer musikalischen Reise durch Hessen«, bei der Lieder aus verschiedenen hessischen Regionen zum Zuhören und Mitsingen erklangen.
- Anlässlich des 100. Geburtstags der Malerin Marie-Louise von Motesiczky, die u. a. an der Frankfurter Städel-Schule bei Max Beckmann studierte, boten wir einen Besuch einer aktuellen Ausstellung ihrer Gemälde im Museum Giersch (Frankfurter Museum für regionale Kunst) an.
- Das Leben und Werk der Schauspielerin Lilian Harvey würdigten wir zu ihrem 100. Geburtstag am 19. Januar 2007 mit dem Vortrag einer Kurzbiografie, ihren bekanntesten Schlagern sowie ausgewählten Filmausschnitten.
- Zum 300. Geburtstag des vor allem für Frankfurt bedeutenden Naturwissenschaftlers Johann Christian Senckenberg am 28. Februar 2007 besuchten wir die Dauerausstellung in dem von ihm gestifteten Naturkundemuseums.
- Zum 180. Todestag des Komponisten Ludwig von Beethoven am 26. März 2007 zeigten wir eine Aufzeichnung eines Konzerts seiner 9. Sinfonie.
- Am 100. Geburtstag von Zarah Leander am 15. März 2007 war mit »Es war eine rauschende Ballnacht« einen ihrer bekanntesten Spielfilme zu sehen.
- Den 175. Geburtstag von Wilhelm Busch am 15. April 2007 feierten wir mit einer Lesung aus seinen Gedichten.
- Am Rahmenprogramm der von der Stadt Frankfurt im Frühjahr 2007 zum Thema »Palliative Care« gezeigten Ausstellung »Das Leben bis zuletzt gestalten«, waren wir mit einer Lesung unter dem Titel »Hoffnung und Abschied in Gedichten und Geschichten«, einem klassischen Konzert sowie einer öffentlichen Informationsveranstaltung über Vorsorgevollmachten, Betreuungsverfügungen und Patientenverfügungen (in Kooperation mit der Betreuungsstelle der Stadt Frankfurt) beteiligt.

Selbstverständlich versuchen wir außerdem, interessierten Bewohnern die Möglichkeit zu bieten, an aktuellen kulturellen Ereignissen in der Stadt teilzuhaben. So besuchen wir beispielsweise regelmäßig in Rahmen unserer wöchentlichen Ausflugsfahrten neue Ausstellungen der Frankfurter Museen und Kunstgalerien.

Aber auch sehr ernsthafte aktuelle Entwicklungen greifen wir bei Bedarf auf. So herrschte bei Ausbruch des Irak-Krieges im Jahre 2003 bei einigen Bewohnern (die ja schon alle die Schrecken eines Krieges am eigenen Leib erleiden mussten) eine sehr große Betroffenheit. Wir haben daher mit ihnen abgesprochen, dass wir gemeinsam an einer Antikriegsdemonstration teilnehmen, um unsere Ablehnung dieses Krieges kundzutun. Da zu der Demonstration Transparente mitgenommen und außerdem in unserem Foyer Antikriegsplakate aufgehängt werden sollten, wurden diese zuvor von den Teilnehmern hergestellt.

Außerdem fand in unserem Hause unter dem Motto »Friede auf Erden« eine Veranstaltung mit Friedensgedichten und -liedern statt.

Die teilnehmenden Bewohner hatten auf diese Weise die Möglichkeit, sowohl ihre Empörung wie auch ihre Angst über den Krieg zum Ausdruck zu bringen. Ebenso konnten sie Gemeinschaft und Solidarität in der Ablehnung des Krieges erfahren.

2.2.5 Dekoration

Wie bereits zuvor erwähnt, empfiehlt es sich, bei bestimmten Veranstaltungen die Räumlichkeiten dem jeweiligen Motto entsprechend zu dekorieren. Unabhängig von solchen Aktionen sollte sich jedoch auch der Jahresverlauf mit seinen Besonderheiten und Feiertagen in der Dekoration des Hauses widerspiegeln:

- Fastnacht (Girlanden, Luftballons, Luftschlangen, Konfetti)
- Frühling (Blumenschmuck, wie z. B. Tulpen, Maiglöckchen, Flieder)
- Ostern (Osterglocken, Ostereier, Hasen)
- Sommer (Blumenschmuck, wie z. B. Rosen, Sonnenblumen)
- Herbst (Herbstblumen, Herbstlaub, Kastanien, Eicheln)
- Erntedankfest (Gabentisch mit Kornähren, Obst, Gemüse)
- Advent (Adventskranz, Tannenzweige, Adventsschmuck)
- Weihnachten (Krippe, Christbaum)

Abb. 11: Dekoration für das Erntedankfest.

Selbstverständlich sollten interessierte Bewohner in die Dekoration des Hauses mit einbezogen werden. Die Bewohner müssen dabei nicht nur die Möglichkeit haben, ihre entsprechenden Wünsche und Vorstellungen zu äußern, sondern sich auch an der Herstellung der Dekoration aktiv zu beteiligen.

2.2.6 Kosten

Zweifellos kostet Kulturarbeit Geld, das in den Entgeltsätzen der Heime bisher aber nur unzureichend berücksichtigt wird. Wie in so vielen Bereichen würde es auch hier zu einer Verbesserung der Lebensqualität der Bewohner beitragen, wenn bei den Kostenträgern endlich ein Umdenken stattfinden und kulturelle Angebote in der eigentlich notwendigen Weise finanziert würden.

Derzeit sind die Heime, die auf eine intensive Kulturarbeit Wert legen, gezwungen, weitere Finanzierungsmöglichkeiten zu finden. Manche Häuser nehmen daher für die Teilnahme an Kulturveranstaltungen von den Besuchern Eintrittsgelder. Ich halte diesen Weg jedoch für problematisch, weil er Bewohner, die sich die Eintrittspreise nicht leisten können, ausgrenzt. Kulturarbeit im Heim sollte aber unter dem Motto »Kultur für alle« stehen. Um dies zu gewährleisten, muss das Heim für die Finanzierung der Kulturangebote zusätzliche Mittel, insbesondere durch die Gewinnung von Sponsoren und die Kooperation mit (Kultur-)Stiftungen, Vereinen oder Initiativen erschließen.

Als ein positives Beispiel für ein solches Engagement sei an dieser Stelle der in vielen europäischen Städten aktive Verein »Yehudi Menuhin live music now« genannt. Die von dem Geiger und Dirigenten Lord Yehudi Menuhin gegründete Organisation hat es sich zur Aufgabe gemacht, die Förderung junger Musiker mit einem musikalischen Angebot für die Menschen zu verbinden, die aufgrund ihrer Lebensumstände nicht in die Konzertsäle gehen können, damit auch sie die therapeutische Wirkung der Musik erleben können.[2] Der Verein veranstaltet daher Konzerte in Krankenhäusern, Gefängnissen, Obdachlosenunterkünften und Altenpflegeheimen, die auf einem hohen künstlerischen Niveau stehen und für die Einrichtungen kostenlos angeboten werden.

In ähnlicher Weise kann auch die Zusammenarbeit von Heimen mit Kunst- und Musik(hoch)schulen für beide Seiten befruchtend sein, da einerseits jungen Künstler Auftritts- bzw. Ausstellungsmöglichkeiten geboten werden, während sich für die Heime andererseits die finanziellen Belastungen durch Gagenzahlungen in überschaubaren Grenzen halten.

Exkurs: Biografiearbeit

Biografiearbeit ist mittlerweile zum Standard in den meisten Heimen geworden. Mit Hilfe der Biografiearbeit können Pflegende die Gewohnheiten, Wünsche und Bedürf-

2 www.livemusicnow.de

nisse, aber auch die Abneigungen eines Bewohners erfahren, sodass sie ihm dadurch in der alltäglichen Pflege und Betreuung besser gerecht werden können.

Um eine individuelle Gestaltung des Heimlebens zu ermöglichen, bei der sich die Bewohner in ihrer Lebensgestaltung nicht an den Vorgaben der Institution orientieren müssen, sondern das Leistungsangebot des Heimes vielmehr an ihren Bedürfnisse ausgerichtet ist, sind biografische Kenntnisse über die Bewohner unverzichtbar. Dies gilt insbesondere für demenziell erkrankte Menschen, die ihre Bedürfnisse nicht mehr eindeutig artikulieren können. Das Wissen um die Geschichte eines Bewohners kann außerdem dazu beitragen, Zugänge zum Verständnis des alten Menschen (und auch zu problematischen bzw. sogenannten »herausfordernden« Verhaltensweisen) zu finden, um daraus adäquate Umgangsformen abzuleiten.

Biografiearbeit ist zugleich immer Beziehungsarbeit. Das Interesse der Mitarbeiter an dem Bewohner und seiner Lebensgeschichte kann diesem das Gefühl geben, verstanden und angenommen zu sein. Das Gespräch und der Austausch über die persönliche Lebensgeschichte können den Bewohner außerdem dabei unterstützen, sich des Wertes seines einmaligen Lebens bewusst zu werden. In manchen Fällen mag es dem Bewohner sogar dabei helfen, negative Ereignisse in seiner Lebensgeschichte akzeptieren und annehmen zu können.

Und schließlich ermöglicht es Biografiearbeit, den Bewohner als historische Persönlichkeit zu erfahren. Wenn wir in der Pflege Menschen begegnen, so sind es eben nicht nur die hilfebedürftigen, verwirrten und/oder inkontinenten Pflegebedürftigen, als die sie uns nun erscheinen, sondern es sind Menschen, die ein prall gefülltes Leben gelebt haben – mit Erfolgen und Niederlagen, Hoffnungen und Enttäuschungen, guten Taten und Verfehlungen. Den Bewohner in seiner biografischen Dimension zu erkennen, befreit ihn von der gegenwärtigen Rolle des hilflosen Pflegebedürftigen.

Biografiearbeit ist eine Haltung, die den Umgang mit dem alten Menschen bestimmen sollte. Sie darf keinesfalls zum Selbstzweck verkommen. So geht es nicht etwa darum, umfassende Datensammlungen von Bewohnern zu erstellen (wie es leider auch manche Heimaufsichtsbehörden fordern). Dadurch werden »gläserne Bewohner« geschaffen, die über keinerlei Intimität und Privatsphäre mehr verfügen. Der Mensch wird somit seiner Würde beraubt.

Die Biografie ist das persönliche Eigentum des Bewohners, das er mit niemandem teilen muss. Wo immer er uns teilhaben lässt, was immer er in Gesprächen uns daraus mitteilen mag, muss er selbst entscheiden. (Bei demenziellen Erkrankungen erinnern Bewohner viele Ereignisse nicht mehr bzw. sind nicht mehr in der Lage, sie zu verbalisieren, sodass wir dann auf die Informationen von Angehörigen angewiesen sind; aber auch mit diesen Daten muss mit Diskretion und Feingefühl umgegangen werden.)

Dabei schafft jeder Mensch seine eigene Biografie im Filter seiner Erinnerungen. Schon *Eva Blimlinger* u. a. hat in ihrem für die Biografiearbeit wegweisenden Buch »Lebensgeschichten«[3] auf folgenden Sachverhalt verwiesen: »*Jede Geschichte ist zwangsläufig subjektiv; jeder Diskurs über die Vergangenheit ist das Werk eines Menschen, der in der Gegenwart lebt und der die Spuren der Vergangenheit im Sinne der Gegenwart interpretiert.*«

Biografisches Erinnern ist also immer rekonstruiert. Es kann zu Umdeutungen kommen oder auch zu Verdrängungen. Pflegende sollten sich im professionellen Umgang mit Bewohnern moralischer Bewertungen enthalten. Biografiearbeit ist kein Tribunal. Es geht nicht um »Gut oder Schlecht«, »Richtig oder Falsch«, sondern um den Versuch, den pflegebedürftigen Menschen zu verstehen, ihn anzunehmen, ihm vielleicht sogar Entlastung zu verschaffen.

Die Geschichte eines jeden Menschen ist nicht nur mit der anderer Menschen verwoben, sondern sie ist zugleich eingebettet in das »große Ganze«, in die kollektive, gesellschaftliche Geschichte, von der sie geprägt ist, mit der sie aber auch in einer Wechselbeziehung steht. Für Biografiearbeit ist daher das Wissen um diese historischen Zusammenhänge unverzichtbar.

Auch für die Kulturarbeit im Heim ist das Wissen über die kulturelle Sozialisation der Heimbewohner von besonderer Bedeutung. Die meisten der heutigen Bewohner sind in den 1920er bis 1940er Jahren aufgewachsen. Dort liegen ihre kulturellen Wurzeln und ihre ersten kulturellen Erfahrungen, die ihren heutigen Geschmack, ihre kulturellen Interessen und Bedürfnisse entscheidend mit geprägt haben. So weist beispielsweise *Dorothea Muthesius* in ihrem Buch »Musikerfahrungen im Lebenslauf alter Menschen« darauf hin, dass »*der größte Anteil des Liedrepertoires eines Menschen … bis etwa zum 21. Lebensjahr erworben*« wird.[4]

Um Missverständnisse zu vermeiden, sei aber an dieser Stelle nochmals ausdrücklich betont, dass Kulturarbeit im Heim keineswegs nur immer rückwärtsgewandt auf vergangene kulturelle Epochen, die gerade bei den heutigen Heimbewohnern unter politischen, ideologischen und humanitären Gesichtspunkten mehr als problematisch waren, reflektieren und diese in den Mittelpunkt stellen sollten. Trotz der Prägungen in der Kindheit und Jugend entwickeln, erweitern und verändern sich die kulturellen Bedürfnisse und der Geschmack eines Menschen im Laufe seines Lebens. In diesem Zusammenhang ist von der Hypothese auszugehen, dass Menschen, die zeitlebens Neuem offen gegenüberstanden, auch im Alter neuen Erfahrungen positiver begegnen als Menschen, die sich eher an Traditionelles und Gewohntes gebunden fühlen.

Gerade bei demenziell erkrankten Bewohnern kann die Anknüpfung an bekannte und noch im Langzeitgedächtnis verwurzelte kulturelle Erfahrungen einen Zugang eröffnen und zu ihrem Wohlbefinden beitragen.

---

3 Geogres Duby, zit. nach Blimlinger, Ertl, Koch-Straube, Wappelshammer (1994): Lebensgeschichten, Biographiearbeit mit alten Menschen. Hannover, S. 15

4 Muthesius, D. (1997): Musikerfahrungen im Lebenslauf alter Menschen. Hannover, S. 62

Teil 2

Kurzgefasste deutsche Kulturgeschichte (von 1919 bis in die 1950er Jahre)

Die folgenden Ausführungen geben einen Überblick über die kulturelle Sozialisation in der Kindheit und Jugend unserer heutigen Bewohner. Zum Verständnis des Gesamtkontextes ist den kulturellen Sparten jeweils ein kurzer Überblick über die politischen und wirtschaftlichen Rahmenbedingungen und ihre Auswirkungen auf das Alltagsleben vorangestellt.

Der Text ist auch als Einstieg für eine vertiefende Auseinandersetzung mit diesem Themenkomplex zu verstehen. Wer sich in die skizzierte Thematik ausführlicher einarbeiten möchte, sollte sich eine Auswahl der angegebenen Filme ansehen, einige der aufgelisteten Bücher lesen, die Musik dieser Zeit hören und sich Bilder von Künstlern dieser Epoche in Kunstführern oder -museen anschauen, um einen lebendigen Zugang zu diesen Werken zu bekommen. Darüber hinaus sollte es selbstverständlich sein, mit den Bewohnern als authentischen Zeitzeugen über ihre Erfahrungen und kulturellen Bedürfnisse ins Gespräch zu kommen.

1 Die Weimarer Republik (1919–1933)

Die »Weimarer Republik« dauerte von 1919 bis 1933. Die von dieser Zeitspanne eingeschlossenen 1920er Jahre im Allgemeinen, vor allem aber die Zeit zwischen 1924 und 1929 werden rückblickend immer wieder glorifizierend als die »Goldenen Zwanziger« bezeichnet. Tatsächlich war es eine Zeit, die von einer kulturellen Blüte gekennzeichnet war. Diese stand jedoch in einem krassen Gegensatz zu den schlechten Lebensbedingungen eines großen Teils der Bevölkerung. Hinsichtlich ihrer politischen und wirtschaftlichen Bedingungen waren die 1920er Jahre für die Mehrheit der Deutschen sicherlich keine goldenen Zeiten.

1.1 Politik und Alltag

Als auch für die Heeresführung feststand, dass der von Deutschland 1914 begonnene Erste Weltkrieg militärisch nicht mehr gewonnen werden konnte, wurde ab Ende September 1918 ein Waffenstillstandsabkommen angestrebt. Zugleich kanalisierte sich die Unzufriedenheit der unter dem Krieg leidenden Bevölkerung in Streiks und Massendemonstrationen. Dem Vorbild der russischen Revolution folgend, wurden Arbeiter- und Soldatenräte gebildet. Die Novemberrevolution führte am 9. November 1918 zur Abdankung des Kaisers und zur Ausrufung einer Republik. Die Regierung stellte dabei übergangsweise der »Rat der Volksbeauftragten«, der sogleich ein Neun-Punkte-Programm herausgab, in dem u. a. stand: *»Eine Zensur findet nicht statt. Die Theaterzensur wird aufgehoben … Meinungsäußerung in Wort und Schrift ist frei.«*[5]

Mit dem Waffenstillstandsabkommen vom 11. November 1918 wurde zwar das sinnlose Sterben des Ersten Weltkrieges beendet, doch er hinterließ allein in Deutschland zwei Millionen Kriegerwitwen und 1,5 Millionen Kriegsversehrte. *»Die Folgen des Ersten Weltkriegs waren im Alltagsleben der Deutschen nach Kriegsende stets präsent. Kriegsversehrte prägten ebenso das Straßenbild wie unterernährte Kinder und Erwachsene.«*[6]

Im Januar 1919 fanden freie Wahlen zu einer verfassungsgebenden Nationalversammlung statt, bei denen auch erstmals Frauen wählen durften. Aufgrund revolutionärer Unruhen in Berlin trat das neu gewählte Parlament jedoch in Weimar zusammen. Der Sozialdemokrat Friedrich Ebert wurde erster Reichspräsident der »Weimarer Republik«.

Um das deutsche Volk vor Bürgerkrieg und Hungersnot zu bewahren, bediente sich Friedrich Ebert der bestehenden Strukturen in Verwaltung und Militär, die jedoch monarchistisch geprägt und zu einem großen Teil republikfeindlich waren. Damit sollte auch eine »bolschewistische Revolution« nach russischem Vorbild verhindert werden. Die Folge war

5 Bundeszentrale für politische Bildung (Hrsg.) (1985): Informationen zur politischen Bildung 109/110. Die Weimarer Republik. Bonn, S. 5

6 www.dhm.de/lemo/html/weimar/alltag/index.html

ein brutales Vorgehen der Ordnungskräfte gegen sozialistische Revolutionäre, während hingegen rechte Konterrevolutionäre weitgehend unbehelligt blieben.

Mit der Unterzeichnung des »Versailler Vertrages« am 28. Juni 1919 verpflichtete sich Deutschland zu Reparationszahlungen an die ehemaligen Kriegsgegner, zu Gebietsabtretungen und zum Kriegschuldeingeständnis, das von national gesinnten Gegnern der jungen Republik dazu genutzt wurde, die Regierenden als »Erfüllungspolitiker« und »Novemberverbrecher« zu diskreditieren.

In der Folge blieben die politischen Verhältnisse der Weimarer Republik instabil. *»In den angeblich ›goldenen Zwanzigern‹ wechselten die Kabinette oft schneller, als man sich die Namen der das Reich regierenden Politiker zu merken vermochte.«*[7] (Bis zum Untergang der Weimarer Republik 1933 sollten es insgesamt 20 Regierungen werden.) Demonstrationen und politische Agitation prägten vielfach das Straßenbild. Auch gab es mehrere Putschversuche (insbesondere sind hier der Kapp-Putsch sowie der Putschversuch von Hitler und Ludendorff zu nennen) sowie Attentate und Morde an politischen Gegnern (so wurden die beiden Führungspersönlichkeiten des Spartakusbundes, Rosa Luxemburg und Karl Liebknecht, ebenso ermordet wie der Zentrumspolitiker und Reichsfinanzminister Matthias Erzberger und der Reichsaußenminister Walther Rathenau von der Deutschen Demokratischen Partei).

Die Versorgungslage war für weite Teile der Bevölkerung zu Beginn der 1920er Jahre katastrophal. Es bestand ein chronischer Mangel an Grundnahrungsmittel, sodass ein Großteil des Volkes hungerte. Die städtische Bevölkerung unternahm sogenannte »Hamsterfahrten« aufs Land, um Wertgegenstände gegen Lebensmittel einzutauschen.

Diese Situation wurde durch die fortschreitende Inflation weiter verschärft. So betrug der Dollarkurs im Juli 1919 noch 14 Mark. Bis zum 15. November 1923 stieg er auf die astronomische Summe von 4,2 Billionen Mark. Trotz einer Rekordgetreideernte mussten wieder Brotmarken eingeführt werden, da sich die Menschen für ihr wertloses Geld nichts mehr kaufen konnten. *»Das Volk hungert bei vollen Scheunen«*, bemerkte dazu plakativ der Führer der Deutschnationalen im Reichstag, Kuno von Westarp.[8] *»Die galoppierende Inflation verschärfte 1923 die Situation und machte über Nacht Millionen vormals kaufkräftiger Bürger und von Vermögenszinsen lebender ›Rentiers‹ zu Bettlern, während Spekulanten und Kriegsgewinnler ihren neuen Reichtum in Amüsierbetrieben schamlos zur Schau stellten.«*[9]

Es herrschte eine hohe Arbeitslosigkeit, die auch zu einer »Kriminalisierung des Alltags« führte, *»bei dem im Kampf ums nackte Überleben Diebstähle von Lebensmitteln und Plünderungen von Geschäften mancherorts gravierende Ausmaße annahmen.«*[10] Ende 1925 betrug die Arbeitslosenrate fast 20 Prozent und weitere 20 Prozent der Arbeiter waren von Kurzarbeit betroffen. Insgesamt sanken die Tariflöhne. Doch die Verelendung der Lebens-

---

[7] Engelmann, B. (1985): Einig gegen Recht und Freiheit. München, S. 93
[8] Engelmann, a. a. O., S. 92
[9] www.dhm.de/lemo/html/weimar/alltag/index.html
[10] www.dhm.de/lemo/html/weimar/alltag/index.html

bedingungen traf nicht nur die Arbeiter, sondern auch den Mittelstand, dem ein sozialer Abstieg in das sogenannte »Stehkragenproletariat« drohte.

In den städtischen Ballungszentren herrschte seit Kriegsende zudem eine verheerende Wohnungsnot. Obgleich ab 1924 die Bauwirtschaft anzog, überschritt die Anzahl fehlender Wohnungen im Deutschen Reich 1925 noch immer die Millionengrenze. Trotzdem hielt die bereits im Kaiserreich einsetzende Landflucht an.

Mit Hilfe ausländischer Kredite setzte Mitte der 1920er Jahre jedoch eine wirtschaftliche Erholung ein. Die Inflation konnte mit Einführung der Rentenmark, die ein Jahr später durch die Reichsmark ersetzt wurde, überwunden werden. 1927/28 sanken die Arbeitslosenzahlen von 2,4 Millionen auf 750.000. Es waren sogar Lohnsteigerungen zu verzeichnen. Allerdings erreichte der Reallohn der unteren Einkommensschichten erst 1928 wieder den Stand von 1914. Infolge der positiven wirtschaftlichen Entwicklungen beruhigte sich auch die innenpolitische Situation.

Als 1925 Reichspräsident Friedrich Ebert starb, konnte sein Nachfolger erstmals direkt gewählt werden. Politisch wurde jedoch mit der Wahl des Generalfeldmarschalls Paul von Hindenburg *»eine klare Wendung der Mehrheit des deutschen Bürgertums nach rechts vollzogen.«*[11]

Die positiven wirtschaftlichen Entwicklungen in Deutschland wurden am 25. Oktober 1929 jäh beendet: Der sogenannte »Schwarze Freitag« an der New Yorker Börse löste die bisher schwerste Weltwirtschaftskrise aus. Dies führte dazu, dass ausländisches Kapital aus Deutschland abgezogen wurde. Investitionsrückgang und Produktionsstilllegungen waren die Folgen.

Die Arbeitslosenzahlen stiegen dramatisch an und erreichten im Februar 1932 mit 6,12 Millionen ihren Höchststand. Damit war etwa jeder dritte Arbeitnehmer ohne Beschäftigung. Von den Arbeitslosen erhielten jedoch nur knapp 800.000 Leistungen der Arbeitslosenunterstützung, die übrigen waren auf die Wohlfahrt oder auf Almosen angewiesen.[12] Aber auch für die Beschäftigten wurde die wirtschaftliche Situation zunehmend schwieriger: Einer Erhöhung der Abgabenlast standen sinkende Löhne bei künstlich stabil gehaltenen Preisen gegenüber. Die Wirtschaftskrise war *»für die Betroffenen eine Frage des nackten physischen Überlebens, der Beschaffung von Brot für den nächsten Tag, von Holz und Kohle für den nächsten Winter. Not und Hoffnungslosigkeit bereiteten den Boden für die demagogischen Parolen der links- und insbesondere der rechtsradikalen Parteien.«*[13]

Diese Radikalisierung zeigte sich sowohl bei den Wahlen wie auch auf der Straße. So überfielen am jüdischen Neujahrstag 1931 1.500 SA-Männer die Gottesdienstbesucher der Synagoge nahe des Kurfürstendamms in Berlin und schlugen sie brutal zusammen. Die Terrorwelle der SA nahm immer mehr zu. Bei Saal- und Straßenschlachten zwischen Nationalsozialisten und Kommunisten waren Tode und Verwundete zu beklagen. Da auch

11 Bundeszentrale für politische Bildung, a.a.O., S. 22
12 Engelmann, a.a.O., S. 185
13 Bundeszentrale für politische Bildung, a.a.O., S. 30

die Polizei oft nicht mehr Herr der Lage war, herrschten teilweise bürgerkriegsähnliche Zustände, sodass sich die Bevölkerung zunehmend nach »Ruhe und Ordnung« sehnte.

Ab März 1930 verfügte keine der Regierungen mehr über eine parlamentarische Mehrheit. Die Radikalisierung der parlamentarischen Auseinandersetzungen verhinderte Mehrheitsbeschlüsse. Dadurch konnte das Parlament seiner Rolle als gesetzgebendes Organ nicht mehr gerecht werden. Das wichtigste politische Gestaltungsinstrument der als »Präsidialkabinette« bezeichneten Regierungen waren Notverordnungen.

Bei Reichtagswahlen am 31. Juli 1932 wurde die Nationalsozialistische Deutsche Arbeiterpartei (NSDAP) mit 37,2 Prozent erstmals stärkste Partei. Bei der bereits am 6. November 1932 durchgeführten nächsten Reichtagswahl erreichte sie 33 Prozent der Stimmen. Ihr Führer, Adolf Hitler, erfreute sich außerdem einer zunehmenden Unterstützung traditionell rechter Kreise, der militärischen Führung sowie der Industrie und Hochfinanz. Am 30. Januar 1933 wurde er von Reichspräsident von Hindenburg zum Reichkanzler ernannt. Damit war das Ende der Weimarer Republik besiegelt.

1.2 Film

Ende des 19. Jahrhunderts waren die ersten Filmkameras und -projektoren erfunden worden. Die »bewegten Bilder« wurden zunächst im Freien, meist auf Jahrmärkten, vorgeführt, doch schon bald wurden die ersten festen Lichtspielhäuser gebaut. Die Vorführungen der Stummfilme wurden meist von einem Pianisten, manchmal sogar von einem ganzen Orchester, live mit Musik untermalt. Auch sogenannte Photoplayer und Kinoorgeln, mit denen neben der Musik auch die zur Filmhandlung passenden Geräusche erzeugt werden konnten, dienten der musikalischen Begleitung. *»Oft kamen die Zuschauer schon 1–2 Stunden vor Filmbeginn, nur um den Organisten spielen zu hören, der vorher neue Schlager oder bekannte Melodien zum Besten gab.«*[14] Zumindest in den großen Filmtheatern gab es bis etwa Mitte der 1920er Jahre neben der Filmvorführung außerdem ein buntes Programm mit schauspielerischen, musikalischen und tänzerischen Darbietungen.

Während zunächst Filmerzähler den Fortgang der Geschichte erläuterten, schafften später knappe Texteinblendungen, sogenannte Zwischentitel, erklärende Übergänge zwischen den Szenen und hielten die Handlung zusammen.

Trotz Anfeindungen konservativer Kreise, die im Kino »Schmutz und Schund« witterten, nahm seine Beliebtheit in der Bevölkerung immer mehr zu. Während 1915 in den 2.900 Filmtheatern des Deutschen Reiches täglich 1,5 Millionen Besucher zu verzeichnen waren, wuchs diese Zahl bis Mitte der 1920er Jahre auf täglich 2 Millionen an. Nach den Entbehrungen und Schrecken des Krieges suchten Menschen aller Klassen und Schichten Vergnügen und Abwechslung. 1930 war Deutschland mit ca. 5.000 Filmtheatern der europäische Staat mit den meisten Kinos. Auch wurden in Deutschland in den 1920er und 1930er Jahren mehr Filme als in allen europäischen Ländern zusammen produziert.

[14] www.zwanziger-jahre.de/Film/Filmmusik

Neben dem Hauptfilm wurden den Besuchern außerdem Kulturfilme sowie die »Wochenschau« gezeigt. Damit war das Kino neben den Tageszeitungen zugleich die Hauptinformationsquelle der Bevölkerung. Diesen Umstand versuchte sich die Politik schon früh zunutze zu machen. Während des Ersten Weltkriegs verfügte General Ludendorff die Fusion der größten deutsche Filmgesellschaften zur »Universum Film AG« (Ufa), um dadurch über ein wichtiges Propagandainstrument zu verfügen. Nach Zahlungsschwierigkeiten wurde die Ufa 1927 vom Opriba-Konzern des ultrarechten Medienmoguls Alfred Hugenberg gekauft, der mit einer Nachrichtenagentur sowie diversen Tageszeitungen und Zeitschriften ohnehin die Medienlandschaft in Deutschland beherrschte.

Aufgrund seiner niedrigen Eintrittspreise war das Kino – *»vom Bankdirektor bis zum Handlungsgehilfen, von der Diva bis zur Stenotypistin«*[15] – für alle Gesellschaftsschichten erschwinglich. *»Für die Arbeiterklasse stand das Kino in der Großstadt als geselliges Freizeitvergnügen gleichberechtigt neben Fußball, Kneipe und Rummelplatz; für die bildungsbürgerliche Mittelklasse konkurrierte das Kino mit Theater, Revue und Rundfunk.«*[16] Es war damit auch ein demokratisches Medium, das außerdem die Grenzen zwischen Hochkultur und Unterhaltung aufweichte.

Zu den bekanntesten deutschen Filmen nach dem Ersten Weltkrieg gehörten:
- »Madame Dubarry« (1919), Regie: Ernst Lubitsch
- »Kohlhiesels Töchter« (1920), Regie: Ernst Lubitsch
- »Der Golem, wie er in die Welt kam« (1920), Regie: Paul Wegener
- »Das Cabinett des Dr. Caligari« (1920), Regie: Robert Wiene
- »Der müde Tod« (1921), Regie: Fritz Lang
- »Das indische Grabmal« (1921), Regie: Joe May
- »Dr. Mabuse, der Spieler« (1922), Regie: Fritz Lang
- »Nosferatu – eine Symphonie des Grauens« (1922), Regie: Friedrich Wilhelm Murnau
- »Die Nibelungen« – 1. Teil: Siegfrieds Tod (1923), Regie: Fritz Lang
- »Die Nibelungen« – 2. Teil: Krimhilds Rache (1924), Regie: Fritz Lang
- »Das Wachsfigurenkabinett« (1924), Regie: Paul Leni
- »Der letzte Mann« (1924), Regie: Friedrich Wilhelm Murnau
- »Tartüff« (1925), Regie: Friedrich Wilhelm Murnau
- »Die freudlose Gasse« (1925), Regie: Georg Wilhelm Pabst
- »Metropolis« (1926), Regie: Fritz Lang
- »Faust« (1926), Regie: Friedrich Wilhelm Murnau
- »Berlin – die Sinfonie der Großstadt« (1927), Regie: Walter Ruttmann
- »Die Büchse der Pandora« (1928), Regie: Georg Wilhelm Pabst
- »Das Tagebuch einer Verlorenen« (1929), Regie: Georg Wilhelm Pabst[17]

[15] Kreimeier, K. (2002): Die Ufa-Story, Frankfurt am Main, S. 100

[16] Jacobsen, Kaes, Prinzler (Hrsg.) (1993): Geschichte des deutschen Films, Stuttgart, S. 41

[17] Einen interessanten Überblick insbesondere über die deutschen Stummfilme (die Auflistung der späteren Tonfilme ist leider weniger umfangreich) findet sich auf der Internetseite www.filmportal.de. Zu den einzelnen Filmen sind dort auch weitere Materialen, wie Filmplakate, Kritiken, u. ä. sowie Hinweise über ihre jetzige Verfügbarkeit zu finden.

Als filmhistorisch bedeutend werden vor allem die dem »Expressionismus« zugeordneten Filme, wie »Das Cabinett des Dr. Caligari«, »Nosferatu« und »Metropolis«, der damals allerdings trotz hoher Produktionskosten kein Publikumserfolg war, eingestuft. Prägende Stilmittel dieser Filme sind das Spiel mit Licht und Schatten, verzerrte Kulissen sowie teilweise beklemmende und alptraumhafte Szenen.

Neben diesen künstlerisch anspruchsvollen Werken brachten die 1920er Jahre außerdem eine Vielzahl weiterer Genres, die meist ohne großen künstlerischen Anspruch auf die Unterhaltung und Zerstreuung des Publikums zielten, hervor: *»Es seien hier nur Arnold Fancks ›Bergfilme‹, wie ›Das Wunder des Schneeschuhs‹ (1920) und ›Der heilige Berg‹ (1926), die Scherenschnittfilme von Lotte Reiniger, die Action-Filme mit einem großartigen Harry Piel und die Historienfilme«*[18] genannt. Auch Aufklärungs- und Sittenfilme (beispielsweise mit der als »Nackttänzerin« berühmt gewordenen Anita Berber) fanden bis zur Wiedereinführung der Filmzensur regen Zuspruch.

Zu den großen deutschen Filmstars dieser Zeit zählten – neben dem bereits erwähnten Harry Piel – Asta Nielsen, Henny Porten, Pola Negri, Mia May, Lya de Putti, Lil Dagover, Conradt Veidt und Emil Jannings, der 1926 nach Amerika ging und dort 1929 als erster Schauspieler mit dem Oscar ausgezeichnet wurde.

Außer der Ufa gab es in Deutschland mit Terra, Tobis und Bavaria noch drei weitere große Produktionsfirmen. Aber auch ausländische Filme, insbesondere amerikanische (Hollywood-) Produktionen feierten in den deutschen Kinos Erfolge.

Hier eine kleine Auswahl bedeutender ausländischer Filme der 1920er Jahre:
- »Das Zeichen des Zorro« (USA, 1920), Regie: Fred Niblo, Douglas Fairbanks
- »Das Kind« (Großbritannien, 1921), Regie: Charles Chaplin
- »Das Bleichgesicht« (USA, 1921), Regie: Buster Keaton
- »Robin Hood« (USA, 1922), Regie: Allan Dwann
- »Nanuk, der Eskimo« (USA, 1922), Regie: Robert Flaherty
- »Karussell« (USA, 1922), Regie: Erich von Stroheim, Rupert Julian
- »Das verbotene Paradies« (USA, 1924), Regie: Ernst Lubitsch, der 1922 nach Hollywood gegangen war
- »Das eiserne Pferd« (USA, 1924), Regie: John Ford
- »Der Goldrausch« (Großbritannien, 1925), Regie: Charles Chaplin
- »Harold Lloyd, der Sportstudent« (USA, 1925), Regie: Sam Taylor, Fred Mewmeyer
- »Panzerkreuzer Potemkin« (UdSSR, 1925), Regie: Sergej Eisenstein
- »Circus« (Großbritannien, 1928), Regie: Charles Chaplin

***Anmerkung:** Diese Filme sind, wie auch die auf Seite 57 aufgelisteten deutschen Produktionen, heute teilweise nicht mehr erhältlich. In ihrer Gesamtheit sind sie jedoch ohnehin eher für filmgeschichtlich interessierte Cineasten von Interesse. Für die Vorführung vor einem etwas breiteren Publikum im Rahmen von »Kulturarbeit im Heim« scheinen sie (von Ausnahmen, wie den genannten Chaplin-Filmen abgesehen) aber ohnehin weniger geeignet.*

18 www.cyranus.ch/smfilm-d.htm

Als großer amerikanischer Filmstar ist der bereits 1926 im Alter von nur 31 Jahren verstorbene Rudolph Valentino zu nennen. Aber auch die in Stockholm geborene »göttliche« Greta Garbo, die 1925 mit »Die freudlose Gasse« ihren einzigen deutschen Film drehte, danach nach Amerika ging und dort zum Weltstar wurde, sowie Charlie Chaplin gehörten zu den von Publikum und Kritik umjubelten Schauspielern.

Das Gespräch und die Vorführung von alten Filmen regen Bewohner dazu an, noch einmal tief in ihre Vergangenheit zu schauen. Im Folgenden einige Stimmen aus unserem Haus:

»Ich kann mich noch an die Stummfilmzeit erinnern. Ich wohnte damals in Bockenheim. Die Filme wurden von einem Klavierspieler begleitet, manchmal auch von einem kleinen Orchester. Das war schön. An bestimmte Filme kann ich mich aber nicht erinnern. Das ist alles schon so lange her.«
(Frau L., Jg. 1911)

»Ich habe noch die Stummfilmzeit mitgekriegt; vorher, so als 5-Jähriger sogar die ›Stehenden Bilder‹. Das war im ›Dorfkrug‹, einer Gaststätte mit einem Saal. Dort hatte unser Priester Tierbilder gezeigt. Theateraufführungen fanden dort auch statt. 1927 bin ich mit meinen Eltern in die Stadt gezogen. Dort gab es drei Kinos: das Apollo, die Kammerlichtspiele und das Deutsche Lichtspielhaus, abgekürzt Deli. Die Filme wurden von einem Pianisten begleitet. Orchester gab es nur in den ganz großen Kinos. Das kenne ich nur vom Erzählen. Später kamen die Tonfilme und noch später die ersten Farbfilme. Ich bin gerne ins Kino gegangen. Jeden Sonntag war Jugendvorstellung für die 6- bis 14-Jährigen, die haben wir so gut wie möglich wahrgenommen. Die Karte kostete 20 Pfennig und die musste man erst mal haben – ich hatte sie nicht immer. In unsere Klasse gingen etwa 30 Jungs. 25 gingen automatisch jeden Sonntag ins Kino. Die restlichen 5, dazu gehörte ich, ab und zu. Da waren wir so 8, 9 Jahre alt. Ab dem 16. Lebensjahr bin ich mindestens einmal die Woche ins Kino gegangen. Wir haben alle Filme gesehen, die damals in Mode waren.«
(Herr C., Jg. 1920)

Die Einführung des Tonfilms bedeutete für die Filmindustrie eine revolutionäre Neuerung. Als erster Tonfilm wurde in den amerikanischen Kinos am 6. Oktober 1927 »The Jazz Singer« gezeigt. Das Tonfilmverfahren setzte sich schnell durch. *»Waren 1929 nur acht von 183 deutschen Spielfilmen vertont, so veränderte sich die Relation ein Jahr später auf 101 von 146 Filmen. 1932 wurden bereits alle 127 in Deutschland produzierten Spielfilme als Tonfilme hergestellt.«*[19]

Da nicht alle Schauspieler über eine ansprechende Stimme verfügten, konnten nicht zwangsläufig alle Stummfilmstars auch im Tonfilm ihre Kariere erfolgreich fortsetzen. Auch die Kinoorchester bzw. -pianisten waren mit Einführung des Tonfilms überflüssig geworden, sodass tausende Musiker arbeitslos wurden.

19 www.dhm.de/lemo/html/weimar/kunst/lichtspiele/index.html

»Viele Stummfilme wurden damals einfach vernichtet, da man sie als altmodisch empfand. Vor allem von den zahlreichen Trivialfilmen fürs Massenpublikum zeugen nur noch schriftliche Dokumente, wie zum Beispiel Filmkritiken oder Zensurkarten.«[20] (Die sogenannten »Zensurkarten« enthalten die Aufstellung aller Zwischentitel des Films, die der Zensur zur Genehmigung vorgelegt werden mussten). Es ist davon auszugehen, dass heute nur noch etwa 10 Prozent der damals produzierten Filme erhalten sind.

Zu einem der ersten Kassenerfolge des neuen Tonfilms wurde der am 1. April 1930 uraufgeführte Film »Der blaue Engel« nach dem Roman »Professor Unrat« von Heinrich Mann. Unter der Regie von Josef von Sternberg waren Emil Jannings (der aufgrund seiner nicht akzentfreien englischen Sprache mit Einführung des Tonfilms aus Amerika nach Deutschland zurückgekehrt war) und Marlene Dietrich die Hauptdarsteller des Films. Für die unbekannte Schauspielerin Marlene Dietrich, die in dem Film in der Rolle der Varietésängerin Lola u. a. die von Friedrich Hollaender komponierten Lieder »Ich bin von Kopf bis Fuß auf Liebe eingestellt« und »Ich bin die fesche Lola« vortrug, war der Film der Durchbruch zum gefeierten Star.

»Wir sind sehr viel ins Kino gegangen, das war die Freizeitbeschäftigung. Wenn man sich mit Jungs getroffen hat – wo treffen wir uns? Im Kino. Nachher ist man dann im Park spazieren gegangen. Jeden Film, jeden Quatsch hat man sich angesehen. Die Eltern haben immer geschimpft: ›Was siehst du dir da an? Das passt nicht zu dir.‹ Da haben wir aber nicht gehört. Da ist man eben so gegangen, dass Vater und Mutter nichts gemerkt haben.
Ich bin mindestens ein, zwei Mal die Woche ins Kino gegangen. Und wenn die Eltern wieder Alarm geschlagen haben, na ja, dann hat man sich eben zu Hause in Ecke gesetzt und geheult und gebettelt, bis man doch wieder gehen durfte.
Emil Jannings, Marlene Dietrich, den blauen Engel, den haben wir ja damals auch alle gesehen. Also ins Kino musste man gehen, den Film musste man gesehen haben, wenn es auch Quatsch war, aber den Film musste man gesehen haben.«
(Frau K., Jg. 1915)

Die Einführung des Tonfilms eröffnete dem Medium neue Dimensionen: Filme mit Gesangseinlagen und Operettenfilme wurden immer populärer. Im Gegensatz zum Einsatz der Musik im »Blauen Engel« wurden die Lieder dabei teilweise zum Selbstzweck: *»Waren die Songs, die Lola als Varietésängerin auf der Bühne vortrug, noch in die Erzählhandlung integriert, so brachen in einem Film wie ›Die drei von der Tankstelle‹ die Figuren (einschließlich Gerichtsvollzieher und Dienstmädchen) ohne Motivation in Gesang und Tanz aus.«*[21]

Damit ist zugleich der kommerziell erfolgreichste Film der Saison 1930/31 benannt: »Die drei von der Tankstelle« – eine Tonfilmoperette mit Schlagern wie »Ein Freund, ein guter Freund« und »Liebling, mein Herz lässt die dich grüßen« des Komponisten Werner Richard Heymann. Die männlichen Hauptrollen spielten Willy Fritsch, Oskar Karlweis

[20] Bleyenberg, D.: Der Kultfilm in der postmodernen Gesellschaft; www.bleyenberg.de/kultfilm/11 htm
[21] Jacobsen u. a., a. a. O., S. 96

und Heinz Rühmann, der zuvor Theaterschauspieler in München und Berlin war und zu einem der größten Stars des deutschen Kinos werden sollte. Die weibliche Hauptrolle verkörperte Lilian Harvey.

Lilian Harvey und Willy Fritsch hatten erstmals 1926 in dem Stummfilm »Die keusche Susanne« zusammen vor der Kamera gestanden. Es folgten noch elf weitere gemeinsame Filme, mit denen sie zum »Traumpaar des deutschen Kinos« avancierten. »Liebeswalzer« (mit den Liedern »Du bist das süßeste Mädel der Welt« und »Seliges Schweigen, es klingen Geigen«) aus dem Jahre 1930 war ihr erster gemeinsamer Tonfilm. Mit »Der Kongress tanzt« drehten sie den erfolgreichsten Film der Saison 1931/32, der mit »Das gibt's nur einmal« und »Das muss ein Stück vom Himmel sein« ebenfalls erfolgreiche Schlager enthielt, die von Werner Richard Heymann komponiert worden waren. Der Film »Ein blonder Traum«, in dem u. a. die Lieder »Irgendwo auf der Welt gibt's ein kleines bisschen Glück« und »Wir zahlen keine Miete mehr« erklangen, erschien 1932. Ein Jahr später verließ Lilian Harvey Deutschland und drehte vier Filme in Hollywood.

Im Vorgriff auf das nächste Kapitel sei an dieser Stelle schon darauf hingewiesen, dass sie 1935 noch einmal nach Deutschland zurückkehrte. Mit Willy Fritsch stand sie im dem Film »Glückskinder« (1936), der u. a. den Schlager »Ich wollt' ich wär ein Huhn« enthielt, erneut erfolgreich vor der Kamera. Ihr letzter gemeinsamer Film war »Die Frau am Steuer«. Im Oktober 1937 wurden ihre Filme »Die drei von der Tankstelle« und »Der Kongress tanzt« vom Nazi-Regime verboten, da an ihnen zu viele jüdische und politisch unzuverlässige Mitwirkende beteiligt gewesen seien. Lilian Harvey, die ebenfalls als politisch unzuverlässig galt, emigrierte schließlich 1939 zunächst nach Frankreich und später in die USA. Der Grund für ihre Emigration mag aber vielleicht weniger im Politischen zu suchen sein, sondern darin, *»dass das Propagandaministerium sich weigert, wie bisher einen Teil ihrer Gage in Devisen auszuzahlen«*[22].

Weitere bedeutende deutsche Spielfilme in der Zeit zwischen der Etablierung des Tonfilms und der Machtergreifung der Nationalsozialisten sind[23]:

- »Der Greifer« (1930) mit Hans Albers in der Hauptrolle
- »Berlin-Alexanderplatz« (1931) nach dem Roman von Alfred Döblin mit Heinrich George in der Rolle des Franz Biberkopf
- »M – eine Stadt sucht einen Mörder« (1931), der erste Tonfilm des Regisseurs Fritz Lang
- »Bomben auf Monte Carlo« (1931) mit Hans Albers und Heinz Rühmann in den Hauptrollen und dem Schlager »Das ist die Liebe der Matrosen«
- »Der Hauptmann von Köpenick« (1931), nach dem erst neun Monate zuvor uraufgeführten Theaterstück von Carl Zuckmayer
- »F.P.1 antwortet nicht« (1932), der für den Hauptdarsteller Hans Albers den *»endgültigen Durchbruch zum Star des deutschen Kinos brachte«*[24].

---

22 Riess, C. (1977): Das gab's nur einmal. Die große Zeit des deutschen Films. Band 3, Wien/München, S. 74

23 Eine sehr umfangreiche, nach Erscheinungsjahren gegliederte Auflistung deutscher Tonfilme findet sich unter www.deutscher-tonfilm.de. Zu jedem Film sind dort die Mitwirkenden, die wichtigsten Daten, eine kurze Inhaltsangabe und das Filmplakat zu finden.

24 Kreimeier, a. a. O., S. 341

Da viele Filme auch ins Ausland verkauft wurden, aber damals noch keine Synchronisation möglich war, mussten teilweise sehr aufwendige ausländische Versionen der Filme gedreht werden, in denen aufgrund der Sprachprobleme oft auch andere Darsteller spielten. Drehte Lilian Harvey nicht nur die deutschen, sondern auch die englischen und französischen Versionen ihrer Filme, so spielte zum Beispiel in dem Film »F.P.1 antwortet nicht« Hans Albers die Hauptrolle in der deutschen Fassung, Conrad Veidt in der englischen und Charles Boyer in der französischen.

Damals wurde das Kino für viele Menschen zum Fluchtpunkt, an dem sie sich von den Sorgen und Ängsten des Alltags ablenken konnten. *Siegfried Kracauers* Analyse der Ufa trifft daher sicherlich auf das Kino in seiner Gesamtheit zu: »*Die Ufa trägt mit ihrem Programm bewusst der seelischen Verfassung der heutigen Welt Rechnung. Die Wirtschaftskrise, die private Not, die politische Zerrissenheit sind Faktoren, die das Publikum von heute nervenmäßig ungeheuer belasten. Was erscheint also nötiger als ein Programm von Filmen, die geeignet sind, das Publikum aus seiner seelischen Not herauszuführen: ihm teils Erhebung, teils Zerstreuung und teils Unterhaltung zu bieten?*«[25]

Neben der Unterhaltung gab es jedoch auch ideologisch intendierte Filme: Auf der politisch linken Seite ist in diesem Zusammenhang »Kuhle Wampe oder Wem gehört die Welt« zu nennen, den »*einzigen kommunistischen Spielfilm der Weimarer Republik*«[26], für den Bertolt Brecht das Drehbuch geschrieben hatte. Aber auch bei den Rechten gab es Filme, die politische eindeutig Stellung bezogen, wie zum Beispiel »Das Flötenkonzert von Sanssouci«, in dem der frühere Stummfilmstar Otto Gebühr erneut als Friedrich der Große reüssierte.

Der Antikriegsfilm »Im Westen nichts Neues« nach dem gleichnamigen Roman von Erich Maria Remarque wurde hingegen nicht in Deutschland, sondern in Hollywood gedreht. Als er in Berlin aufgeführt werden sollte, organisierte der Berliner Gauleiter der NSDAP, Josef Goebbels, eine angeblich »*spontane Demonstration*« gegen den seiner Meinung nach »*unpatriotischen*« und »*jüdischen*« Film.[27] Die Nazis, die für die Vorstellung Eintrittskarten erstanden hatten, warfen im Kino Stinkbomben und ließen weiße Mäuse frei. Goebbels hielt vor dem Kino eine Rede gegen den Film und gegen »*das ganze System*«. Die herbeigerufene Polizei ging nicht gegen dieses Rowdytum vor, sonder verbot den Film, da die Sicherheit der Kinobesucher nicht garantiert werden könne. Der oben bereits erwähnte Film »Das Flötenkonzert von Sanssouci« war hingegen von keinem Verbot betroffen; ganz im Gegenteil: Demonstranten, die gegen diesen antidemokratischen Streifen protestieren, wurden von der Polizei niedergeknüppelt…

25 Siegfried Kracauer, zitiert nach Kreimeier, a.a.O., S. 236
26 Jacobsen, W. u. a., Geschichte des deutschen Films, S. 529
27 Ries, C. (1977): Das gab's nur einmal. Die große Zeit des deutschen Films. Band 2, Wien/München, S. 156 ff.

1.3 Literatur

Anfang der 1920er Jahre verlor der literarische Expressionismus, der von Subjektivität, Pathos und sprachlichen Experimenten gekennzeichnet war, an Bedeutung. Dada, die 1916 vom Züricher »Cabaret Voltaire« ausgegangene Ausdruckform des Protestes gegen den Krieg und die bestehenden Normen, schlug sich im literarischen Bereich vor allem in Textcollagen, abstrakten Dichtungen und Lautgedichten ohne erkennbaren inhaltlichen Sinn nieder. Der Dadaismus war eine Kunstform, die sich bewusst als »Anti-Kunst« verstand und mit allen traditionellen Regeln brechen wollte. Weite Teile des Publikums fühlten sich dadurch provoziert, die künstlerischen Ausdrucksformen blieben weitgehend unverständlich, sodass Dada keine Massenwirksamkeit erlangte.

Die bedeutendste literarische Strömung der 1920er Jahre wird als »Neue Sachlichkeit« bezeichnet. Im Gegensatz zu den Expressionisten versuchten die Autoren die Wirklichkeit »sachlich« und nüchtern darzustellen. Sie rückten gesellschaftliche Themen und den »Alltag der kleinen Leute« in den Mittelpunkt ihrer Romane, die zu dieser Zeit zur vorherrschenden literarischen Gattung wurden. Dazu verwendeten sie eine leicht verständliche Alltagssprache. *»Nun schaute man den Menschen auf der Straße aufs Maul und versuchte auf diese Weise realistisch zu schreiben.«*[28] Das großstädtische Leben, Arbeit und Arbeitslosigkeit wurden dabei ebenso thematisiert wie die Erfahrungen und Auswirkungen des Weltkriegs. Auch Industriereportagen wurden veröffentlicht, die jedoch vielfach von einer unkritischen Verehrung des technischen Fortschritts gekennzeichnet waren, die im Gegensatz zur angestrebten Objektivität der Darstellung stand.

In den 1920er Jahren waren in der Literaturszene nicht nur Männer, sondern auch Schriftstellerinnen wie Vicki Baum erfolgreich. Sie *»zeichneten das Bild der ›Neuen Frau‹ als kritische und selbstbewusste Protagonistin, die im Berufsleben die gleichen Leistungen wie ihre männlichen Kollegen erbringt und fester Bestandteil einer modernen, großstädtischen Massenkultur ist, die sich in einem rasanten Tempo – vorangetrieben durch die Ausbildung moderner Massenmedien – entfaltete.«*[29] Die von den Autorinnen beschriebenen Frauen waren selbstbewusst und im Berufsleben erfolgreich. Damit trugen sie nicht nur dazu bei, dass sich das Frauenbild langsam veränderte, sondern auch dass das Verhältnis zur Sexualität zunehmend liberaler wurde.

Zu den bedeutendsten Büchern dieser Epoche, die allerdings nicht alle der »Neuen Sachlichkeit« zuzurechnen sind, zählen:
- Hermann Hesse: Demian. Die Geschichte von Emil Sinclairs Jugend (1919)
- Hermann Hesse: Siddharta (1922)
- Thomas Mann: Der Zauberberg (1924)
- Egon Erwin Kisch: Der rasende Reporter (1925)
- Arnold Zweig: Sternstunden der Menschheit (1927)
- Hermann Hesse: Der Steppenwolf (1927)
- Erich Maria Remarque: Im Westen nichts Neues (1928)

---

[28] Sundermeier, J. (2004): Neue Sachlichkeit, in: Fluter Nr.31, www.fluter.de

[29] www.dhm.de/lemo/html/weimar/kunst/index.html

- Vicki Baum: Menschen im Hotel (1929)
- Alfred Döblin: Berlin Alexanderplatz (1929)
- Robert Musil: Der Mann ohne Eigenschaften (1930)
- Thomas Mann: Mario und der Zauberer (1930)
- Hermann Hesse: Narziss und Goldmund (1930)
- Marieluise Fleißer: Eine Zierde für den Verein (1931)
- Erich Kästner: Fabian (1931)
- Kurt Tucholsky: Schloss Gripsholm (1931)
- Gabriele Tergit: Käsebier erobert den Kurfürstendamm (1931)
- Anna Seghers: Der Aufstand der Fischer von St. Barbara (1932)
- Irmgard Keun: Das kunstseidene Mädchen (1932)
- Hans Fallada: Kleiner Mann – was nun? (1932)
- Joseph Roth: Radetzkymarsch (1932)

(Die aus dem Nachlass von Franz Kafka herausgegebenen Romane »Der Prozess« und »Das Schloss« sind zwar ebenfalls 1925 bzw. 1926 erschienen, doch das Publikum entdeckte diese Bücher erst nach dem Zweiten Weltkrieg.)

Auch wenn viele der genannten Bücher schon bei ihrem Erscheinen sehr erfolgreich waren und hohe Auflagen erreichten, las die breite Masse der Bevölkerung Unterhaltungsliteratur von Schriftstellern wie Hans Carossa, Hedwig Courths-Mahler (die zwischen 1924 und 1930 allein 59 Romane veröffentlichte und bis 1941 eine Gesamtauflage von rund 30 Millionen Exemplaren erreichte[30]), Hermann Löns (der im Ersten Weltkrieg gefallen war), dem 1920 verstorbenen Ludwig Ganghofer und dem zu dieser Zeit ebenfalls schon verstorbenen Karl May. Auch Trivialliteratur in Form sogenannter »Groschenromane« fand reißenden Absatz.

Ende 1926 wurde das Gesetz gegen Schund- und Schmutzliteratur verabschiedet, das in vielen gesellschaftlichen Gruppen die Angst vor einer Einschränkung der Meinungsfreiheit hervorrief. Trotz dieses Gesetzes waren nach offiziellen Schätzungen im Jahr 1927 ca. zwei Milliarden Groschenromane im Umlauf. Dabei handelte es sich vor allem um Detektivgeschichten, Abenteuerromane, erotische Darstellungen und kriegsverherrlichende Schriften. Auch der damals berühmte Filmstar Harry Piel vermarktete seine filmischen Abenteuer ein weiteres Mal als Groschenroman und in Zigarettenbildchen.

[30] Fähnders, W. (1988): 700 Intellektuelle beten einen Öltank an, in: Die wilden Zwanziger. Weimar und die Welt 1919–1933. Ein BilderLeseBuch. Reinbek bei Hamburg, S. 123

»Mich interessieren Erzählungen und Romane, wenn es nicht die Courths-Mahler ist. Solchen edlen Kitsch. Die Courths-Mahler besteht überwiegend aus überzähligen Worten. Aber ich kann's gut verstehen: Ich bin zur Schule gefahren mit der Bahn und wir kamen, wenn wir nachmittags Unterricht hatten, gleichzeitig zurück wie die Fabrikarbeiterinnen. Und die saßen dann oft, nicht mit der Courths-Mahler, aber es gibt ja so bunte Hefte. Das kann ich verstehen. Wir hatten mit dem Chemielehrer einen Ausflug in die Besteckfabrik und da habe ich gesehen: Die Aufgabe der einen zum Beispiel war Messer, Gabel, Löffel zu sortieren; sie von hier zu nehmen und da in eine Kasten mit feuchten Sägespänen zu legen. Und das ungezählte Male. Da kann ich verstehen, dass diese Frau bei der Rückfahrt von dem Grafen lesen wollte, der sie mal befreite.«
(Frau H., Jg. 1919)

»Ich habe früher gelesen, was ich gekriegt habe. Meine Vater hatte ein Bibliothek: Lessing, Goethe usw., wohlgeordnet. Auch Brehms Tierleben. Unser Vater sagte immer: ›Passt nur auf die Bücher auf, nicht dreckig machen, keine Ecken umbiegen‹ … Ich habe schon immer sehr gerne gelesen und für mich ist es so schlimm, dass ich heute nicht mehr lesen kann. Ich sehe nur noch ein bisschen.«
(Frau G., Jg. 1918)

»Als junges Mädchen habe ich oft mit dem Kopf unter der Bettdecke geschmökert, sogar alle Karl May Bände. Schnell ging ich auf die Literatur für Erwachsene über. Die gegenwärtige Kinder- und Jugendliteratur existierte damals noch nicht. Natürlich kannte man klassische Märchen und Sagen von Grimm, Hauff oder Andersen und sowohl ›Nesthäkchen‹ als auch ›Trotzköpfchen‹ gehörten zum Angebot für Kinder.«
(Frau W., Jg. 1923)

»Ich habe schon vor der Schule lesen gelernt. Ich habe gelesen, was ich kriegen konnte. In dem Ferienheim, in dem mein Vater arbeitete, gab es eine Bibliothek. Ich lese noch heute gerne. Ich mache auch selbst kleine Gedichte, das ist so eine Spinnerei, die stammt allerdings schon von meinem Vater, der hat auch Gedichte gemacht.«
(Frau S., Jg. 1924)

»Seit ich lesen konnte, habe ich viel gelesen. Deshalb bin ich heute ganz betroffen, dass es aus ist. Ich habe grauen Star und das zweite Auge ist inoperabel. Und dann kommt hinzu – da kann keiner was dafür – Hören und Lesen sind eben zweierlei. Das sieht man ja auch bei den Damen, die sich da bemühen, eine Lesung zu bringen. Bei manchen Dingen hätte ich zweifellos mehr Genuss, wenn ich es lesen könnte, aber das kann ich eben nicht. Wobei ich nicht die Bereitschaft und das Bemühen verkenne, Passendes zu bringen.«
(Frau H., Jg. 1919)

1.4 Kabarett, Varieté und Revuen

Im Jahre 1901 eröffnete in Berlin das erste deutsche Kabarett: Ernst von Wolzogen versuchte in seinem »Bunten Theater«, auch »Überbrettl« genannt, eine Synthese von Tingeltangel und Literatur. Das Programm bot Lieder, Rezitationen, dramatische Kurzszenen, Schattenspiel und Pantomime, bestand dabei jedoch *»überwiegend aus harmlos-unverbindlichen Gesängen meist erotischen Inhalts«*[31]. In der Folge kam es zu einem regelrechten Kabarettboom, der zwar zunächst relativ schnell abebbte, um aber in den 1920er Jahren wieder zu entstehen. *»Neue Kabaretts schossen wie Pilze aus dem Boden. Das Kabarettjahrbuch 1922 verzeichnet allein in Berlin 38 Kabaretts und rund 140 Kabarett-Unternehmen in anderen deutschen Städten.«*[32] Zu den bedeutendsten Berliner Kabaretts dieser Periode gehörten:

- Schall und Rauch: Das Kabarett »Schall und Rauch« hatte bereits Anfang des Jahrhunderts bestanden und wurde 1919 von Max Reinhardt wieder eröffnet. Viele bekannte Autoren, Komponisten und Darsteller des Kabaretts der Weimarer Republik debütierten hier.
- Wilde Bühne: Die »Wilde Bühne« wurde 1921 von Trude Hesterberg gegründet. In diesem Kabarett verdiente sich Erich Kästner unter dem Pseudonym Ernst Fabian seine ersten literarisch-kabarettistischen Sporen.
- Kabarett der Komiker: Das »Kadeko« entstand 1924 und wurde als einziges namhaftes Kabarett nach der Machtübernahme der Nationalsozialisten nicht verboten. *»Mit dem ›Kadeko‹ war eine Art Kleinkunst-Warenhaus entstanden, in dem für jeden Geschmack eine Abteilung eingerichtet war, eine Mixtur aus Varieté, Theater und literarischem Kabarett. Alles, was Rang und Namen hatte, trat in diesem Kabarett-Großunternehmen in den Jahren bis 1933 auf«.*[33]
- Katakombe: Die »Katakombe« wurde 1929 von Werner Finck und Hans Deppe ins Leben gerufen. In der Anfangszeit der »Katakombe« wirkten dort auch Ernst Busch und Hanns Eisler mit, bis es über die politische Ausrichtung des Kabaretts zu Differenzen kam, die dazu führten, dass Busch und Eisler die »Katakombe« wieder verließen. Der später als Schauspieler berühmt gewordene Rudolf Platte wurde neben Werner Finck Co-Direktor, bis das Kabarett 1935 ebenfalls verboten wurde.
- Tingel-Tangel-Theater: Friedrich Hollaender hatte schon zuvor in zahlreichen anderen Kabaretts äußerst erfolgreich gearbeitet, bis er 1931 sein eigenes »Tingel-Tangel-Theater« gründete. Er war bis zu seiner Emigration in die USA einer der bekanntesten deutschen Komponisten, der aber auch in Hollywood erfolgreich war.

Zu den bedeutendsten Autoren der Berliner Kabarettbühnen der 1920er Jahre zählten Kurt Tucholsky (alias Theobald Tiger), Klabund, Erich Mühsam, Walter Mehring, Erich Kästner und Joachim Ringelnatz. Neben dem bereits erwähnten Friedrich Hollaender gehörten Werner Richard Heymann und Mischa Spolansky zu den erfolgreichsten Komponisten. Unter den Darstellern befanden sich zahlreiche Schauspieler, die später durch

[31] Kühn, V. (1984): Das Kabarett der frühen Jahre. Berlin, S. 22
[32] Hippen, R. (1988): Kabarett zwischen den Kriegen, in: Die wilden Zwanziger, a.a.O., S. 101
[33] Otto, R.; Rösler, W. (1977); Kabarettgeschichte. Berlin, S. 104

den Film einem breiten Publikum bekannt werden sollten: Marlene Dietrich, Hans Albers, Gustav Gründgens, Willi Forst, Hans Moser und Theo Lingen.

Auch Karl Valentin, der bekannteste Vertreter der Münchener Kabarettszene, gastierte mehrfach in Berlin. Zusammen mit seiner Partnerin Liesl Karlstadt drehte er außerdem zahlreiche (Kurz-)Filme, wie zum Beispiel »Der Firmling« oder »Orchesterprobe«.

Doch bei weitem nicht alle Kabarettbühnen boten anspruchsvolle (politisch-literarische) Programme. Die Palette war sehr breit und reichte von erotisch-frivolen Amüsierbetrieben, in denen es auch Nackttänzerinnen zu bestaunen gab, über derben Volkshumor bis zum politischen Agitprop.

»Singspielhallen« nannte man Mitte des 19. Jahrhunderts in Deutschland Wirtshäuser, in denen die Gäste – neben den gastronomischen Angeboten – mit musikalischen Darbietungen unterhalten wurden. Daraus entwickelten sich die ersten Varietés. Sie boten ihren Zuschauern eine bunte Programmfolge aus Zauberern, Akrobaten, Bauchrednern, Humoristen, Verwandlungskünstlern sowie Tanz- und Gesangseinlagen. Seine Blütezeit erreichte das Varieté in den 1920er Jahren, wobei die Bandbreite – vom billigen Tingeltangel bis zu mondänen Varietépalästen – sehr groß war. Berlin wurde zur »Hauptstadt« des Varietés, deren bedeutendste Häuser das Wintergarten-Varieté, die Scala, das Apollo-Theater und die 1929 eröffnete Plaza waren.

Der Couplet-Humorist Otto Reutter war einer der großen Stars dieser Epoche, dessen Lieder zu Gassenhauern wurden.

Die ersten Schallplattenaufnahmen des 1931 verstorbenen Künstlers entstanden 1925. Zahlreiche seiner Couplets, wie »Der Überzieher«, »Nehm'n Sie'n Alten«, »Mir hab'n se als geheilt entlassen« oder »In fünfzig Jahren ist alles vorbei« sind auch heute noch bekannt (und für die Kulturarbeit im Heim geeignet). Ein berühmter weiblicher Varieté-Star war die Diseuse Claire Waldoff. Aber auch internationale Stars, wie der Entfesselungskünstler Harry Houdini, die Tänzerin und Sängerin Josephine Baker, der Jongleur Enrico Rastelli oder der (Musik)Clown Grock, traten in den Berliner Varietés auf.

»Varieté, wenn es die Gelegenheit gab, habe ich gern gesehen. Operette und Revue, das gleiche in Grün, die habe ich auch gerne gesehen.«
(Frau H., Jg. 1919)

»In meiner Heimatstadt Krefeld gab es ein Varieté, das »Der Seidenfaden« hieß, doch kann ich mich nur an eine Veranstaltung während der Karnevalszeit erinnern in den Kindertagen. Während des Zweiten Weltkriegs war es mir möglich, einmal den berühmten Berliner ›Wintergarten‹ kennenzulernen, doch mir gefiel das Programm herzlich wenig.«
(Frau W. Jg. 1923)

Ebenfalls äußerst beliebt beim Publikum waren Revuen. Deren Musik-, Tanz- und Wortbeiträge werden zwar von einem Motto zusammengehalten, ein durchgängiger Handlungsfaden aber fehlt. Ausstattungsrevuen mit luxuriösen Kostümen, prachtvollen Bühnenbildern und illusionären Effekten erlebten zwischen 1924 und 1929 ihren Höhepunkt; in der Spielzeit 1926/27 wurde in Berlin die Rekordzahl von 13 Revueinszenierungen erreicht.[34]

Die Grenzen zwischen den Genres waren jedoch fließend. So wurden beispielsweise von Rudolph Nelson und Friedrich Hollaender sogenannte Kabarett-Revuen inszeniert.

Mit der Weltwirtschaftkrise begann auch die Krise der Kleinkunstbühnen. »*Viele kleine Unternehmen mussten die Verschlechterung der finanziellen Lage ihrer Zuschauer mit dem Konkurs bezahlen, und auch im Parkett der publikumsverwöhnten großen Bühnen dieses Genres machte sich zunehmender Zuschauerschwund bemerkbar.*«[35] Wie die anderen kulturellen Bereiche sollte die Machtübernahme der Nationalsozialisten 1933 auch die Kleinkunstszene radikal verändern.

1.5 Musik

Bevor Musik durch das Radio in die Wohnstuben kam, hörten die meisten Menschen nur dann Musik, wenn sie live gespielt wurde. Zwar gab es schon seit 1887 Grammofone. Aber die waren relativ teuer. So kostete noch 1930 ein einfaches Gerät 150,– Reichmark und damit so viel, wie ein Arbeiter in anderthalb Monaten verdiente. Außerdem nutzten sich die Nadeln des Grammofons sehr schnell ab und mussten regelmäßig ausgetauscht werden. Außerdem benötigte man natürlich Geld, um Schallplatten zu kaufen (die seit 1896 aus Schellack hergestellt und daher »Schellackplatten« genannt wurden).

Breite Bevölkerungsschichten hörten Musik vor allem durch Drehorgelspieler und Straßenmusikanten, die nicht nur auf öffentlichen Plätzen und Straßen spielten, sondern auch durch die Hinterhöfe der Wohnhäuser zogen. Als »Gage« wickelten die Zuhörer einige Pfennige in Papier, die sie den Musikanten aus dem Fenster zuwarfen.

»Drehorgelspieler sind die Straße entlang und wir Kinder sind immer hinterher gelaufen; ein paar Straßen und haben auch das Geld aufgehoben.«
(Frau G., Jg. 1918)

»Wenn wir auf die Zeil[36] *gekommen sind, da stand immer ein Drehorgelspieler. Auf der Drehorgel hat ein Affe draufgesessen, da sind wir stehen geblieben, das war für uns das reinste Vergnügen. Das darf man heute aber nicht mehr, das ist Tierquälerei.«*
(Frau A., Jg. 1920)

---

34 Otto, R.; Rösler, W.: a.a.O., S. 93
35 Hippen, R. (1988): Es liegt in der Luft. Kabarett im Dritten Reich, Zürich
36 Die »Zeil« ist die Haupteinkaufsstraße in Frankfurt am Main.

Musik gab es außerdem auf Volksfesten und auf dem Rummelplatz. In vielen Wirtshäusern spielten Pianisten, die später teilweise durch elektrische Klaviere ersetzt wurden. Wer es sich leisten konnte, besuchte Konzerte, Opern- und Operettenaufführungen oder Revuen. Aber auch Hausmusik war verbreitet. Es wurde bei der Hausarbeit gesungen, in der Schule, bei der Feldarbeit und selbst in Fabriken. Nach der Einführung des Radios wurden in manchen Fabrikhallen sogar Lautsprecher aufgestellt, um die schwere, monotone Arbeit durch die musikalische Unterhaltung zu erleichtern[37] und damit die Produktivität zu erhöhen. Auch Gesangsvereine und Chöre erfreuten sich großer Beliebtheit. Viele Jugendliche organisierten sich in der Jugendmusikbewegung bei den Wandervögeln, Pfadfindern oder Naturfreunden, wo das gemeinsame Singen dazugehörte.

»Meine Eltern und meine Geschwister haben alle Musik gemacht. Wir haben viel Hausmusik zusammen gemacht. Mein Vater war in der SPD. Seine ganzen Bekannten kamen oft und haben Musik gemacht oder Ständchen unten auf der Straße gebracht. Das war sehr schön.«
(Frau G., Jg. 1918)

»Unsere Eltern haben mit uns viel gesungen. Meine Mutter hatte eine gute Altstimme. In der Advents- und Weihnachtszeit haben wir gemeinsam gesungen. Auch auf Spaziergängen und so. Damals wurden auch in der Schule Volkslieder gesungen.«
(Frau H., Jg. 1919)

Die neuesten Lieder wurden damals von Mund zu Mund weitergegeben und so zu »Gassenhauern«. Ihre Verbreitung war jedoch dadurch meist regional begrenzt. Viele Lieder sang man auch nur in bestimmten Gruppen oder Milieus. *»In der Tätigkeit des Singens und in dem ausgewählten Liedgut stecken zuweilen ganze Weltbilder, politische Ideologien. Das Liedgut einer Gruppe ist ein wichtiges Mittel zur Identifikation mit dieser Gruppe.«*[38] Beispielhaft sei hier die Arbeitermusikkultur genannt, deren Kampflieder in Arbeitersängerbünden gepflegt wurden.

Operetten waren in weiten Teilen der Bevölkerung sehr beliebt. Berlin entwickelte sich, neben Wien, zur Operettenmetropole Europas. In der Weimarer Republik feierten dort viele, auch heute noch sehr beliebten Operetten Premiere[39]:

- »Der Vetter aus Dingsda« von Eduard Künneke (mit den bekannten Liedern »Ich bin nur ein armer Wandergesell«, »Sieben Jahre lebt ich in Batavia« und »Der Roderich, der Roderich«) am 15. April 1921 im Theater am Nollendorfplatz.
- »Madame Pompadour« von Leo Fall (mit »Joseph, ach Joseph, was bist du so keusch«, »Heut' könnt einer sein Glück bei mir machen« und »Mein Prinzesschen du, ich weiß ein verschwiegenes Gässchen«) am 9. September 1922 im Berliner Theater.

---

37 Muthesius, D.: a.a.O., S. 56
38 Muthesius, D.: a.a.O., S. 63
39 Diese sowie die folgenden Angaben zu den aufgeführten Operetten sind Reclams Operettenführer von Anton Würz, 22. Auflage, Stuttgart 1997, entnommen

- »Der Zarewitsch« von Franz Lehár (mit »Es steht ein Soldat am Wolgastrand« und »Heute Abend komm ich zu dir«) am 21. Februar 1927 im Deutschen Künstlertheater.
- »Im weißen Rössl« von Ralph Benatzky (mit dem Titellied »Im weißen Rössl am Wolfgangsee«, »Im Salzkammergut«, »Was kann der Sigismund dafür, dass er so schön ist« (Komponist dieses Stücks war Robert Gilbert) sowie den von Robert Stolz geschriebenen Liedern »Die ganze Welt ist himmelblau« und »Mein Liebeslied muss ein Walzer sein«) am 8. November 1930 im Großen Schauspielhaus.

Natürlich standen auf den Spielplänen der Operettentheater weitere Singspiele, die entweder in Wien zur Uraufführung gekommen waren oder schon Ende des 19. Jahrhunderts (vor allem während des sogenannten »Goldenen Zeitalters der Operette«) bzw. Anfang des 20. Jahrhunderts entstanden waren:

- »Orpheus in der Unterwelt« (Premiere 1859), »Die schöne Helena« (1864) und »Pariser Leben« (1866) von Jacques Offenbach
- »Die schöne Galathee« (1865) von Franz von Suppé
- »Die Fledermaus« (1874), »Eine Nacht in Venedig« (1883), »Der Zigeunerbaron« (1885) und »Wiener Blut« (1899) des »Walzerkönigs« Johann Strauß
- »Die Dubarry« (1879), »Der Bettelstudent« (1882) und »Gasparone« (1884) von Karl Millöcker
- »Der Vogelhändler« (1891) von Carl Zeller
- »Frau Luna« von Paul Lincke (1899)
- »Die lustige Witwe« (1905), »Der Graf von Luxemburg« (1909) und »Das Land des Lächelns« (1923) von Franz Lehár
- »Die Csárdáfürstin« (1915) und »Gräfin Mariza« (1924) von Emmerich Kálmán

Ein sehr beliebtes Freizeitvergnügen war in den 1920er Jahren das Tanzen. Neben traditionellen Tänzen wie dem Walzer kamen neue Tänze aus Amerika in Mode: Charleston, Shimmy und Foxtrott. Manche Damen trugen dazu das Charleston-Kleid, das geradezu ein Paradigma für die »Goldenen Zwanziger« zu sein scheint, ein knielanges Hemdkleid, oft tief dekolletiert, mit Perlen und Pailletten bestickt. Als Accessoires trug die »Neue Frau« dazu Perlenkette, Federboa, Stirnband und eine mit Glasperlen bestickte Handtasche. Die Zigarette (möglichst mit Zigarettenspitze) durfte dazu ebenso wenig fehlen wie die neue modische Kurzhaarfrisur (Bubikopf). Allerdings konnten sich nur Wohlhabende ein solch teures »Outfit« leisten.

Die Tanzmusik wurde mehr und mehr vom amerikanischen Jazz geprägt. Die Gastspiele von Josephine Baker mit ihrer »Charleston Jazzband« sowie die Revue »Chocolate Kiddies« in Berlin hatten auf diese Entwicklung einen großen Einfluss. Bekannte deutsche Tanzkapellen, die in den 1920er und 1930er Jahren Jazz orientierte Musik spielten, waren zum Beispiel Teddy Stauffer und die Teddies, Will Glahé und seine Bigband, Orchester James Kok, Julian Fuhs und sein Jazzorchester, Dreigroschenband sowie Efim Schachmeister und sein Tanzorchester.[40]

[40] Ein Überblick über die Jazz-orientierte Musik der 1920er bis 1940er Jahre ist auf der CD-Box »Swing tanzen verboten, Unerwünschte Musik 1929–1945« (Membran International GmbH, 2004) zu finden

Als Tanzpartner für alleinstehende Damen gab es in den Tanzcafés sogenannte Eintänzer (die vom Café angestellt waren) und Gigolos (die von den Damen selbst bezahlt wurden). *»Waren die Tanzcafés eher etwas für die klein- und mittelbürgerlichen Schichten, so gingen die unteren Schichten in Ballhäuser, Kneipen oder Wirtshäuser.«*[41] Und natürlich wurde auch auf Volksfesten oder Schrebergartenfesten getanzt.

»Damals gab es immer Schultanzstunden, da traf man immer auf die gleiche Gruppe. Ich tanzte gern, vor allem Walzer. Die eine Klasse stellte die Mädchen und die nächst höhere die Jungs.«
(Frau H., Jg. 1919)

»Und sonntags ist man immer Tanzen gegangen. Da war zum Beispiel bei uns zu Hause, in Rumburg, wo wir gewohnt haben, das ›Elysium‹. Das war ein Tanzlokal, ein Saal und da war ›5-Uhr-Tee‹ und da durften die Mädchen aber nicht alleine hin. Man hätte sich ja verlieben können. Und da musste eine Mutter mit 5, 6 jungen Mädchen mit und der musste man parieren. Was die gesagt hat, war Befehl. Und mit der musste man auch nach Hause gehen. Von wegen Burschen nachgucken, das gab es nicht.«
(Frau K., Jg. 1915)

»Was habe ich früher getanzt! Vor allem Walzer. Besonders mag ich heute André Rieu. Nach dem bin ich geradezu verrückt.«
(Frau L., Jg. 1911)

»Da kann ich mich sehr gut erinnern, da war … – Schneider hieß der, der war groß, noch einen Kopf größer als ich – und damals kam Charleston, dieser Tanz, auf. Und dem sein Vater und mein Vater, die hätten gerne uns zwei zusammengebracht. Ich konnt' ihn gar nicht ausstehen. Und mein Vater sagte dann: ›Wir gehen mal zusammen zum Essen.‹ Und ich sagte: ›Nee, der kann ja noch nicht mal Charleston tanzen.‹ Das war der Grund, dass ich den nicht mochte. So blöd war man damals.«
(Frau K., Jg. 1915)

Neben dem Tanzen war auch der Kinobesuch eine äußerst beliebte Freizeitbeschäftigung, den sich aufgrund seiner relativ geringen Eintrittspreise alle Bevölkerungsschichten leisten konnten. Wie bereits im Kapitel über das »Kino« (siehe Seite 52) geschildert, wurde während der Stummfilmzeit die Handlung von Filmpianisten und teilweise sogar von ganzen Orchestern begleitet. Manche Pianisten spielten zwar vor der Filmvorführung zur Unterhaltung des Publikums die neuesten Schlager, die eigentliche Filmmusik aber *»wurde nur selten zu ›Hits‹ mit denen als ›Ohrwurm‹ man das Kino verlassen konnte, denn jeder Musiker hatte seine persönliche Art, den Stummfilm zu begleiten. (Er war in diesem Sinne ein Komponist).«*[42] Mit Einführung des Tonfilms entstanden zahlreiche Musik- und Operettenfilme. Auch Lieder wurden in die Handlung von Spielfilmen integriert. Viele dieser

[41] Muthesius, D.: a.a.O., S. 46
[42] Muthesius, D.: a.a.O., S. 32

Lieder gewannen neben ihrer Einbettung in die Filmhandlung eine eigenständige Identität und kamen als Schallplatte auf den Markt. Die Ufa gründete für diesen Geschäftszweig eigens den Ufaton-Verlag[43], der die Erfolgsschlager der Filme auf Schallplatten und als Notenhefte vermarktete.

Neben in dem Kapitel über das »Kino« bereits erwähnten Filmen mit ihren dazugehörigen Schlagern der großen Stars Marlene Dietrich, Lilian Harvey und Willy Fritsch sind an erfolgreichen Filmmelodien außerdem zu nennen:

- »Adieu, mein kleiner Gardeoffizier« von Liane Haid aus dem Film »Das Lied ist aus« (1930)
- »Heute Nacht oder nie« von Jan Kiepura aus dem Film »Das Lied der Nacht« (1932)
- »Hoppla, jetzt komm ich« von Hans Albers aus dem Film »Der Sieger« (1932)

Es wurden aber nicht nur Filmoperetten konzipiert, sondern man verfilmte auch Operetten, die ursprünglich für die Bühne geschrieben waren, wie zum Beispiel »Im weißen Rössl«. »Zwei Herzen im Dreivierteltakt« ging hingegen den umgekehrten Weg: Diese Operette von Robert Stolz wurde zuerst (mit Willi Forst, Oskar Karlweis und Paul Hörbiger) verfilmt und danach auf die Bühne gebracht.

Aber auch ohne die Unterstützung durch den Film konnten Musiker eine große Popularität beim Publikum erlangen. Zu den bekanntesten Interpreten dieser Epoche zählten die »Comedian Harmonists«, die von Harry Frommermann gegründet worden waren. Am 28. September 1928 trat das Sextett erstmals im Großen Schauspielhaus in Berlin auf. Doch bald waren sie in ganz Deutschland bekannt: Sie gingen auf Konzerttourneen, spielten Schallplatten ein und traten im Rundfunk auf. Nach einem Auftritt 1932 in der Berliner Philharmonie galten ihre Konzerte nicht mehr als Unterhaltung, sondern als »Kunst« (d. h., sie mussten nun keine Vergnügungssteuer mehr abführen). Zu den bekanntesten Liedern der »Comedian Harmonists« zählen:[44]

- »Veronika, der Lenz ist da«
- »Wochenend und Sonnenschein«
- »Mein kleiner grüner Kaktus«
- »Das ist die Liebe der Matrosen«
- »Der Onkel Bumba aus Kalumba«
- »Schöne Isabella aus Kastilien«
- »In der Bar zum Krokodil«
- »Ein Freund, ein guter Freund«
- »Creole love call«

Die Geschichte des Ensembles ist in dem Film »Comedian Harmonists« 1997 sehr eindrucksvoll von Joseph Vilsmaier verfilmt worden. (Obgleich der Film relativ lang ist, lohnt es sich, ihn im Rahmen der »Kulturarbeit im Heim« gemeinsam mit Bewohnern anzusehen.)

---

43 Kreimeier, K.: a. a. O., S. 230

44 Ein Gesamtüberblick über alle erfolgreichen Schlager der 1920er bis 1950er ist auf der Internetseite www.bobsmusic.de zu finden.

Der Tenor Richard Tauber bewegte sich zwischen Unterhaltungsmusik und »ernster Musik«. Anfang der 1920er Jahre erlangte er vor allem als Interpret von Mozart-Opern große Anerkennung. Zugleich sang er aber auch Operetten, vor allem die Werke seines Freundes Franz Lehár. So das Lied »Dein ist mein ganzes Herz« aus der Operette »Land des Lächelns«, das ihn weltberühmt machte. Ein weiterer großer Erfolgsschlager des Sängers, der auch selbst komponierte, war der Schlager »Ich küsse ihre Hand, Madame«. Nachdem Richard Tauber 1933 von einem SA-Trupp angepöbelt und zusammengeschlagen wurde, ging er zunächst nach Wien, um nach dem »Anschluss« Österreichs nach Großbritannien zu emigrieren.

Die revolutionärste Erneuerung auf dem Gebiet der »ernsten Musik« war in dieser Epoche sicherlich die Entwicklung der Zwölftontechnik durch Arnold Schönberg; von Bedeutung sind ebenso seine Schüler Alban Berg (dessen Oper »Wozzeck« 1925 uraufgeführt wurde) und Anton von Webern. Weitere bekannte und einflussreiche deutsche zeitgenössische Komponisten waren Richard Strauss, der seine bekanntesten Werke allerdings schon einige Jahre zuvor geschaffen hatte. (»Also sprach Zarathustra« (1896) sowie die Opern »Salome« (1904), »Elektra« (1908), »Der Rosenkavalier« (1909) und »Ariadne auf Naxos (1916)) und Paul Hindemith. Der Österreicher Ernst Krenek schuf mit seiner vom Jazz beeinflussten Oper »Johnny spielt auf« 1927 eine der *»skandalumwitterten, doch höchst erfolgreichen Zeitopern jener Jahre«*[45]. Aus der Zusammenarbeit des Komponisten Kurt Weill mit dem Dramatiker Bertolt Brecht entstanden die »Dreigroschenoper« (mit der »Moritat von Mackie Messer«; 1928 uraufgeführt) sowie »Aufstieg und Fall der Stadt Mahagonny« (1930); sie *»bilden wahrscheinlich den einzigen Beitrag der Oper der 1920er Jahre, der Volkstümlichkeit errang.«*[46]

»Ich bin von zu Hause aus gezwungen worden, in die Oper zu gehen, das gehörte zur Allgemeinbildung. Da ist man vorher zu Kosmetikerin gegangen und natürlich zum Friseur und wenn's geht neue Kleidung und neue Schuhe. Der Vater musste immer Geld rausrücken. Und da hatte ich meine Cousine, die zehn Jahre älter war und mit der musste ich von zu Hause aus, von meinen Eltern aus, öfter in die Oper gehen. Ich wäre lieber ins Kino gegangen.
Aber die Oper hat mir trotzdem gefallen. Nur, was ich nicht gerne gesehen habe, war Wagner, das war mir zu schwer. Aber zum Beispiel Mozart-Opern mochte ich. Und Operetten, das war, was man heute Musical nennt. Da waren diese Wiener Operetten. Opern und Operetten höre ich auch heute noch gerne.
Zu Hause wurde dann ein Grammophon angestellt und da hat man die Opernmusik noch mal gehört. Das war schön.«
(Frau K., Jg. 1915)

[45] Fath, R. (1999): Reclams Opernführer, 36. erweiterte Auflage. Stuttgart, S. 745
[46] a.a.O., S. 736

1.5.1 Der Rundfunk

Am 29. Oktober 1923 begann in Deutschland mit einer einstündigen Übertragung aus dem Vox-Haus in Berlin der Unterhaltungsrundfunk.[47] Im Laufe des Jahres 1924 kamen zehn weitere Rundfunksender hinzu. Da die Rundfunkgeräte jedoch so teuer waren, dass viele sie sich nicht leisten konnten, wurden sie auch als günstigere Bausätze zur Selbstmontage angeboten.

Trotz der hohen Preise verbreitete sich der Rundfunk in Deutschland schnell: Gab es 1923 erst knapp 10.000 Empfangsgeräte, waren es nur ein Jahr später bereits fast 780.000 und 1933 5,5 Millionen.[48] Neben Nachrichten, Bildungssendungen und dem Schulfunk bestimmten sogenannte Schallplattenkonzerte sowie Übertragungen von Konzerten weite Teile des Programms, sodass Lieder und Musikstücke nun auch eine überregionale Verbreitung fanden.

»Bei uns war ja nur ein ganz kleiner Ort gewesen, da ist man halt nirgends viel hingegangen – aber wie wir dann Radio gehabt haben … Ich habe auch heute immer das Radio an. Ich höre alles: Schlager, Volksmusik, ich höre gerne auch etwas schwerere Musik, das höre ich auch gern. Es ist mir egal, die Hauptsache, es ist Musik.«
(Frau G., Jg. 1918)

»Wir haben auch viel Radio gehört. Mein Vater hat ein Radio gebastelt. Der war der erste im Ort, der Radio gehört hat. Mit Kopfhörern. Es war nicht so, dass man viel in die Wirtschaft gegangen ist. Es hat sich ja alles zu Hause abgespielt und da wurde viel Radio gehört.«
(Frau K., Jg. 1915)

Allgemein wurde »Klassische Musik«, die zuvor weitgehend dem Bildungsbürgertum vorbehalten war, mit Hilfe des Rundfunks nun auch breiteren Bevölkerungsschichten zugänglich.

1.6 Theater

Auch für das Theater war Berlin die bedeutendste Metropole dieser Zeit. *»Alles das, was es im Theaterleben an Krisen, Moden, Veränderungen in der ersten Hälfte des Jahrhunderts gab, spielte sich vorwiegend in Berlin ab.«*[49] Wie viele andere künstlerische Ausdrucksformen, war das Theater Anfang der 1920er Jahre zunächst von Expressionismus geprägt, der jedoch zunehmend von der Neuen Sachlichkeit abgelöst wurde, die die bestehenden sozialen und ökonomischen Verhältnisse wirklichkeitsgetreu abzubilden versuchte. *»Die*

[47] www.drm-berlin.de/uebersicht/rundfunkgeschichte/rundfunkgeschichte.html
[48] www.dhm.de/lemo/objekte/statistik/verkehr/index.html
[49] Michael, F.; Daiber, H. (1990): Geschichte des deutschen Theaters. Frankfurt am Main, S. 108

wichtigsten Theaterformen der Neuen Sachlichkeit waren das politische Theater, das Dokumentartheater, das Epische Theater und das Volksstück.«[50]

Einer der herausragenden Vertreter des politischen Theaters war der Regisseur Erwin Piscator, der mit seinen Inszenierungen zwei Ziele zu erreichen suchte: *»Die Propagierung und Vertiefung des kommunistischen Gedankens, sowie die Erziehung jener, die politisch noch schwankend und gleichgültig sind.«*[51] Dramaturgisch bediente er sich dabei »revolutionärer« Techniken, wie der Verwendung von Filmsequenzen oder von Gerüstkonstruktionen als Bühnenbilder. Von Piscator inspiriert und teilweise geleitet, entwickelte sich Mitte der 1920er Jahre das sogenannte Agitprop-Theater, in dem Laienschauspieler kommunistische Botschaften zu transportieren suchten und das 1929 mit etwa 300 Theatergruppen, die insgesamt dreieinhalb Millionen Zuschauer erreichten, seinen Höhepunkt erlebte: *»Die Laienschauspieler verstanden sich als Sprachrohr der Massen und orientierten sich bei der Themenwahl ganz an den konkreten Problemen ihrer Zielgruppe. Gespielt wurde auf Lastwagen, in Hinterhöfen und Wirtshäusern. Praktikabilität und Mobilität galten als oberste Prinzipien der Bühnengestaltung. Als Grundkostüm diente meist der blaue Overall, die soziale Charakterisierung der Figuren erfolgte durch zeichenhafte Attribute wie Zigarre, Frack und Melone.«*[52]

Bertolt Brecht konzipierte im Berlin der 1920er Jahre das Epische Theater. Im Gegensatz zum traditionellen dramatischen Theater sollte sich der Zuschauer nicht in die Handlung einfühlen, sondern sich mit ihr kritisch auseinandersetzen. Da dies nur aus der Distanz möglich ist, verwendete Brecht sogenannte Verfremdungseffekte, um vertraute Dinge in einem neuen Licht erscheinen zu lassen. Der Zuschauer sollte dadurch die Widersprüche der Realität verstehen und sie als veränderbar begreifen. *»Die neuen Verfremdungen sollen nur den gesellschaftlich beeinflussbaren Vorgängen den Stempel des Vertrauten wegnehmen, der sie heute vor dem Eingriff bewahrt. Das lange nicht Geänderte nämlich scheint unänderbar.«*[53] Konkrete Verfremdungseffekte waren beispielsweise das Unterbrechen der Handlung durch Kommentare, Spruchbänder, Chöre oder Projektionen.

Während seine ersten Dramen »Trommeln in der Nacht« und »Im Dickicht der Städte« zwiespältige Reaktionen hervorriefen, wurde die 1928 in Berlin uraufgeführte »Dreigroschenoper« der größte Theatererfolg der Weimarer Republik. 1930 folgte die Oper »Aufstieg und Fall der Stadt Mahagonny«, in deren Anmerkungen Brecht auch erstmals theoretische Überlegungen zum Epischen Theater formulierte.

Zu den bedeutendsten Volksstücken dieser Zeit zählte die Komödie »Der fröhliche Weinberg« von Carl Zuckmayer, die 1925 uraufgeführt wurde und für den Autor den Durchbruch bedeutete. Weitere Theatererfolge feierte Zuckmayer mit den Stücken »Schinderhannes« und »Katharina Knie« (beide 1928). Im gleichen Jahr schrieb Zuckmayer nach der Romanvorlage »Der Untertan« von Heinrich Mann das Drehbuch zu dem Film »Der

---

50 www.literaturwelt.com/epochen/weimrep.html
51 http://theater-info.de/politisches_theater.html
52 http://theater-info.de/politisches_theater.html
53 Brecht, B. (1948): Kleines Organon für das Theater. Frankfurt am Main, Abschnitt 44

blaue Engel« und 1931 wurde sein Theaterstück »Der Hauptmann von Köpenick« uraufgeführt. Dieses Stück war ebenfalls ein großer Theatererfolg in ganz Deutschland und wurde noch im gleichen Jahr verfilmt (weitaus bekannter dürfte jedoch das Remake aus dem Jahr 1956 mit Heinz Rühmann in der Hauptrolle des Schusters Voigt sein).

Weitere wichtige Theaterstücke dieser Zeit waren »Pioniere in Ingolstadt« von Marieluise Fleißer (1929), »Feuer aus den Kesseln« von Ernst Toller (1930) und »Geschichten aus dem Wienerwald« von Ödön von Horvath (1931).

Selbstverständlich kamen aber auch die »Klassiker« zur Aufführung. Neben dem »großen Theater« gab es außerdem zahlreiche Boulevardtheater, in denen leichte Unterhaltungsstücke oder Revuen und Operetten aufgeführt wurden. Wanderbühnen brachten das Theatererlebnis auch in die Provinz.

»Durch die Konkurrenz der Lichtspielhäuser mit Einführung des Tonfilms endete 1930 die erfolgreiche Epoche des Theaters abrupt. 1931 war im Deutschen Reich das Jahr des großen ›Theatersterbens‹.«[54] Es ist jedoch anzunehmen, dass diese Entwicklung auch durch die Weltwirtschaftkrise bedingt war, in deren Folge nicht nur öffentliche Subventionen reduziert wurden, sondern viele Zuschauer einfach kein Geld mehr hatten, um ins Theater zu gehen.

Die schlechte soziale Lage begünstigte die Radikalisierung am linken und am rechten politischen Spektrum. Neben kommunistischen Theatergruppen entstanden am rechten Rand *»nationalsozialistische Ensembles und Zuschauerorganisationen, die ihnen zuarbeiteten. Die meist kurzlebigen Gemeinschaften förderten Soldatenstücke, agrarromantische Heimatspiele und Grenzlanddramen … Erfolgreicher als beim Vorzeigen eigener Leistungen waren die Nationalen beim Stören »artfremder« Aufführungen«*[55] durch die SA.

Als eine der letzten großen Premieren der Weimarer Republik wurde 1932 in Berlin das Drama »Vor Sonnenuntergang« des Literaturnobelpreisträgers Gerhard Hauptmann unter der Regie von Max Reinhardt aufgeführt.

1.7 Bildende Kunst

Die stilistischen Ausdrucksformen der bildenden Kunst waren zu Beginn des Jahrhunderts sehr heterogen. *»Die neuen Ansätze laufen zum Teil zeitlich parallel. Eine perlenschnurgleiche Abfolge von Richtungen und Stilen ist im 20. Jahrhundert daher undenkbarer denn je.«*[56] So entstand in Frankreich um 1905 der Fauvismus (mit seinem bedeutendsten Vertreter Henri Matisse) ebenso wie der von Pablo Picasso und Georges Braque etwa ab 1907 entwickelte Kubismus. Zeitgleich entstand in Italien der Futurismus. Das »Cabaret Voltaire« in Zürich im Jahre 1916 gilt als der Geburtsort des Dadaismus.

---

54 www.dhm.de/lemo/html/weimar/kunst/theater/index.html
55 Michael, F.; Daiber, H.: a.a.O., S. 121
56 Krauße, A. C. (1995): Geschichte der Malerei von der Renaissance bis heute. Köln, S. 90

In Deutschland war die vorherrschende Kunstrichtung Anfang des Jahrhunderts der Expressionismus. Ihm lag die Erkenntnis zugrunde, dass die Wirklichkeit weit mehr ist als nur das unmittelbar Sichtbare. Die Künstler versuchten daher hinter den Schein der Dinge zu schauen, das Unsichtbare auf der Leinwand sichtbar zu machen und das subjektive Erleben abzubilden. Dazu bedienten sie sich u. a. kräftiger, leuchtender Farben. Ernst Ludwig Kirchner, Karl Schmidt-Rottluff (die beide zu den Gründungsmitgliedern der 1905 ins Leben gerufenen Künstlergruppe »Brücke« zählten), Max Pechstein, Emil Nolde sowie die der Künstlergemeinschaft »Der Blaue Reiter« angehörenden Maler Franz Marc, Wassily Kandinsky, August Macke und Paul Klee waren führende Vertreter des Expressionismus.

Als Gegenbewegung entstand um 1920 die »Neue Sachlichkeit«. *»Die Bilder waren nicht länger Ausdruck eines subjektiven Gefühls oder künstlerischen Formenexperiments, sondern stille, detailgenaue Darstellungen der dinglichen Welt … Oder aber sie waren bissige, karikaturhafte Kommentare zu den Gesellschaftsverhältnissen der Weimarer Republik.«*[57] Insbesondere sind hier die auch als »Verismus« bezeichneten sozialkritischen Arbeiten von George Grosz und Otto Dix zu nennen, die in ihren Bildern Kriegsversehrte, Armut und Hunger ebenso wie Kriegsgewinnler darstellten.

1919 gründete Walter Gropius in Weimar mit dem »Bauhaus« eine Hochschule für Architektur, Kunst und Design, die 1925 nach Dessau umzog. Gropius strebte eine Integration von Kunst und Handwerk an: *»Architekten, Bildhauer, Maler, wir alle müssen zum Handwerk zurück! Denn es gibt keine ›Kunst von Beruf‹. Es gibt keinen Wesensunterschied zwischen dem Künstler und dem Handwerker. Der Künstler ist die Steigerung des Handwerkers.«*[58] Bauhaus-Künstler entwarfen Gebrauchgegenstände des täglichen Lebens, wie Möbel, Lampen und Tapeten. Auch für den Städtebau war das Bauhaus von Bedeutung. Im Deutschen Reich herrschte eine große Wohnungsnot. Allein in Berlin fehlten 1925 100.000 Wohnungen. Es entstanden daher in Großsiedlungen *»oft mehrere Tausend kleiner Wohneinheiten, die die Kriterien der Wohnungsreformer erfüllten. Begrüntes Umfeld, ausreichende Belichtung und moderne sanitäre Ausstattung hoben sie über den Standard der Altbauten. Das Grundproblem, nämlich die Schaffung von Wohnraum für Minderbemittelte, lösten (aber) auch solche Projekte nicht.«*[59]

Eine weitere wichtige Kunstrichtung der 1920er Jahre war der Surrealismus. Inspiriert von Sigmund Freuds Traumdeutung malten die Surrealisten die »Überwirklichkeit«, die seelische Realität anstatt der realen Außenwelt. Herausragende Künstler des Surrealismus, der sich ebenso wie der Expressionismus auch in der Literatur niederschlug, sind die spanischen Maler Salvador Dali und Joan Miró sowie der Deutsche Max Ernst.

57 Krauße, A. C.: a. a. O., S. 100
58 Walter Gropius, Bauhaus-Manifest, zitiert nach www.bauhaus.de/bauhaus1919/manifest1919.htm
59 www.dhm.de/lemo/html/weimar/kunst/bauhaus/index.html

2 Der Nationalsozialismus (1933–1945)

2.1 Politik und Alltag

Auf Betreiben Hitlers löste Hindenburg den Reichtag bereits am 1. Februar 1933 erneut auf und setzte die Neuwahlen für den 5. März 1933 an. In der Nacht vom 27. auf den 28. Februar brannte in Berlin das Reichstagsgebäude. Die Ursachen dieses Brandes konnten nie zweifelsfrei geklärt werden. Eine der Theorien besagt, dass der Brand von den Nationalsozialisten selbst gelegt worden sei. Die Nazis versuchten hingegen, die Kommunisten dafür verantwortlich zu machen. Tatsache ist jedoch, dass der Reichtagsbrand den Nazis gelegen kam, denn er lieferte die Begründung für den Erlass der »Verordnung zum Schutz von Volk und Staat« (»Reichtagsbrandverordnung«), die praktisch alle Grundrechte bis auf weiteres außer Kraft setzte. *»Hitler und die NSDAP konnten über die Polizeiorgane ohne richterliche Kontrolle Personen auf uneingeschränkte Zeit inhaftieren, Haussuchungen durchführen, Telefongespräche abhören, Briefe öffnen, Zeitungen verbieten bzw. zensieren, Parteien, Vereine und Organisationen auflösen, Eigentum beschlagnahmen, Versammlungen verbieten – der Willkür waren keine Grenzen gesetzt.«*[60] Die Folge war eine Welle von Verhaftungen und Verboten. Bereits im Februar entstanden die ersten Konzentrationslager für politische Gegner.

Da die NSDAP bei der Neuwahl des Reichstags mit 43,9 Prozent der Stimmen keine absolute Mehrheit errang, wäre zur Regierungsbildung erneut eine Koalition erforderlich gewesen. Am 23. März wurde im Reichstag jedoch das »Gesetz zur Behebung der Not von Volk und Reich« verabschiedet. Mit Ausnahme der SPD (den Abgeordneten der KPD waren schon zuvor ihre Mandate aberkannt worden) stimmten alle Parteien diesem »Ermächtigungsgesetz« zu, das die Reichsregierung mit diktatorischen Befugnissen ausstattete und das Ende der parlamentarischen Demokratie bedeutete.

Bereits am 31. März wurden die Selbstständigkeit der Länder und die Selbstverwaltung der Gemeinden beseitigt. Nach dem Verbot der SPD vom 22. Juni wurden alle anderen Parteien verboten oder lösten sich selbst auf. Die NDSAP wurde zur Staatspartei erklärt. Die Gewerkschaften wurden zerschlagen und die Tarifautonomie aufgehoben. Alle Ebenen der Gesellschaft waren einer Gleichschaltung unterworfen. So wurden auch die bisherigen Jugendverbände aufgelöst. Der nationalsozialistischen Erziehung und vormilitärischen Ausbildung von Kindern und Jugendlichen dienten die Organisationen Deutsches Jungvolk und Jungmädel (für die 10- bis 14-Jährigen) sowie Hitlerjugend und Bund deutscher Mädel (für die 14- bis 18-Jährigen).

[60] Bundeszentrale für politische Bildung (Hrsg.), Informationen zur politischen Bildung 123/126/127, Der Nationalsozialismus, Bonn, 1984, S. 23

»Als ich zehn Jahre wurde und in die blöde HJ musste, seitdem war das Leben Zwang – einfach vollständiger Zwang.«
(Frau S., Jg. 1924)

»Wir waren alle beim Jungvolk. Wir haben Geländespiele gemacht, das war toll. Das war aber nur rein erlebnismäßig, das war keine politische Sache. Obwohl wir nebenbei da natürlich auch eine politische Erziehung mitgekriegt haben ... Das war eigentlich eine ganz begeisternde Geschichte, muss ich sagen, da haben wir viel Spaß dabei gehabt. Gesungen wurde natürlich auch, aber das waren natürlich alles Marschlieder in der Kolonne.«
(Herr P., Jg. 1925)

Die Gründung der Reichskulturkammer am 22. September 1933 kam für alle Künstler, denen die Aufnahme verwehrt wurde, einem Berufsverbot gleich. *»Selbstverständlich waren alle Künstler und Wissenschaftler jüdischer Herkunft ausgeschlossen; darüber hinaus wurde aber auch all jenen Tätigkeitsverbot auferlegt, die der liberalen, demokratischen, humanistischen oder pazifistischen Gedankenwelt anhingen. Alle modernen Kunstrichtungen und Wissenschaftszweige wurden als ›entartet‹ oder ›undeutsch‹ bezeichnet und verboten.«*[61] Zahlreiche bildende Künstler, Musiker, Schriftsteller und Filmschaffende mussten ins Exil fliehen.

»Die Bevölkerung, die zwischen Zustimmung und Angst vor Repressalien schwankt, wird von einem perfekten Überwachungssystem dem Regime unterworfen: Polizei, Spitzel, SA und SS sind die Instrumente, mit denen die Partei das totalitäre System ausbaut und ihre Herrschaft sichert.«[62]

Auch die Unabhängigkeit der Justiz wurde beseitigt. 1934 wurde der berüchtigte Volksgerichtshof *»zur Aburteilung von Hochverrates- und Landesverratssachen«* gebildet.

Der wahnhafte Glaube der Nationalsozialisten an die Überlegenheit der arischen Rasse und Minderwertigkeit der Nichtarier führte schon unmittelbar nach der »Machtergreifung« zur Verfolgung der Juden in Deutschland: Am 1. April 1933 kam es zu einem organisierten Boykott gegen alle jüdischen Kaufleute, Ärzte und Rechtsanwälte. Uniformierte Angehörige der Parteigliederungen postierten sich vor deren Geschäfte, Praxen bzw. Kanzleien und hinderten Besucher am Zutritt. »Ariernachweise« wurden zunächst von Beamten, später dann von immer weiteren Berufsgruppen gefordert. Auch Beamte, die sich nicht zur nationalsozialistischen Ideologie bekannten, konnten aus dem öffentlichen Dienst entlassen werden. Die im September 1935 verkündeten sogenannten »Nürnberger Gesetze« untersagten u. a. die Eheschließung zwischen Juden und Nicht-Juden. Verleumdungs- und Diskriminierungskampagnen schikanierten die jüdische Bevölkerung.

---

61 Bundeszentrale für politische Bildung (Hrsg.): Informationen zur politischen Bildung 123/126/127, a.a.O., S. 29

62 Deutscher Bundestag, Presse- und Informationszentrum, Referat Öffentlichkeitsarbeit (Hrsg.) (1983): Fragen an die deutsche Geschichte, Bonn, S. 309

So waren beispielsweise auf Bahnhöfen Schilder mit der Aufschrift »Vor Juden und Taschendieben wird gewarnt!« angebracht.

Das Attentat eines jungen Juden auf den deutschen Botschaftsrat Ernst vom Rath in Paris lieferte den Nazis schließlich den Anlass für ein Massenpogrom vom 8. bis zum 10. November 1938. Während der sogenannten »Reichskristallnacht« wurden etwa 190 Synagogen in Brand gesteckt, 7.500 jüdische Geschäftshäuser verwüstet und geplündert sowie über 25.000 Juden verhaftet und in Konzentrationslager deportiert. *»Das NS-Regime deklarierte den von der NSDAP gesteuerten Pogrom als ›berechtigte und verständliche Empörung des deutschen Volkes‹, die nach der weiteren Ausschaltung der Juden aus dem deutschen Wirtschaftsleben rief.«*[63] In Folge der »Reichskristallnacht« wurden daher nicht etwa die Täter bestraft, sondern die Geschädigten bekamen noch eine Geldbuße von insgesamt einer Milliarde Reichsmark auferlegt. Außerdem wurden jüdische Geschäfte »zwangsarisiert«, d. h. enteignet und an »Arier« übergeben.

Weitere Verordnungen, wie der Entzug des Führerscheins, der Ausschluss von Hochschulen und die Reglementierungen der Bewegungsfreiheit, schränkten die Lebensbedingungen der jüdischen Bevölkerung immer weiter ein. Aufgrund dieser und anderer Repressalien emigrierten bis zum 1. Oktober 1941 270.000 Juden aus Deutschland; danach wurde die Auswanderung verboten.

Auf wirtschaftlicher Ebene versuchten die Nationalsozialisten die Massenarbeitslosigkeit mit dem Bau der Autobahnen sowie Wohnungen, später dann zunehmend mit Rüstungsprojekten einzudämmen. Auch die 1935 erfolgte Einführung der allgemeinen Wehrpflicht (die einen offenen Bruch des »Versailler Vertrages« darstellte) und des Reichsarbeitsdienstes trugen zum Abbau der Arbeitslosigkeit bei, die 1937 erstmals wieder unter eine Million sank. Die Löhne blieben jedoch, bei teilweise steigenden Preisen, weiterhin gering.

Das Ziel der deutschen Außenpolitik war *»die Eroberung neuen ›Lebensraumes‹ sowie die Errichtung eines ›Großgermanischen Reiches deutscher Nationen«*[64]. Die deutsche Besetzung des entmilitarisierten Rheinlandes 1936 stellte einen erneuten Bruch des »Versailler Vertrages« dar. Am 12. März 1938 marschierten deutsche Truppen in Österreich ein, wo sie von einem Großteil der Bevölkerung freudig begrüßt wurden. Nachdem das »Münchner Abkommen« die Tschechoslowakei bereits verpflichtet hatte, das Sudetenland an das Deutsche Reich abzutreten, besetzte Deutschland im März 1939 Böhmen und Mähren. Großbritannien und Frankreich, die bisher eine militärische Eskalation zu vermeiden suchten, gaben daraufhin eine Garantieerklärung für Polen ab. Im August 1939 schloss Deutschland mit dem »Hitler-Stalin-Pakt« einen Nichtangriffsvertrag mit der Sowjetunion. Am 1. September 1939 um 4.45 Uhr löste der deutsche Angriff auf Polen den Zweiten Weltkrieg aus.

---

63 www.dhm.de/lemo/html/nazi/antisemitismus/kristallnacht/index.html

64 Deutscher Bundestag: a. a. O., S. 318

2.2 Film

Mit der Machtergreifung der Nationalsozialisten wurde Josef Goebbels »Reichsminister für Volksaufklärung und Propaganda« und damit zuständig für Film, Theater, Rundfunk und Presse. Dem Regisseur Fritz Lang wurde – wenige Tage nachdem sein Film »Das Testament des Dr. Mabuse« verboten worden war – von Goebbels die Leitung der Abteilung Film im Propagandaministerium angeboten, worauf sich Fritz Lang noch in der gleichen Nacht in einem Zug nach Paris setzte und Deutschland verließ. Ihm folgten in den nächsten Jahren zahlreiche weitere Regisseure, Schauspieler, Produzenten, Kameraleute, Drehbuchautoren, Tontechniker und Filmkomponisten ins Exil.

Bereits am 29. März 1933 beschloss der Vorstand der Ufa, dass die Verträge mit jüdischen Mitarbeitern des Konzerns gelöst werden[65]. Zu den Gekündigten zählte mit Erich Pommer der Produzent fast aller großen Ufa-Erfolge der vorherigen Jahre. Aber nicht nur Künstler, sondern auch Techniker und Büroangestellte waren von dieser Maßnahme betroffen. Insgesamt mussten nach der »Machtergreifung« der Nazis 2.000 Filmschaffende aus Deutschland fliehen[66]. Dazu gehörten die Schauspieler Conrad Veith und Oskar Karlweis, die Regisseure Curt Goetz, Fritz Kortner, Max Ophüls, Detlef Sierck und Robert Wiene sowie der junge Billy Wilder, der 1931 gemeinsam mit Erich Kästner das Drehbuch für die Verfilmung des Buches »Emil und die Detektive« geschrieben hatte (und der erst in den USA zum großen Star aufsteigen sollte).

Die Flucht aus dem eigenen Land war *»für die überwältigende Mehrzahl der Emigranten eine durch wirtschaftliche Not und persönliches Leid begleitete Erfahrung, und zugleich die einzige Möglichkeit, das eigene Leben zu retten.«*[67] Neben diesen menschlichen Tragödien ist zugleich zu konstatieren, dass der deutschen Filmindustrie aufgrund dieses Aderlasses unersetzlich fähige Fachkräfte verloren gingen.

Im Juli 1933 wurde die Reichsfilmkammer gegründet, in der alle beim Film Tätigen zwangsorganisiert wurden. Voraussetzung für die Mitgliedschaft war allerdings der Nachweis der »arischen Abstammung«. Wer nicht Mitglied der Reichsfilmkammer war, konnte auch bei keinem Film mehr mitwirken (lediglich bis 1935 wurden noch gelegentlich befristete Sondergenehmigungen erteilt), denn *»mit den anderen Kunstkammern war die Reichsfilmkammer beauftragt, die ›Arisierung‹ des nationalsozialistischen Kunst- und Kulturbetriebs zu gewährleisten.«*[68] Außerdem wurden missliebige Filme von der Zensur verboten. Das »Zweite Gesetz zur Änderung des Lichtspielgesetzes« machte Goebbels im Juni 1935 selbst zum Oberzensor.

Natürlich wurden während der Zeit des deutschen Faschismus eindeutige Propaganda- und Hetzfilme, wie z. B. »Hilterjunge Quex« (1933), Leni Riefenstahls Dokumentation des Reichsparteitags der NSDAP »Triumph des Willens« (1935) und während des Krieges

65 Kreimeier, K.: a.a.O., S. 248
66 Jacobsen, W. u. a.: a.a.O., S. 100
67 www.filmportal.de
68 Kreimeier, K.: a.a.O., S. 268

»Jud Süß« (1940) sowie »Kolberg« (1944/45) hergestellt. Ihr Gesamtanteil an der Filmproduktion betrug bis 1939 11 Prozent (dieser Anteil steigerte sich in den ersten Kriegsjahren bis 1942 auf 24 und sank dann auf 6 Prozent[69]. Das Publikum war offenbar »propagandamüde« geworden und sehnte sich gerade in den schweren Kriegszeiten nach Unterhaltung und Zerstreuung.) Der überwiegende Teil der Produktionen in den 1930er Jahren bestand also aus Unterhaltungsfilmen, denn *»gerade Goebbels war sich darüber im klaren, dass ›unpolitische‹ Unterhaltung geeignet sei, auf den ›Volkskörper‹ stabilisierend einzuwirken.«*[70]. Der direkten politischen Indoktrination der Kinobesucher dienten in viel größerem Maße die Wochenschau und der Kulturfilm, die vor jedem Hauptfilm gezeigt wurden.

Ab 1935 begann die »Nationalisierung« der Filmwirtschaft bis zu ihrer nahezu vollständigen Verstaatlichung Anfang der 1940er Jahre. 1936 wurde außerdem alle Kunstkritik, *»die sich nicht den ideologischen Maßstäben der Reichskulturkammer verpflichtet sieht«*[71], abgeschafft.

Umso erstaunlicher ist es, dass trotz dieser verheerenden Entwicklungen in Deutschland noch gute Unterhaltungsfilme produziert wurden. Dies ist sicherlich auch darauf zurückzuführen, dass ein Teil der Filmschaffenden die äußeren Ereignisse von ihrer künstlerischen Arbeit abzukoppeln suchte, sich mit dem Regime arrangierte oder in eine Art »innere Emigration« flüchtete.

Zu den bedeutendsten Filmen, die zwischen der Machtergreifung der Nazis 1933 und dem Kriegsbeginn 1939 entstanden (und die im Rahmen von »Kulturarbeit im Heim« eingesetzt werden können) gehören:

- »Amphitryon« (1935) mit Willy Fritsch und den Liedern »Ich muss mal wieder was erleben« und »Tausendmal war ich im Traum bei dir«
- »Glückskinder« (1936) mit Lilian Harvey und Willy Fritsch (siehe auch Seite 57)
- »Der Mustergatte« (1937) mit Heinz Rühmann
- »Der Mann, der Sherlock Holmes war« (1937) mit Hans Albers und Heinz Rühmann, die das Lied »Jawohl, meine Herren« sangen
- »Gasparone« (1937) nach der Operette von Carl Millöcker mit Marika Rökk und Johannes Heesters
- »13 Stühle« (1938) mit Heinz Rühmann und Hans Moser
- »Tanz auf dem Vulkan« (1938) mit Gustav Gründgens, dessen Schlager »Die Nacht ist nicht allein zum Schlafen da« allerdings auf keiner Schallplatte erscheinen durfte
- »Menschen, Tiere, Sensationen« (1938) von und mit dem »Sensationsdarsteller« Harry Piel
- »Verklungene Melodie« (1938) mit Brigitte Horney und Willy Birgel
- »Bel Ami« (1939) von und mit Willi Forst sowie Lizzi Waldmüller und dem Lied »Du hast Glück bei den Frau'n, bel ami«

---

[69] de.wikipedia.org

[70] Kreimeier, K.: a.a.O., S. 279

[71] Kreimeier, K.: a.a.O., S. 302

- »Hallo Janine« (1939) mit Marika Rökk, Johannes Heesters und den Schlagern »Eins, zwei, drei« und »Ich brauche keine Millionen« des Komponisten Peter Kreuder

Der Trend zum Kino war in der deutschen Bevölkerung aber trotz aller zuvor skizzierten Problematik ungebrochen.

»In unserem Ort haben wir zwei Kinos gehabt. Mit 16 durfte ich noch nicht ins Kino, mein Vater war sehr streng. Und dann hat er gesagt: ›Ja, wenn, dann nur nachmittags.‹ Und manchmal war in dem einen Kino was Schönes und manchmal in dem andern … Wir haben ja eigentlich nichts gehabt bei uns zum unternehmen, außer eben das Kino.«
(Frau G., Jg. 1918)

»Die billigsten Eintrittskarten im Filmtheater gab es für 50 Pfennige unten oder 50 Pfennige auf dem Balkon. In der Mitte waren die teuren Plätze. Die vordersten Plätze nannte man ›Rasiersitz‹, sodass es stets angenehmer war, eine Vorstellung oben zu genießen.«
(Frau W., Jg. 1923)

In den Kinos waren jedoch nicht nur deutsche Produktionen, sondern aufgrund langfristiger Verträge noch bis 1939 auch amerikanische Unterhaltungsfilme zu sehen. Große Popularität beim Publikum genossen amerikanische Musicals und die Komiker Oliver Hardy und Stan Laurel (»Dick und Doof«). Auch Walt Disneys Mickey-Mouse-Produktionen waren sehr beliebt. Schauspieler wie Clark Gable, Greta Garbo, Katherine Hepburn und Marlene Dietrich waren auch vom deutschen Publikum gefeierte Stars.

»Ich mochte die amerikanischen Revuefilme. 1936 gab es »Broadway Melodie«, 1937 »Zum Tanzen geboren«, »Born to dance« – trotz Nazi-Regime und Filmzensur. Diese Filme haben auch meinen Musikgeschmack beeinflusst. Ich mochte die amerikanische Swingmusik: Glenn Miller, Louis Armstrong, Benny Goodmann. Es gab auch deutsche Kapellen, die in diesem Stil spielten.«
(Herr C., Jg. 1920)

Das deutsche Kino suchte hingegen einen neuen weiblichen Star. Dem Versuch, Marlene Dietrich, die bereits unmittelbar nach dem Erfolg von »Der blaue Engel« in die USA gegangen war, mit lukrativen finanziellen Angeboten und Freiheiten bei der Wahl des Drehbuchs und der Mitwirkenden wieder nach Deutschland zurückzulocken, erteilte die Diva eine eindeutige Absage: Sie wollte mit den Nazis nichts zu tun haben. Zur gleichen Zeit feierte in Wien die schwedische Sängerin und Schauspielerin Zarah Leander mit der Operette »Axel an der Himmelstür« von Ralph Benatzky große Erfolge. Die Ufa nahm daher Kontakt zu ihr auf, verpflichtete sie und baute sie von Anfang an zum Star auf. *»Ende 1936 begann ein aufwendiger Reklamefeldzug … und innerhalb von Wochen erreichte über das tausendfache Echo einer gleichgeschalteten Presse ein neuer Star die Erwartungen des Publikums – ein Star, dessen Aura präpariert worden war, noch bevor im Atelier von Neubabels-*

berg die erste Klappe fiel.«[72] Insgesamt drehte Zarah Leander bei der Ufa zehn Filme. Im ihrem ersten Ufa-Film »Zu neuen Ufern« (1937) spielte sie unter der Regie von Detlef Sierck an der Seite von Willy Birgel und sang mit ihrer prägnanten Alt-Stimme die Lieder »Ich steh im Regen«, »So bin ich und so bleibe ich, Yes Sir!« und »Ich hab' eine tiefe Sehnsucht in mir«. Auch ihren zweiten deutschen Film »La Habanera« inszenierte Detlef Sierck, der dann nach Amerika emigrieren musste und dort unter dem Namen Douglas Sirk erfolgreich war. Zarah Leander sang in diesem Film »Der Wind hat mir ein Lied erzählt«. Es folgten die Filme »Heimat« (1938 mit dem Altstar Heinrich George und dem bekannten Schlager »Eine Frau wird erst schön durch die Liebe«), »Der Blaufuchs« (1938, mit Willy Birgel, Paul Hörbiger, Karl Schönböck und Rudolf Platte, in dem sie »Kann denn Liebe Sünde sein« und »Von der Puszta will ich träumen« sang) und »Es war eine rauschende Ballnacht« (1939 mit Marika Rökk und den Liedern »Nur nicht aus Liebe weinen« und »Romans« nach einer Melodie des Komponisten Peter Tschaikowsky, über dessen Leben der Film vorgeblich handelte – in Wirklichkeit war die Story jedoch frei erfunden).

»Von Heinz Rühmann habe ich viele Filme gesehen, von Paul Hörbiger, Zarah Leander, Marika Rökk. Und wenn jetzt Filme gezeigt wird, da habe ich fast alle schon gesehen. Damals habe ich so einen Fimmel gehabt, da habe ich mir sogar immer den Film und die Namen von den Schauspielern aufgeschrieben.
Die alten Filme sehe ich heute noch gern. Im Fernsehen kommen oft so alte Filme, die sind zu gut.«
(Frau G., Jg. 1918)

»Früher mal, da war ich in den Willy Birgel verliebt, dabei ist der doch so hässlich wie die Nacht.«
(Frau S., Jg. 1924)

Im Juli 1939 begannen die Dreharbeiten für den ersten großen Ufa-Farbfilm: »Frauen sind doch bessere Diplomaten« (Regie: Georg Jacoby) mit Marika Rökk und Willy Fritsch in den Hauptrollen. Seine bekanntesten Melodien sind »Wenn ein junger Mann kommt« und »Einen Walzer für dich und für mich«. Die Fertigstellung des Filmes dauerte allerdings mehr als zwei Jahre, sodass er erst im Oktober 1941 zur Uraufführung kam. Die Verzögerungen begründeten sich nicht nur mit der fortschreitenden Entwicklung der Farbtechnik, die es immer wieder erforderlich machte, dass bereits abgedrehte Szenen neu aufgenommen werden mussten, sondern auch damit, dass sich Karl Stepanek, einer der Nebenrollendarsteller, politisch unbeliebt gemacht hatte. Seine gesamten Szenen mussten daher aus dem schon fertigen Film herausgeschnitten und mit Erich Fiedler nachgedreht werden.

72 Kreimeier, K.: a.a.O., S. 351

2.3 Literatur

Am 10. Mai 1933 wurden auf dem Berliner Opernplatz sowie in zahlreichen weiteren deutschen (Universitäts-) Städten die Bücher jener Schriftsteller, Wissenschaftler und Philosophen verbrannt, die der nationalsozialistischen Ideologie entgegenstanden. Die Bücherverbrennung war der makabre Höhepunkt einer vom Dachverband der Deutschen Studentenschaft initiierten vierwöchigen »Aktion wider den undeutschen Geist«. Grundlage für die Auswahl der Schriften bildete eine »Schwarze Liste der verbrennungswürdigen Bücher«, die 71 Autoren umfasste. *»Es darf jedoch angenommen werden, dass über die Bücher der dort genannten Schriftsteller und Wissenschaftler hinaus auch Veröffentlichungen anderer Autoren verbrannt wurden – z. B. weil sie den Organisatoren vor Ort ebenfalls ›zersetzend‹ vorkamen oder von auf der Liste nicht erwähnten jüdischen oder kommunistischen Autoren stammten.«*[73] Von »Feuersprüchen« begleitet wurden die als »undeutsches Schrifttum« diffamierten Werke auf riesige Scheiterhaufen geworfen.

Der Schriftsteller Erich Kästner war bei der Bücherverbrennung anwesend und beschreibt sie in einem nach dem Krieg erschienenen Text: *»Im Jahre 1933 wurden meine Bücher in Berlin, auf dem großen Platz neben der Staatsoper von einem gewissen Herrn Goebbels mit düster-feierlichem Pomp verbrannt. Vierundzwanzig deutsche Schriftsteller, die symbolisch für immer ausgetilgt werden sollten, rief er triumphierend bei Namen. Ich war der einzige der Vierundzwanzig, der persönlich erschienen war, um dieser theatralischen Frechheit beizuwohnen. Ich stand vor der Universität, eingekeilt zwischen Studenten in SA-Uniform, den Blüten der Nation, sah unsere Bücher in die zuckenden Flammen fliegen und hörte die schmalzigen Tiraden des kleinen abgefeimten Lügners. Begräbniswetter hing über der Stadt … Es war widerlich.«*[74]

Zu den »verbrannten Autoren« gehörten neben Erich Kästner u. a. die Schriftsteller Heinrich Heine, Arthur Schnitzler, Anna Seghers, Thomas Mann, Heinrich Mann, Erich Maria Remarque, Lion Feuchtwanger, Bertolt Brecht, Kurt Tucholsky und Stefan Zweig. Außerdem Journalisten wie Carl von Ossietzky und der Theaterkritiker Alfred Kerr, die Philosophen Karl Marx, Friedrich Engels und Ernst Bloch, der Physiker und Nobelpreisträger Albert Einstein sowie der Begründer der Psychoanalyse, Sigmund Freud. Auch Werke ausländischer Autoren, wie die der amerikanischen Schriftsteller Upton Sinclair und Jack London, wurden verbrannt.

Wer als Schriftsteller publizieren wollte, musste ab dem 30. Juli 1934 Mitglied der »Reichsschrifttumskammer« (RSK), einer Unterabteilung der »Reichskulturkammer«, sein. Dazu waren jedoch »politische Zuverlässigkeit« und ein »Ariernachweis« erforderlich. *»Mit Martin Buber und Max Tau wurden 1935 die letzten renommierten jüdischen Autoren aus der RSK ausgeschlossen.«*[75]

---

[73] www.buecherverbrennung.de/Autoren/autoren.html; auf dieser Internetseite findet sich eine Auflistung verbrannter Autoren.

[74] Kästner, E. (1966): Bei Verbrennung meiner Bücher, in: Kästner, E.: für Erwachsene, Zürich, S. 435

[75] www.dhm.de/lemo/nazi/kunst/literatur/index.html

In der ab 1935 regelmäßig von der Reichsschrifttumskammer herausgegebenen »Liste des schädlichen und unerwünschten Schrifttums«, *»fanden sich schließlich 12.400 Titel und das Gesamtwerk von 149 Autoren, die wegen ihrer humanistischen, demokratischen oder sozialistischen Gesinnung bzw. wegen ihrer jüdischen Herkunft verfolgt und verboten wurden.«*[76]

Wegen der Repressalien und Bedrohungen emigrierte ein Großteil der damals erfolgreichen Schriftsteller ins Ausland. Darunter waren so bekannte Persönlichkeiten wie der Nobelpreisträger Thomas Mann, Heinrich Mann, Bertolt Brecht, Arnold Zweig, Alfred Döblin, Lion Feuchtwanger, Egon Erwin Kisch und Anna Seghers. Die Lebensbedingungen im Exil waren äußerst problematisch. Ein Schriftsteller, dessen »Handwerkszeug« die Sprache ist, sieht sich angesichts einer fremdsprachigen Umwelt besonderen Herausforderungen ausgesetzt. Auch die Publikationsmöglichkeiten waren gering, sodass sich nur wenige Autoren auch im Exil ihren Lebensunterhalt weiterhin mit Schreiben verdienen konnten.

Die meisten Emigranten flohen zunächst ins benachbarte europäische Ausland, insbesondere nach Frankreich und in die Tschechoslowakei. Aufgrund der deutschen Eroberungskriege und der Besetzung ihrer Zufluchtsländer waren sie später dort jedoch erneut bedroht. So wurde Lion Feuchtwanger in Frankreich von den Nazis interniert, bevor er schließlich über Spanien in die USA fliehen konnte. Walter Benjamin gelang hingegen die erneute Flucht nicht: Angesichts der drohenden Verhaftung durch die geheime Staatspolizei (Gestapo) nahm er sich 1940 in einem spanischen Grenzort das Leben. Auch andere berühmte Autoren wie Kurt Tucholsky, Stefan Zweig und Klaus Mann begingen im Exil Selbstmord.

Zu den zur damaligen Zeit bekannten Schriftstellern, die in Deutschland blieben, gehörten der Nobelpreisträger Gerhard Hauptmann, Hans Fallada, Ricarda Huch, Erich Kästner, Werner Bergengruen, Hans Carossa, Ernst Jünger, Wolfgang Koeppen, Oskar Loerke und Gottfried Benn. Teilweise durften diese Autoren relativ unbeeinträchtigt publizieren, teilweise erhielten sie Berufsverbot und waren Verfolgungen ausgesetzt. So wurde beispielsweise Erich Kästner mehrfach verhaftet. Ernst Wiechert wurde wegen regimekritischer Reden und Rundbriefe zwei Monate im KZ Buchenwald inhaftiert. Gottfried Benn hatte zunächst den Nationalsozialismus begrüßt, sagte sich dann jedoch von ihm los und wurde 1938 aus der RSK ausgeschlossen. Ernst Jünger ist wegen seiner indifferenten politischen Haltung zum Nazi-Regime bis heute umstritten. Viele andere Autoren suchten *»einen Rückzug ins Private und – wie es (der Schriftsteller Frank) Thieß 1933 für die in Deutschland verbliebenen Literaten und Künstler ausdrückte – die ›Innere Emigration‹. Damit wollten sie ihre Position der passiven Verweigerung und eine Abwehrhaltung gegenüber dem NS-System zum Ausdruck bringen, ohne den Weg des aktiven Widerstands zu beschreiten.«*[77]

[76] de.wikipedia.org; hier: Liste verbotener Autoren während der Zeit des Nationalsozialismus
[77] www.dhm.de/lemo/html/nazi/kunst/literatur/index.html

An erfolgreichen, nicht nationalsozialistischen Büchern dieser Periode sind zu nennen:
- Hans Fallada: Wer einmal aus dem Blechnapf frisst (1934)
- Wolfgang Koeppen: Die Mauer schwankt (1935)
- Werner von Bergengruen: Der Großtyrann und das Gericht (1935)
- Oskar Loerke: Der Wald der Welt (1936)
- Hans Fallada: Wolf unter Wölfen (1937)
- Oskar Loerke: Magische Verse (1938)
- Ernst Jünger: Auf den Marmorklippen (1939)
- Ernst Wiechert: Das einfache Leben« (1939)

»Daneben entwickelte sich eine ›junge‹ Literatur, deren Protagonisten nach 1945 die bundesdeutsche Literatur entscheidend mitprägten. Alfred Andersch, Johannes Bobrowski, Wolfgang Borchert, Peter Huchel, Marie Luise Kaschnitz, Wolfgang Koeppen, Karl Krolow, Hermann Lenz, Hans-Erich Nossack, Luise Rinser und Wolfdietrich Schnurre begannen während der NS-Zeit ihre literarischen Karrieren, zumeist mit kleinen Texten in Zeitungen und Zeitschriften – in der Regel unverfängliche Gedichte und Erzählungen. Aber wie Luise Rinsers Führergedicht und Karl Krolows Mitgliedschaft in der NSDAP demonstrieren, wurden auch von diesen noch am Anfang stehenden Autoren Zugeständnisse erwartet – oder sie glaubten es zumindest.«[78] (Anm. d. Verf.: Trotz des erwähnten Führergedichts sympathisierte Luise Rinser sicher nicht dem Nationalsozialismus. Im Gegenteil: 1944 wurde sie wegen »Wehrkraftzersetzung« verhaftet und inhaftiert. Über diese Zeit berichtete sie 1946 in ihrem »Gefängnistagebuch«.)

Auch hat es die *»ganze NS-Zeit über ausländische Literatur in Deutschland gegeben. Deutsche Verlage druckten fremdsprachige Bücher, Fachverlage brachten Fachliteratur des Auslandes in Originalsprachen heraus, politische Konjunkturen wie etwa der Hitler-Stalin-Pakt von 1939 bescherten deutschen Lesern gar eine Welle sowjetischer Literatur.«*[79]

> *»In der Schule lasen wir die bewährten Klassiker wie Wilhelm Tell usw. Unsere Deutschlehrerin, eine ältere Dame, brachte uns vieles nah. Das Auswendiglernen von Gedichten war damals allgemein üblich im Schulunterricht: Die Glocke, Der Zauberlehrling, Herr von Ribbeck auf Ribbeck in Havelland … Auswendiglernen ist gar nicht so übel, denn es schult das Gedächtnis ungemein.«*
> (Frau W., Jg. 1923)

Vom breiten Publikum wurde außerdem natürlich weiterhin belanglose und unpolitische Unterhaltungslektüre gelesen. Daneben existierte jedoch auch eine nationalsozialistische Literatur: *»An die Stelle des ›undeutschen Geistes‹ sollte sich ab 1933 eine NS-Literatur etablieren, die vor allem Bauerntum und Volksgemeinschaft, die Blut- und Bodenideologie sowie Krieg*

[78] Sarkowicz, H.; Mentzer, A. (2000): Literatur in Nazi-Deutschland. Ein biografisches Lexikon. Hamburg/Wien, S. 31f
[79] www.shoa.de/content/view/496/124/

und soldatisches Heldentum idealisierte«[80] und die teilweise hohe Auflagen erreichte. Die den Nationalsozialisten nahe stehenden Schriftsteller, wie beispielsweise Hans Friedrich Blunck (zugleich Leiter der RSK vom 1933–1935), Hanns Johst (der ab 1935 die RSK leitete), Josef Weinheber, Agnes Miegel, Werner Beumelburg oder Hans Zöberlein repräsentieren verschiedene Genres dieser NS-Literatur und sind heute zu recht vergessen.

2.4 Kabarett und Varieté

Die Nationalsozialisten zerschlugen die blühende (Berliner) Kabarettszene. Fast alle einflussreichen Kabaretts wurden verboten. Viele der Autoren, Komponisten und Darsteller mussten um ihr Leben fürchten und emigrierten ins Ausland. Teilweise gründeten sie in ihren Zufluchtsländern »Exilkabaretts«, von denen die »Pfeffermühle«, 1933 in Zürich von Erika Mann eröffnet, das bekannteste sein dürfte. Die Exilkabaretts dienten vor allem dazu, *»politische und kulturelle Zentren für die Emigranten zu schaffen, ihr Zusammengehörigkeitsgefühl zu stärken und in den Gastländern aufklärend über den wahren Charakter des Naziregimes zu wirken.«*[81] Andere Kabarettisten wurden aus rassischen oder politischen Gründen verhaftet und in Konzentrationslager deportiert.

In den wenigen Kabaretts, die weiter bestehen durften, wie das »Kabarett der Komiker«, wurde Politik immer mehr zum Tabuthema. 1937 wurden politische Anspielungen in Kabaretts und Varietés auch offiziell verboten. In den Aufführungen saßen Spitzel, die jede Aussage der Darsteller protokollierten, sodass *»allein das Aussprechen bestimmter amtlicher nationalsozialistischer Begriffe, wie zum Beispiel ›Rasse‹ auf der Kabarettbühne, genügte, um den Conférencier verhaften zu lassen.«*[82] Harmlose Komiker und seichte Schlager beherrschten nun größtenteils die Kabarettszene. Diese »neue Kultur« im nationalsozialistischen Sinne sollte durch die Organisation »Kraft durch Freude« (KdF) aufgebaut werden, die neben Ferienreisen vielfältige Programme wie Konzerte, Theateraufführungen, Kunstausstellungen und Vorträge organisierte.

Auch gab es einige vom Regime unterstützte Neugründungen von Kleinkunstbühnen, in denen versucht wurde, die Nazi-Ideologie in kabarettistischem Gewand zu transportieren, die jedoch wenig erfolgreich waren. *»So blieben die … kabarettistischen Versuche der meist in diesem Metier völlig unerfahrenen Dilettanten eine kurze, sich im Sande verlaufende Episode der Kabarettgeschichte«.*[83]

Die großen Varietés durften zwar zunächst weiter bestehen bleiben, doch auch viele der Varieté-Künstler wie Claire Waldoff erhielten aus rassischen bzw. politischen Gründen oder auch aus Willkür Auftrittsverbot. In Berlin wurde die »Plaza«, mit 3.000 Plätzen das größte Varieté in Europa, der KdF unterstellt.

---

80 www.dhm.de/lemo/html/nazi/kunst/literatur/index.html

81 Otto, R.; Rösler, W.: a.a.O., S. 147

82 Hippen, R.: a.a.O., S. 84

83 Hippen, R.: a.a.O., S. 141

2.5 Musik

Um über ein mächtiges Propagandainstrument zu verfügen, beauftragte das neue Regime die Industrie, ein preisgünstiges Rundfunkgerät zu entwickeln, das für jeden Haushalt erschwinglich sein sollte. Dieser Volksempfänger wurde auf der 10. Deutschen Funkausstellung im August 1933 in Berlin präsentiert. Das Gerät trug der Typenbezeichnung VE 301, wobei VE für Volksempfänger stand und die Zahl 301 an den 30. Januar, den Tag der »Machtergreifung« der Nationalsozialisten erinnern sollte. *»Statt der üblichen 200 bis 400 Reichsmark (RM) für einen Radioapparat der gehobenen Klasse konnte der Volksempfänger für 76 RM erworben werden. Nur 35 RM kostete ab 1938 der (vom Volksmund heimlich, Anm. d. Verf.) als ›Goebbels Schnauze‹ titulierte ›Deutsche Kleinempfänger‹. Trotz einer vergleichsweise hohen monatlichen Rundfunkgebühr von 2 RM erhöhte sich die Ausstattung der deutschen Haushalte mit Radiogeräten zwischen 1933 und 1941 von 25 auf 65 Prozent.«*[84]

Musiksendungen waren mit einem Anteil von mehr als der Hälfte bis zu zwei Dritteln des Gesamtprogramms die größte Sparte. *»Auf dem Gebiet der Unterhaltung erfreuten sich die ›Bunten Abende‹, ein Gemisch aus Tanzmusik, Schlagern und Sketchen besonderer Beliebtheit.«*[85]

Die Verbreitungsmöglichkeiten und damit die Massenwirksamkeit der Musik verbesserten sich dadurch natürlich ebenfalls sehr stark. Wie alle kulturellen Bereiche versuchten die Nationalsozialisten, auch die Musik zu »arisieren«. Um ihren Beruf weiter auszuüben, waren alle Musikschaffenden gezwungen, Mitglied in der am 22. September 1933 gegründeten Reichmusikkammer zu werden. Deren erster Präsident war der bekannte Komponist Richard Strauss, sein Stellvertreter war der Dirigent Wilhelm Furtwängler. Strauss wollte nach dem Tod seines Librettisten Hugo von Hofmannsthal eigentlich sein Opernschaffen einstellen, entschloss sich dann jedoch mit dem Libretto des Schriftstellers Stefan Zweig die Oper »Die schweigsame Frau« zu komponieren. Trotz Anfeindungen aufgrund seiner Zusammenarbeit mit dem »Nicht-Arier« Zweig konnte Strauss durchsetzen, dass dieser im Theaterprogramm als Textdichter genannt wurde. Als die Oper kurz nach der Premiere 1935 wieder vom Spielplan genommen wurde, trat Strauss aus Protest als Präsident der Reichsmusikkammer zurück. Sein Nachfolger wurde der Dirigent Peter Raabe.

Die Aufnahme in die Reichsmusikkammer wurde Musikschaffenden verwehrt, wenn sie jüdischer Abstammung waren oder im Sinne des Regimes als politisch unzuverlässig galten. Beispielhaft sei hier das Schicksal der berühmten Gesangsgruppe »Comedian Harmonists« skizziert:

Mit Robert Biberti, Erwin Bootz und Ari Leschnikoff galten die Hälfte der Mitglieder der »Comedien Harmonists« als Arier. Erich Collin, Roman Cycowski und Harry Frommermann waren hingegen jüdischer Herkunft. Als das Gesetz, das die Mitgliedschaft in

[84] www.dhm.de/lemo/html/nazi/alltagsleben/volksempfaenger/index.html

[85] Grün, R. von (1984): Funktionen und Formen von Musiksendungen im Rundfunk, in: Heister, H.-W.; Klein, H.-G. (Hrsg.) (1984): Musik und Musikpolitik im faschistischen Deutschland. Frankfurt am Main, S. 101

der Reichsmusikkammer regelte, in Kraft trat, befanden sich die »Comedien Harmonists« gerade auf einer ausgedehnten Deutschlandtournee. Obgleich sie eine befristete Ausnahmegenehmigung erhielten, um die Tournee zu Ende zu spielen, kam es an manchen Auftrittsorten zu Konzertabsagen, *»Rangeleien und immer neuen Schikanen«*[86]. Nachdem die Tournee beendet und die Ausnahmegenehmigung somit ausgelaufen war, hielt sich das Ensemble mit Auslandsauftritten finanziell über Wasser.

Als 1935 die Aufnahmeanträge der jüdischen Mitglieder in die Reichsmusikkammer endgültig abgelehnt wurden, trennte sich die Gruppe: Die jüdischen Mitglieder emigrierten zunächst nach Wien und gründeten dort die »Comedy Harmonists«, mit denen sie große Auslandstourneen unternahmen, die sie bis nach Australien, Südamerika und die USA führten. Die verbliebenen »arischen« Mitglieder des Ensembles ersetzten ihre vertriebenen Kollegen durch neue Sänger. Den englischen Namen »Comedian Harmonists« mussten sie aber in den deutschen Namen »Meistersextett« ändern. Beide Ensembles konnten jedoch nie wieder an den riesigen Erfolg der »Comedian Harmonists« anknüpfen.

Andere, wie Fritz Löhner-Beda, der als Operettenlibrettist (»Das Land des Lächelns«) und Schlagertexter (»Ausgerechnet Bananen«, »Was machst du mit dem Knie, lieber Hans«, »Ich hab mein Herz in Heidelberg verloren«, »In der Bar zum Krokodil«) erfolgreich war oder der Autor Fritz Grünbaum (»Ich habe das Fräulein Helen baden sehn«) wurden in Konzentrationslager deportiert und dort ermordet.

Doch die Nationalsozialisten versuchten nicht nur jüdische und politisch missliebige Musiker zu vernichten, sondern auch musikalische Ausdrucksformen, die nach ihrer verqueren Ideologie nicht dem »deutschen Wesen« entsprachen, wie die Zwölftonmusik oder den als »Niggerjazz« diffamierten Swing. Dabei war das Verhältnis der Nationalsozialisten zum Jazz jedoch zunächst indifferent. Obwohl Jazz ab 1935 im Rundfunk offiziell verboten war, fanden sich weiterhin die beim Publikum beliebten Jazzelemente in der Tanz- und Unterhaltungsmusik dieser Epoche und wurden daher auch weiterhin im Radio gespielt. Im Rahmen der Olympischen Spiele 1936, bei denen das Regime dem Ausland einen weltoffenen Eindruck vermitteln wollte, durften sogar ausländische Jazzmusiker in Deutschland auftreten.

Erst 1937 *»wurden Kontrollen durchgeführt, die das Spielen der unerwünschten Musik unterbinden sollten. Da die musikalischen Kriterien (flotte Tanzmusik schon Jazz?) unzureichend waren, wurde überwiegend nach rassistischen Kriterien vorgegangen.«*[87]

---

86 www.comedien-harmonists.de

87 www.return2style.de/swingaring/jazz3.htm

»Warum waren die Nazis gegen den Jazz? Ich glaube, sie hatten etwas gegen die Freiheit, gegen das liberale Fühlen, das die Musik auslöst. Individualismus durfte in einem Staat mit ›Führerprinzip‹ aber nicht sein. Das hat die Nazis geärgert. Hinzu kam das rassistische Denken, denn der Jazz wurde ja hauptsächlich von Schwarzen, von Negern – wie man damals sagte – gespielt. Wir waren immun gegen Rassismus. Wer so gut spielte, wie die amerikanischen Neger oder die Zigeuner in Paris um Django Reinhardt, konnte kein minderwertiger Mensch sein.«
(Der Frankfurter Jazz-Musiker Emil Mangelsdorff (Jg. 1925) auf einem seiner »Gesprächskonzerte« am 12. März 2007 im »Bikuz Höchst« in Frankfurt am Main)

Im Rahmen der ersten »Reichsmusiktage«, die zum 125. Geburtstag von Richard Wagner am 22. Mai 1938 in Düsseldorf eröffnet wurden, gab es die Ausstellung »Entartete Musik« zu sehen. *»Wie bei der wesentlich bekannteren Ausstellung ›Entartete Kunst‹ zeigte sich auch bei der Düsseldorfer Ausstellung der von Antisemitismus und Rassenhass gespeiste aggressive Abgrenzungswahn des Nationalsozialismus. In der Ausstellung wurden auch Musikdirektoren, Dirigenten, Kritiker, Musikpädagogen, Musikwissenschaftler und ihre Werke wegen ›Kultur- und Musikbolschewismus‹ attackiert. Unter den verfemten Künstlern fanden sich zahlreiche international anerkannte Komponisten wie Paul Hindemith, Arnold Schönberg, Kurt Weill, Anton Webern, Alban Berg, Leo Fall, Paul Abraham, Victor Hollaender.«*[88] Richard Strauss hatte übrigens eigens zu dieser makabren Ausstellung ein »Festliches Vorspiel« komponiert, das er auch selber dirigierte.

Aus den Katalogen der Schallplattenfirmen waren jüdische Komponisten und Interpreten bis 1938 nicht nur im Bereich der Unterhaltungsmusik, sondern auch im Klassikressort vollständig verschwunden.[89] Die Verfolgung jüdischer Komponisten, Texter und Interpreten sowie derjenigen, denen man die Zusammenarbeit mit jüdischen Kollegen verübelte, beschleunigte auch den Niedergang der Operette. Gut die Hälfte des gesamten Repertoires durfte nicht mehr gespielt werden. Da der bereits 1899 verstorbene »Walzerkönig« Johann Strauß mit jüdischen Librettisten zusammengearbeitet hatte, wurden seine Werke mit neuen Texten versehen.[90] Aufgrund der großen Beliebtheit des Walzers konnte oder wollte das Nazi-Regime seine Musik jedoch nicht verbieten. Welch grotesken Auswüchse die nationalsozialistische Kulturpolitik trieb, zeigt eine weitere skurrile Episode im Zusammenhang mit Johann Strauß sehr deutlich: *»Durch einen Zufall entdeckte man nämlich 1938, dass sein Stammbaum im Rahmen nazistischer Ideologie Probleme aufwies. Strauß war ein damals so genannter Vierteljude. Damit wäre die Verbreitung seiner Musik ›als für die deutsche Volksseele schädlich‹ eigentlich nicht gestattet. Der Reichspropagandaminister Joseph Goebbels*

88 www.nrw2000.de/ns/entartetemusik.htm
89 Elste, M. (1984): Zwischen Privatheit und Politik, Die Schallplatten-Industrie im NS-Staat, in: Heister, H.-W.; Klein, H.-G. (Hrsg.) (1984): Musik und Musikpolitik im faschistischen Deutschland. Frankfurt am Main, S. 109
90 Grünberg, I. (1984): Wer sich die Welt mit einem Donnerschlag erobern will … Zur Situation und Funktion der deutschsprachigen Operette in den Jahren 1933 bis 1945. in: Heister, H.-W.; Klein, H.-G. (Hrsg.): a. a. O.,, S. 228

nahm sich der Sache höchstpersönlich an und erklärte die Angelegenheit zur ›Geheimen Reichssache‹.«[91] Die Musik von Johann Strauß durfte weiter gespielt werden.

Die bereits beschriebene Verknüpfung von Film und Schlager wurde fortgeführt. Zu den größten Schlagererfolgen dieser Epoche gehörten[92]:

- »Kleine Möwe, flieg' nach Helgoland«; Sänger: Herbert Ernst Groh (1934)
- »Liechtensteiner Polka«; gespielt von der Kapelle Will Glahé (1935)
- »Ob blond, ob braun, ich liebe alle Frau'n« (aus dem Film: »Ich liebe alle Frauen); Sänger: Jan Kiepura (1935)
- »Komm, spiel mit mir Blindekuh«; (aus dem Film »Allotria«), Sängerin: Hilde Hildebrand (1936)
- »Donaudampfschifffahrtsgesellschaftskapitän«; Sänger: Peter Igelhoff (1936)
- »Ich wollt', ich wär ein Huhn« (aus dem Film »Glückskinder«); Sänger: Lilian Harvey, Willy Fritsch, Paul Kemp, Oskar Sima (1936)
- »Rosamunde«; gespielt von der Kapelle Will Glahé (1936)
- »Sag' beim Abschied leise Servus«; (aus dem Film »Burgtheater«); Sänger: Hans Moser (1936)
- »Ich steh' im Regen« (aus dem Film »Zu neuen Ufern«); Sängerin Zarah Leander (1937)
- »Yes, Sir!« (aus dem Film »Zu neuen Ufern«); Sängerin: Zarah Leander (1937)
- »Ich tanze mit dir in den Himmel hinein« (aus dem Film »Sieben Ohrfeigen«); Sänger: Willy Fritsch und Lilian Harvey (1937)
- »In meiner Badewanne bin ich Kapitän«, Sänger: Peter Igelhoff (1937)
- »Jawohl, meine Herr'n« (aus dem Film »Sherlock Holmes«); Sänger: Hans Albers und Heinz Rühmann (1937)
- »Der Wind hat mir ein Lied erzählt« (aus dem Film »La Habanera«); Sängerin: Zarah Leander (1937)
- »Unter den Pinien von Argentinien« (aus dem Film »Truxa«); Sänger: Hans Söhnker (1938)
- »O mia bella Napoli«; Sänger: Rudi Schuricke (1938)
- »Eine Frau wird erst schön durch die Liebe« (aus dem Film »Heimat«); Sängerin: Zarah Leander (1938)
- »Ich brech' die Herzen der stolzesten Frau'n« (aus dem Film »Fünf Millionen suchen einen Erben«); Sänger: Heinz Rühmann (1938)
- »In einer Nacht im Mai« (aus dem Film »In einer Nacht im Mai«); Sängerin: Marika Rökk (1938)
- »Kann denn Liebe Sünde sein« (aus dem Film »Der Blaufuchs«); Sängerin: Zarah Leander (1938)
- »Von der Puszta will ich träumen« (aus dem Film »Der Blaufuchs«); Sängerin: Zarah Leander (1938)
- »Der Onkel Doktor hat gesagt« (aus dem Film »Zwei Frauen); Sänger: Peter Igelhoff (1938)

[91] www.operundtanz.de/archiv/2005/03/kupo-operette.shtml

[92] An dieser Stelle sei darauf verwiesen, dass ein umfassender Überblick über die Schlager der 1920er bis 1950er Jahre im Internet auf der Homepage www.bobsmusic.de zu finden ist

- »Roter Mohn« (aus dem Film »Schwarzfahrt ins Glück«); Sängerin: Rosita Serrano (1938)
- »Du hast Glück bei den Frau'n, bel ami« (aus dem Film »Bel Ami); Sängerin: Lizzi Waldmüller (1939)
- »Das kann doch einen Seemann nicht erschüttern« (aus dem Film »Paradies der Junggesellen«); Sänger: Heinz Rühmann, Josef Sieber, Hans Brausewetter (1939)
- »Eins, zwei, drei, vier, fünf, sechs, sieben« (aus dem Film »Hallo, Janine); Sänger: Rudi Godden (1939)
- »Musik! Musik! Musik! (Ich brauche keine Millionen)« (aus dem Film »Hallo, Janine«); Sänger: Marika Rökk und Rudi Godden
- »Good bye, Jonny« (aus dem Film »Wasser für Canitoga«); Sänger: Hans Albers (1939)
- »Nur nicht aus Liebe weinen« (aus dem Film »Es war eine rauschende Ballnacht«); Sängerin: Zarah Leander (1939)

»Ich habe die Schlager von Zarah Leander, Marika Rökk usw. gerne gehört, sogar sehr gerne. Teilweise war natürlich auch mal etwas darunter, von dem man weniger begeistert war, aber im Großen und Ganzen waren wir wirklich sehr, sehr begeistert. Es war ganz toll.«
(Frau A., Jg. 1920)

In der Klassischen Musik wurden die Werke von Ludwig van Beethoven und vor allem von Richard Wagner vom Regime vereinnahmt. In der Diktion des Regimes galt Richard Wagner *»schlichtweg als musikalischer Wegbereiter des ›Dritten Reichs‹. Im NS-Regime waren seine Opern die am häufigsten gespielten klassischen Werke. Neben Wagner und Beethoven gehörten zu den beliebtesten Stücken die Werke der ›großen Deutschen‹ wie Johann Sebastian Bach (1685–1750), Wolfgang Amadeus Mozart (1756–1791), Joseph Haydn (1732–1809), Anton Bruckner (1824–1896) oder Johannes Brahms (1833–1897). Von den jüngeren Komponisten waren es vor allem Werner Egk (1901–1983) und Carl Orff, die sich bei den Nationalsozialisten einer Beliebtheit erfreuten. 1937 wurde Orffs ›Carmina Burana‹ begeistert uraufgeführt.«*[93]

Zu den zehn meist gespielten Komponisten auf deutschen Opernbühnen gehörten in diesem Zeitraum außer Richard Wagner (in diesen Jahren wurde am häufigsten »Der fliegende Holländer« aufgeführt) und Wolfgang Amadeus Mozart die deutschen Komponisten Albert Lortzing, Carl Maria von Weber (vor allem seine Oper »Der Freischütz«), Richard Strauss und Eugen d' Albert (»Tiefland«).[94] Des Weiteren die Italiener Giuseppe Verdi (»Rigoletto«), Giacomo Puccini (»La Bohème«) und Gioacchino Rossini (»Madame Butterfly«) sowie der Franzose Georges Bizet (»Carmen«).

93 www.dhm.de/lemo/html/nazi/kunst/musik/index.html
94 Drewniak, B. (1983): Das Theater im NS-Staat. Düsseldorf, S. 328 f.

»Wenn die Möglichkeit war, bin ich ins Theater gegangen. Meine Großmutter lebte in einem Vorort von Leipzig und da kam man bequem hin. Vor allem auch Konzerte, Gewandhausorchester, Oper, das war ja das nächstgelegene. Dort bin ich gerne hingegangen.« (Frau H., Jg. 1919)

2.6 Theater

Als Unterabteilung der Reichskulturkammer wurde am 1. August 1933 die Reichstheaterkammer gegründet, deren Präsident der ehemalige Schauspieler Otto Laubinger wurde. Dem Reichsdramaturgen Dr. Rainer Schlösser mussten alle Spielpläne der Theater zur Genehmigung vorgelegt werden. Er war *»eine zentrale staatliche Zensurinstanz in allen Fragen der Spielplangestaltung«*[95].

Im Präsidialrat saß u. a. der Intendant des Preußischen Staatstheaters in Berlin, Gustaf Gründgens. Gründgens war einer der bedeutendsten deutschen Theaterschauspieler und -regisseure der 1920er bis 1950er Jahre. Seine Darstellung des Mephistopheles in Goethes »Faust« setzte Maßstäbe (und wurde 1960 auch als Film aufgezeichnet). Aufgrund seiner Karriere während des NS-Regimes gilt er jedoch noch heute als umstritten. (Klaus Mann beschreibt in seinem 1936 im Amsterdamer Exil entstandenen Roman »Mephisto« exemplarisch das opportunistische Verhältnis eines Künstlers zum NS-Regime, als dessen Vorlage ihm Gustaf Gründgens gedient haben soll (obgleich der Autor selbst den Zusammenhang mit Gründgens stets bestritt). Das Buch wurde Anfang der 1980er Jahre von István Szabó mit Klaus Maria Brandauer in der Hauptrolle sehr erfolgreich verfilmt.)

Wie andere Kulturbereiche wurde bei »Machtergreifung« der Nationalsozialisten auch das Theater »arisiert«: Jüdische Intendanten, Regisseure, Schauspieler, Dramaturgen, Bühnenbildner, Techniker und Verwaltungsmitarbeiter wurden aus ihren Ämtern entfernt. Das Gleiche galt für politische Gegner und alle anderen, die sich beim Regime unbeliebt gemacht hatten oder der NS-Ideologie entgegenstanden.

Die unabhängige Kunstkritik wurde *»als Ausdruck ›jüdischer Kunstüberfremdung‹ gesetzlich verboten«*[96] und durch die »nationalsozialistische Kunstbetrachtung« ersetzt. Während dadurch offiziell die Künstler vor unangemessener Kritik geschützt werden sollten, lag der eigentliche Grund dieser Maßnahme wohl eher darin, dass negative Kritik als *»gleichbedeutend mit einem indirekten Angriff auf den Staat als Träger kunstpolitischer Anschauungen und Einrichtungen.«*[97] galt.

---

95 Drewniak, D., a.a.O., S. 34

96 Wulf, J. (1983): Theater und Film im Dritten Reich. Frankfurt am Main/Berlin/Wien, S. 87

97 August, W.-E. (1983): Die Stellung der Schauspieler im Dritten Reich (Diss.). ziti. nach Drewniak: a.a.O., S. 35

Der Theaterbesuch wurde vom Regime gefördert. Er sollte den »kleinen Mann« vom Ernst des Lebens ablenken und ihn erbauen. So schickte beispielsweise die NS-Organisation »Kraft durch Freude« (KdF) *»seit 1934 Millionen ›Volksgenossen‹ aus Betrieben und ›Massenorganisationen‹ in ›Kulturveranstaltungen‹.«*[98] Die Besucherzahlen der Theater stiegen daher von 1932 bis 1936 von 520.000 auf 1,6 Millionen.

»Wie ich dann größer war und ich habe Geld verdient, da habe ich mir das dann geleistet. Dann bin ich hier immer ins Opernhaus oder mal ins Schauspielhaus, da habe ich dann auch ein Abonnement gehabt, das habe ich mir geleistet. Warum? Ich wollte ja auch mal etwas Hören, etwas Sehen, was mir gefallen hat.«
(Frau A., Jg. 1920)

»Ins Theater bin ich sehr wenig gekommen. Da mussten wir bis nach Stettin reinfahren. »Die Räuber« von Schiller habe ich zuerst gesehen. Und dann kam ich auf die Mittelschule, da sind wir öfter ins Theater gegangen.«
(Frau S., Jg. 1924)

Während der Theaterbesuch im Allgemeinen gefördert wurde, war die jüdische Bevölkerung auch hier Repressionen und Schikanen ausgesetzt: Am 12. November 1938 wurde es schließlich allen Theaterleitern, Konzertveranstaltern und Filmtheaterbesitzern offiziell verboten, Juden den Besuch der Veranstaltungen zu gestatten.

Die Bedeutung, die das Regime dem Theater (als Propagandainstrument) beimaß, zeigte sich in zahlreichen Theaterfestspielen: Neben der Reichstheaterwoche gab es beispielweise das Shakespearefest sowie Schiller-, Hebbel-, Grabbe- und Kleistwochen. Auch Theaterfestivals für die NS-Jugendorganisationen wurden durchgeführt. In Anlehnung an germanische Rituale versuchte das Regime außerdem sogenannte »Thingspiele« als Freilichtdarbietungen für zehntausende Besucher zu etablieren. Es sollten daher im gesamten Reich Hunderte von Thing-Stätten gebaut werden, von denen jedoch nur wenige realisiert wurden, bis die Planungen 1937 schließlich vollständig eingestellt wurden.

Auf den Spielplänen der Theater fanden sich die »deutschen Klassiker« wie Goethe, Schiller, Lessing, Kleist, Grabbe und Hebbel. Da die Inhalte der Stücke aber der NS-Ideologie entsprechen mussten, wurden sie teilweise in deren Sinn umgedeutet. Lessings »Nathan der Weise« wurde aufgrund seiner humanitären und toleranten Gesinnung verboten. 1941 traf das Verbot auch »Wilhelm Tell« von Schiller.

An ausländischen Stücken wurden vor allem Werke der Weltliteratur wie klassische griechische Dramen (insbesondere von Sophokles) und Shakespeare gespielt. Auch Shaw, Molière, Dumas, Ibsen und Hamsun fanden sich, wenn auch zuweilen in Neuinterpretationen, auf den Spielplänen wieder. Gerade *»in den ersten Jahren nach der Machtergreifung glaubte der NS-Staat es sich noch nicht erlauben zu können, Deutschlands internationales Prestige*

[98] Michael, F.; Daiber, H.: a.a.O., S. 129

durch eine allzu rigorose nationalsozialistische Theaterpolitik zusätzlich zu belasten. Daher verbannte man – und auch das nur schrittweise – lediglich die ausländischen Theaterstücke von den Bühnen, deren Thema oder Autor unmittelbar mit dem NS-System kollidierten. Als weitergehende Kriterien galten jedoch vor allem die aktuellen politischen Beziehungen zu dem jeweiligen Staat.«[99] So kamen nach dem Abkommen zwischen Deutschland und Italien 1938 vermehrt italienische Autoren zur Aufführung.

Obgleich die Nationalsozialisten den international renommierten Nobelpreisträger Gerhart Hauptmann, den damals »großen alten Mann« der deutschen Literatur, für ihre Ziele vereinnahmten und viele seine Stücke auf den Theaterspielplänen standen, durfte sein sozialkritisches Drama »Die Weber« nicht aufgeführt werden.

Die meisten der bekannten und besten Autoren der »Weimarer Republik« waren hingegen verboten (siehe dazu das Kapitel zur »Literatur« ab Seite 81). Um auch neue Stücke spielen zu können, wurden Autorenwettbewerbe und Preisausschreiben ausgelobt. Da diese Bemühungen jedoch weitgehend erfolglos blieben, wurden verstärkt Auftragsarbeiten an erfolgversprechende Autoren vergeben. Dauerhaftes fand sich dabei jedoch ebenfalls wenig. *»Es wäre unmöglich, die vielen Hunderte von Bühnenautoren jener Zeit zu bewerten oder auch nur namentlich aufzuführen. Als Stichprobe genügt jedoch vielleicht eine Analyse der Spielzeit 1936/37: Laut ›Bühnenspielplan‹ brachten die Theater im Deutschen Reich in dieser Spielzeit … bei insgesamt 302 Neueinstudierungen 237 Uraufführungen von Sprechstücken … Die Gruppe der Erfolglosen umfasste 68 Stücke, d. h. beinahe 30 % der Gesamtzahl der Uraufführungen.«*[100] Diese Theaterstücke wurden teilweise schon nach der Premiere wieder vom Spielplan genommen; nur elf der neuen Stücke brachten es auf mehr als 100 Aufführungen. Sehr erfolgreich war in dieser Spielzeit hingegen die bereits 1932 uraufgeführte Komödie »Dr. med. Hiob Prätorius« von Curt Goetz (der 1939 nach Amerika emigrierte) sowie der »Etappenhase«, ein Militärschwank des norddeutschen Schriftstellers Karl Bunjes, der auch in einer plattdeutschen Fassung gespielt wurde. Das Stück wurde 1937 verfilmt und gehört auch heute noch zum Repertoire von Boulevardtheatern. 1953 wurde es in einer rheinischen Version als erste Direktübertragung des Deutschen Fernsehens aus dem Kölner Millowitsch-Theater gezeigt und später noch oft wiederholt.

»Ich habe damals in einem kleinen Ort gewohnt, das war in Nordböhmen. Und wenn man etwas erleben wollte, ist man nach Prag gefahren. Das war 100 Kilometer von uns entfernt. Oder nach Reichenberg oder nach Gablonz, da gab es schöne Theater.
In Reichenberg, das ist eine Stadt gewesen von vielleicht 30.000 Einwohnern, dort gab's dann auch Boulevardtheater. Da ist man auch hingegangen. Aber Kino war eben moderner.«
(Frau K., Jg. 1915)

[99] Drewniak, B.: a. a. O., S. 244
[100] a. a. O., S. 212

Auch im Nationalsozialismus gab es zahlreiche erfolgreiche Dialektbühnen, die jedoch meist nur in ihren Heimatorten spielen durften und daher keine Tourneen unternahmen. Ausnahmen bildeten lediglich einige bayrische Bauerntheater sowie nach dem »Anschluss« Österreichs 1938 die »Exl-Bühne« aus Innsbruck, die Gastspielreisen in ganz Deutschland durchführten.

2.7 Bildende Kunst

Auch die bildenden Künste wurden vom Regime als Unterabteilung der Reichskulturkammer zwangsorganisiert. Auch hier war die »arische Abstammung« für die Aufnahme in die »Reichskammer der bildenden Künste« unabdingbare Voraussetzung. Aber nicht nur jüdische, kommunistische oder aus sonstigen Gründen unerwünschte Künstler erhielten Arbeits- und Ausstellungsverbot: *»Darüber hinaus erfolgte eine Verdammung der modernen Kunst zugunsten der traditionellen akademischen Genremalerei im Stil des späten 19. Jahrhunderts.«*[101] Durch Emigration (zum Beispiel von Max Beckmann, George Grosz, Paul Klee, Oskar Kokoschka, Max Ernst, John Heartfield, Kurt Schwitters) oder Berufsverbot verlor die in der »Weimarer Republik« blühende deutsche Kunstlandschaft ihre kreativsten Köpfe.

Bereits 1933 wurde ein Ankaufsverbot für nicht arische und moderne Kunstwerke erlassen, dem 1936 das totale Verbot jeglicher Modernen Kunst folgte. Die am 19. Juli 1937 in München eröffnete Ausstellung »Entartete Kunst« zeigte 650 beschlagnahmte Werke aus 32 deutschen Museen. Bis April 1941 wurde die Ausstellung, die von etwa drei Millionen Besuchern gesehen wurde, in zwölf weiteren Städten gezeigt. *»Nahezu zeitgleich beginnt die Beschlagnahmung von rund 16.000 Werken der Moderne, die entweder verkauft und zu einem großen Teil auch zerstört wurden. 1938 kommt es zum ›Gesetz über Einziehung von Erzeugnissen entarteter Kunst‹. Somit wurde die Enteignung legalisiert.«*[102]

Als »entartet« *»galten im NS-Regime alle Kunstwerke und kulturellen Strömungen, die mit dem Kunstverständnis und dem Schönheitsideal der Nationalsozialisten nicht in Einklang zu bringen waren: Expressionismus, Impressionismus, Dadaismus, Neue Sachlichkeit, Surrealismus, Kubismus oder Fauvismus.«*[103] Zur »entarteten Kunst« zählten u. a. die Werke von Ernst Ludwig Kirchner, Karl Schmidt-Rottluff, Max Pechstein, Emil Nolde, Wassily Kandinsky, Paul Klee, Max Ernst, Oskar Kokoschka, Marc Chagall, George Grosz, Otto Dix und Ernst Barlach. In der Ausstellung wurden die Künstler als »krankhafte Phantasten«, »Geisteskranke« und »Nichtskönner« bezeichnet.

Was die Nazis hingegen unter Kunst verstanden, war in der »Großen Deutschen Kunstausstellung« zu sehen, die von 1937 bis 1944 jährlich in dem eigens dafür gebauten »Haus der Deutschen Kunst« in München stattfand. Um Ausstellungsstücke zu finden, wurde zuvor ein Wettbewerb ausgeschrieben, für den 15.000 Arbeiten eingereicht wurden. *»Zu*

101 www.dhm.de/lemo/html/nazi/kunst/politik/index.html
102 André Krajewski: »Entartete Kunst«, www.shoa.de/content/view/181/124/
103 www.dhm.de/lemo/html/nazi/kunst/entartet/

den von der NS-Kunstpolitik bevorzugten und von Künstlern wie Arno Breker, Willy Meller, Josef Thorak und Ivo Saliger umgesetzten Motiven gehörten u. a. das harte Leben von Bauern und Arbeitern, stillende Mütter, muskelbepackte Sportler, heldenhafte Soldaten, mythologische Szenen und ästhetisierte Frauengestalten. Alles in allem hat die NS-Zeit jedoch kaum originelle Werke hervorgebracht.«[104]

In der Architektur bevorzugten die Nationalsozialisten monumentale Bauwerke wie beispielsweise das Reichtagsgelände in Nürnberg, die vor allem der Selbstdarstellung des Regimes dienten.

Die Fotografie spielte »*im Kunstbereich hingegen … eine nur periphere Rolle und wurde eher als ein Handwerk angesehen. Um die Fotografie im Sinne der Bildpropaganda am besten auszunutzen zu können, wurden die Arbeiten von Fotografen durch das Schriftleitergesetz zensiert.*«[105]

[104] de.wikipedia.org/wiki/Entartete_Kunst
[105] www.dhm.de/lemo/html/nazi/kunst/foto/index.html

3 Der Zweite Weltkrieg (1939–1945)

3.1 Politik und Alltag

Der deutsche Angriffskrieg gegen Polen zeigte zunächst schnelle Erfolge. Gemäß einem geheimen Zusatzprotokoll zum »Hitler-Stalin-Pakt« wurde das polnische Territorium zwischen dem Deutschen Reich und der Sowjetunion, dessen Truppen von Osten her nach Polen einmarschierten, aufgeteilt. Diesem Überfall folgten die Angriffe auf Dänemark, Norwegen, die Beneluxstaaten und Frankreich.

»Nach dem kaum erwarteten schnellen deutschen Triumph über Frankreich war der ›Führer und Reichskanzler‹ sowie Oberbefehlshaber der deutschen Streitkräfte Adolf Hitler auf dem Höhepunkt seiner Popularität.«[106] Die geplante Invasion in Großbritannien, die die Deutschen mit der Bombardierung englischer Städte begannen, scheiterte jedoch. Zur Unterstützung des Bündnispartners Italien schickte Deutschland Truppen nach Nordafrika und marschierte außerdem in Jugoslawien und Griechenland ein, sodass der Krieg immer weiter eskalierte. Das Leben der Zivilbevölkerung in Deutschland veränderte sich aber *»entgegen weitgehenden Befürchtungen zunächst nicht grundlegend. Das NS-Regime scheute sich, der Bevölkerung allzu große Opfer abzuverlangen, und es bemühte sich auch durch Aufrechterhaltung eines ausgedehnten Kulturbetriebs um Alltagsnormalität.«*[107] Mit Kriegsbeginn wurde allerdings langsam eine Zwangsrationierung eingeführt, bei der zunächst die Grundnahrungsmittel nur noch gegen Lebensmittelmarken erhältlich waren und die kurze Zeit später auch auf Textilien ausgedehnt wurde. Am 22. Juni 1941 begann der Überfall auf die Sowjetunion, der zunächst militärisch erfolgreich war, bevor der deutsche Vormarsch im Winter 1941/42 ins Stocken geriet.

Während nach der Rassenideologie der Nazis die Bevölkerung der besetzten westlichen Staaten als »germanische Völker« und somit der »arischen Rasse« zugehörig galt, wurde die Bevölkerung der östlichen Länder als »Untermenschen« diffamiert. Die okkupierten Gebiete wurden daher wirtschaftlich rücksichtslos ausgebeutet und die Besatzer gingen mit kaum vorstellbarer Brutalität auch gegen die Zivilbevölkerung vor. Der Wehrmacht folgten sogenannte »Einsatzgruppen«, die folgende Aufgabe hatten: *»Sofortige Erschießung von Juden, Anzettelung von Pogromen, Abtransport der überlebenden Juden in die größeren Städte, wo Gettos gebildet wurden.«*[108] Kommunistische Funktionäre und Widerstandskämpfer wurden ebenfalls hingerichtet. Später wurden »Vernichtungslager« gebaut, in denen die jüdische Bevölkerung sowie Sinti und Roma durch Giftgas ermordet wurden. (Die Nazis benutzen dazu, wie schon bei dem so genannten »Euthanasieprogramm«[109] Autoabgase, später dann das von einer Tochterfirma der IG Farben hergestellte Schäd-

106 www.dhm.de/lemo/html/wk2/kriegsverlauf/index.html
107 www.dhm.de/lemo/html/wk2/alltagsleben/index.html
108 Bundeszentrale für politische Bildung (Hrsg.), Informationen zur politischen Bildung 123/126/127, a. a. O., S. 56
109 vgl. Klee, E. (1985): »›Euthanasie‹ im NS-Staat«, Frankfurt am Main

lingsbekämpfungsmittel Zyklon B.) Auch bei der Zivilbevölkerung kam es zu willkürlichen Erschießungen und Vergewaltigungen. Ein großer Teil der arbeitsfähigen Bevölkerung wurde zur Sklavenarbeit gezwungen.

Zeitgleich verschärften sich im »Deutschen Reich«, im »angeschlossenen« Österreich und der Tschechoslowakei die Schikanen und die Verfolgung der jüdischen Bevölkerung zunehmend. So wurde Juden der Besitz von Rundfunkgeräten, Telefonen und Kraftwagen untersagt. Ab dem 19. September 1941 mussten alle Juden deutlich sichtbar einen gelben Stern an der Kleidung tragen. Wenig später begannen die Deportationen von Juden, Homosexuellen, Regimegegnern und anderen in den Osten und ihre Ermordung in den Vernichtungslagern. Etwa sechs Millionen Menschen wurden bis zum Ende der Nazidiktatur in den Vernichtungslagern ermordet oder starben durch Entkräftung, Krankheiten und Seuchen in den Konzentrationslagern oder bei den Transporten.

Nach dem Überfall des mit Deutschland verbündeten Japan auf den amerikanischen Marinestützpunkt Pearl Harbour auf Hawaii im Dezember 1941 trat auch die USA in den Krieg ein.

Im Spätsommer 1942 hatte das Deutsche Reich seine größte Ausdehnung erreicht. Von vielen Historikern wird die Niederlage der deutschen Armee in Stalingrad im November 1942 als (psychologischer) Wendepunkt des Krieges gesehen. Aber auch in Afrika wurden die deutschen Besatzer zurückgedrängt. Insbesondere die britische und amerikanische Luftwaffe flogen zunehmend Bombenangriffe auf deutsche Städte, um die Zivilbevölkerung zu demoralisieren und Industrieanlagen zu zerstören, die zu verheerenden Vernichtungen führten und Hunderttausende das Leben kosteten.

»Die Luftsirenen in den Großstädten ertönten ab 1942 häufiger, Verdunklungen waren an der Tagesordnung und immer öfter mussten Menschen in drangvoller Enge zermürbende Nächte in Luftschutzräumen oder Hauskellern verbringen. Der nach den Luftangriffen anschließend tagelang über der Stadt liegende Geruch von Feuer, verbranntem menschlichem Fleisch und Fäulnis war ihnen auch Jahre nach dem Kriegsende noch präsent.«[110]

Viele Menschen verloren ihre Wohnung und mussten notdürftig in den Kellern ihrer zerstörten Häuser oder in sonstigen Notquartieren hausen. Ein Teil der städtischen Bevölkerung wurde daher in ländliche Regionen evakuiert. Auch die Nahrungsmittel wurden zunehmend knapper, sodass der Schwarzmarkt, trotz drohender Strafen, blühte.

Am 18. Februar 1943 rief Joseph Goebbels den »totalen Krieg« aus. Die Mobilisierung aller personellen und materiellen Ressourcen sollte das Kriegsgeschehen wenden und den von den Machthabern propagierten »Endsieg« bringen. Dem aus der verschärften Einziehung zur Armee resultierenden Arbeitskräftemangel versuchte das Regime durch den verstärkten Einsatz von Zwangsarbeitern und Kriegsgefangenen sowie einer Erhöhung der Arbeitszeit (so wurde im März 1944 in der Luftwaffenindustrie die 72-Stunden-Woche

110 www.dhm.de/lemo/html/wk2/alltagsleben/index.html

eingeführt[111]) entgegenzuwirken. Doch mit Ausweitung des Luftkrieges der Alliierten und dem Rückzug der Front, glaubten immer weniger Deutsche an den »Endsieg«, auch wenn die Propaganda mit der Hoffnung auf die Entwicklung einer neuen deutschen »Wunderwaffe« das Durchhaltevermögen zu stärken suchte.

Zweifel am »Endsieg« auszusprechen, konnte im Spitzelsystem der Nazis für den Betroffenen jedoch tödlich sein. Auch das Hören von »Feindsendern« im Radio konnte mit Zuchthaus, im Wiederholungsfall sogar mit dem Tode bestraft werden. Da viele Menschen der vom Propagandaministerium gesteuerten Kriegsberichterstattung keinen Glauben mehr schenkten, war das heimliche Hören von ausländischen Rundfunksendern aber die einzige Möglichkeit, an Informationen, die nicht vom Regime gesteuert waren, zu gelangen.

Am 6. Juni 1944 landeten 1,5 Millionen alliierte Soldaten in der Normandie und rückten immer weiter Richtung Deutschland vor. Im September desselben Jahres gründete das deutsche Regime den »Volkssturm«, zu dem alle noch nicht eingezogenen Männer zwischen 16 und 60 Jahren zur Verteidigung der »Heimat« verpflichtet wurden. *»Parallel zum sowjetischen Vormarsch im Osten (setzte) in den Wintermonaten 1944/45 eine Massenflucht der deutschen Bevölkerung vor der Roten Armee aus Ostpreußen, Pommern und Schlesien in das westliche Reichsgebiet«* ein.[112] Nachdem in der »Schlacht um Berlin« sowjetische und französische Truppen dem »Führerhauptquartier« immer näher rückten, beging Adolf Hitler am 30. April 1945 Selbstmord. Wenige Tage später, am 8. Mai 1945 kapitulierte Deutschland.

»Weltweit fielen dem Zweiten Weltkrieg ca. 55 Millionen Soldaten und Zivilisten zum Opfer, unter ihnen über sechs Millionen in den Vernichtungs- und Konzentrationslagern (KZ) ermordete Menschen. Das Deutsche Reich verlor während des Kriegs schätzungsweise 3,8 bis 4 Millionen deutsche Wehrmachtssoldaten und 1,65 Millionen Zivilisten. Die weitaus meisten Toten beklagte mit über 25 Millionen Menschen die Sowjetunion. Relativ zur Bevölkerungszahl hatte jedoch Polen den höchsten Blutzoll entrichtet: Rund 6 Millionen tote Polen entsprachen etwa 17 Prozent der Vorkriegsbevölkerung.«[113]

3.2 Film

Der Beginn des Krieges hatte unmittelbare Auswirkungen auf die Filmindustrie: Da das technische Personal in großem Umfang zur Wehrmacht eingezogen wurde, mussten die fehlenden Arbeitskräfte durch Rationalisierungen und Mehrarbeit der verbliebenen Techniker kompensiert werden. Männliche Darsteller mussten ebenfalls Kriegsdienst leisten, lediglich *»die dünne Schicht bekannter Schauspieler, die als Stars oder im Ensemble einen Film*

111 www.antifa.co.at/antifa/SDM.PDF (Seite 114)
112 www.dhm.de/lemo/html/wk2/kriegsverlauf/index.html
113 www.dhm.de/lemo/html/wk2/kriegsverlauf/index.html

zu tragen vermögen«[114] wurden UK (= unabkömmlich) gestellt und so vom Kriegseinsatz verschont.

Wer sich bei den Machthabern unbeliebt machte, musste jedoch damit rechnen, an die Front abkommandiert zu werden. Auch gegen den geringsten Widerstand wurde teilweise mit äußerster Brutalität vorgegangen. Beispielhaft sei hier das Schicksal des Schauspielers Robert Dorsay aufgeführt, der wegen *»fortgesetzter reichsfeindlicher Tätigkeit im Zusammenhang mit schwerster Zersetzung der deutschen Wehrkraft«* zum Tode verurteilt und hingerichtet wurde, nur weil er politische Witze erzählt und sich kritisch über den Krieg geäußert hatte. Andere, so der Regisseur Herbert Selpin, wurden in den Selbstmord getrieben oder wie der jüdische Schauspieler und Regisseur Kurt Gerron deportiert und in Auschwitz ermordet.

In den Städten entstand aber trotz oder vermutlich sogar gerade wegen des Krieges ein regelrechter Kinoboom. Zwischen 1938 bis 1941 verdoppelten sich die Zuschauerzahlen von 441 Millionen auf 892 Millionen und überschritten im folgenden Jahr sogar die Milliardengrenze. *»Nicht nur die organisierten Filmveranstaltungen von Staat und Partei, nicht nur das gewachsene Bedürfnis nach Information und gleichzeitiger Ablenkung von den Folgen des Informiertseins – auch die Verknappung der Konsumgüter und der Überhang an Bargeld in der Haushaltskasse trieben die Menschen in den Kriegsjahren verstärkt in die Kinos.«*[115]

Der überwiegende Teil der damaligen Produktionen waren Unterhaltungsfilme, die der Entspannung, Zerstreuung und Ablenkung von den Sorgen des Kriegsalltags dienten.

Der kommerziell erfolgreichste Film während der gesamten NS-Herrschaft war »Die große Liebe« von Rolf Hansen aus dem Jahre 1942, der von fast 28 Millionen Zuschauern gesehen wurde, und in dem – neben der Hauptdarstellerin Zarah Leander – Viktor Staal, Grethe Weiser und Paul Hörbiger spielten. Der Film enthielt die von Bruno Balz getexteten und von Michael Jary komponierten Lieder »Mein Leben für die Liebe«, »Heut' kommen die blauen Husaren«, »Davon geht die Welt nicht unter« und »Ich weiß, es wird einmal ein Wunder geschehen«. Die beiden letztgenannten Titel zählten zu den erfolgreichsten Schlagern dieser Zeit. Während bereits Bomben auf deutsche Städte fielen und sich die Lage der Bevölkerung immer schwieriger gestaltete, enthielten diese beiden Lieder wie kaum andere einen »politischen Subtext«, der die Durchhalteparolen des Nazi-Regimes in harmloser Unterhaltung transportierte.

Der zweiterfolgreichste Film mit annähernd 26 Millionen Besuchern war bereits zwei Jahre zuvor in die Kinos gekommen: »Wunschkonzert« von Eduard von Borsody mit Ilse Werner und Carl Raddatz in den Hauptrollen. Mittelpunkt des Films war die damals tatsächlich existierende Hörfunksendung »Wunschkonzert für die Wehrmacht«, die jeden Sonntagnachmittag um 15.00 Uhr für die Frontsoldaten und ihre Familien »in der Heimat« ausgestrahlt wurde. Dabei waren musikalische Auftritte verschiedener bekannter Künstler in die Handlung eingebettet: So sang zum Beispiel Marika Rökk »In einer Nacht

[114] Belach, H. (1979): Wir tanzen um die Welt – Deutsche Revuefilme 1933–1945. München/Wien, S. 179
[115] Kreimeier, K.: a.a.O., S. 375

im Mai« und das Trio Heinz Rühmann, Hans Brausewetter und Josef Sieber gab seinen Erfolgsschlager »Das kann doch einen Seemann nicht erschüttern« zum Besten.

Doch Vorsicht ist geboten: Der mit dokumentarischen Bildern von Hitler und den ihm zujubelnden Menschenmassen, Ausschnitten aus Leni Riefenstahls »Olympia-Film« und Original-Kriegsszenen aus der »Wochenschau« bestückte Film wandelt vielfach nahe am Rande einer Propagandainszenierung. *»Dieser ›harmlos-volkstümliche‹ Film enthält in gefälliger Form so ungefähr alles, was dem Regime wert und teuer war, mit Ausnahme des Antisemitismus.«*[116]

Anmerkung: *Auch bei Filmvorführungen im Heim sollte immer die Möglichkeit bestehen, sich anschließend über das Gesehene auszutauschen. Dies muss insbesondere für einen Film wie »Wunschkonzert« gelten, der subtil eine politische Botschaft transportiert. Oder man sollte auf die Vorführung dieses Films einfach verzichten.*

Am 3. März 1943 – unmittelbar nach den bis dahin schwersten Bombenangriffen auf Berlin – beging die Ufa in einem Festakt ihr 25-jähriges Jubiläum. Eigens dazu wurde der Film »Münchhausen« mit Hans Albers gedreht, dessen Uraufführung im Rahmen der Festlichkeiten stattfand. In dem mit viel Tricktechnik aufwendig produzierten Farbfilm spielten außerdem Käthe Haack, Brigitte Horney und Ilse Werner. Mit dem Schreiben des Drehbuchs war der eigentlich verbotene Autor Erich Kästner beauftragt worden. Kästner, dessen Bücher von den Nazis verbrannt worden waren (siehe Seite 81), erhielt für das Schreiben des Drehbuchs eine Sondergenehmigung. *»Goebbels soll davon erst später erfahren haben und die für den ›Skandal‹ verantwortlichen Beamten an die Ostfront geschickt haben.«*[117] Da Kästners Name aber nicht im Abspann des Films erscheinen durfte, legte er sich das Pseudonym Berthold Bürger zu.

Im September 1943 waren die Dreharbeiten zu dem Revue-Film »Frau meiner Träume« beendet. Unter der Regie von Georg Jacoby spielte Marika Rökk die Hauptrolle. Da Goebbels jedoch an einem Tanz der Hauptdarstellerin Anstoß nahm (*»Das ist frivol – so tanzt eine deutsche Frau nicht!«*[118]), durfte der Film nicht in die Kinos. Die bemängelten Szenen mussten nachgedreht werden, sodass sich die Produktion verzögerte und der Film erst im August 1944 gezeigt werden konnte. Er wurde *»zu einem der größten Revuefilmerfolge der vierziger Jahre«.*[119]

»Schon ab Mitte 1943 war der Besuch von Kinos, Theatern und Konzerten ein gefährlicher und oft jäh unterbrochener Spaß (...) Zwar wurde streng darauf geachtet, dass alle öffentlichen Vergnügungsstätten Zugang zu Luftschutzräumen boten; nicht immer aber war ausreichend Raum für alle Besucher vorhanden. Wen der Bombenalarm auf dem Nachhauseweg durch die verdunkelten Städte ereilte, der hielt verzweifelt nach den seit 1939 auf Straßen und Gebäuden ange-

---

116 Courtade, F.; Cadars, P. (1977): Geschichte des Films im Dritten Reich. München, 1977, zit. n.: de.wikipedia.org/wiki/Wunschkonzert_(Film)

117 www.shoa.de/content/view/496/124/

118 Bandmann, C.; Hembus, J. (1980): Klassiker des deutschen Tonfilms 1930–1960. München, S. 207

119 Kreimeier, K.: a.a.O., S. 400

brachten weißen Markierungen Ausschau, die den Weg in Luftschutzkeller und Bunker wiesen. Nicht immer freilich fand er in den überfüllten Schutzräumen Einlass.«[120]

»Während des Zweiten Weltkriegs erlebten wir zahlreiche Luftangriffe in Essen und man blieb abends am liebsten daheim. Eine Nacht ohne Sirenengeheul erlebten wir selten.«
(Frau W. Jg. 1923)

Diese Gefahr hat wahrscheinlich dazu beigetragen, dass die zu Kriegsbeginn sprunghaft gestiegenen Zuschauerzahlen 1944 rückläufig waren. Außerdem: In der Rüstungsindustrie betrug die Arbeitszeit mittlerweile 72 Wochenstunden, sodass den Menschen kaum noch Zeit blieb, um ins Kino zu gehen. Ein Teil der städtischen Bevölkerung war aufs Land evakuiert worden, wo es vielfach keine Kinos gab. In den Städten selbst waren viele Kinos zerstört. Auch der 1944 angeordnete verstärkte Einsatz alter Propagandafilme, derer die Kinobesucher überdrüssig geworden waren, hat sicherlich mit zu dem Rückgang der Zuschauerzahlen beigetragen[121].

»Kino hatten wir im Ort zwar, aber das wurde sehr selten im Krieg betrieben. Da gab es ab und zu mal einen Aufputschfilm, mit Marika Rökk und so. Und dann zwischendurch gab es auch mal Theaterveranstaltungen, aber das war sehr sparsam.«
(Herr P., Jg. 1925)

Die Schwierigkeiten der Filmproduktion während des Krieges zeigen sich sehr deutlich an dem Film »Große Freiheit Nr. 7«, dessen Dreharbeiten im März 1943 begonnen hatten. Da während der Dreharbeiten jedoch die Studios in Berlin durch einen Bombenangriff zerstört wurden, zog das Team ins besetzte Prag um, wo die gesamten Kulissen neu aufgebaut wurden. Auch die Außenaufnahmen in Hamburg gestalteten sich äußerst schwierig, weil große Teile der Stadt zerstört waren, die Trümmer jedoch nicht im Film zu sehen sein durften. Nachdem der Film schließlich fertiggestellt worden war, wünschte Goebbels verschiedene Änderungen, sodass er nicht freigegeben wurde und erst nach Kriegsende in Deutschland gezeigt werden konnte. Unter der Regie von Helmut Käutner spielten in diesem sehenswerten Streifen Hans Albers, Ilse Werner, Hans Söhnker, Gustav Knuth und Günther Lüders. Über den Film hinaus sind die von Hans Albers gesungenen Schlager »Auf der Reeperbahn nachts um halb eins«, »La Paloma« und »Beim ersten Mal, da tut's noch weh« (im Duett mit Hilde Hildebrand) bekannt.

Ab 1943/44 wurde die Filmproduktion zunehmend in ländliche Regionen verlegt, die keine Zerstörungen aufwiesen und vor Bombenangriffen relativ sicher waren. Auch die Filmcrew war während der Dreharbeiten sicher, nicht zum Kriegsdienst abkommandiert zu werden. Da vielen von ihnen nach Beendigung der Produktion jedoch die Einberufung

120 www.br-online.de/bayern-heute/thema/kriegsende/alltag-nacht.xml
121 Kreimeier, K.: a. a. O., S. 419

zur Front drohte, versuchten die Beteiligten häufig die Fertigstellung des Films hinauszuzögern. Dass dieses Bemühen leider nicht immer erfolgreich war, zeigt die Entstehung einer der schönsten Deutschen Komödien »Die Feuerzangenbowle« mit Heinz Rühmann nach dem gleichnamigen Roman von Heinrich Spoerl (der 1934 schon einmal unter dem Titel »So ein Flegel« mit einer abgewandelten Handlung, die Heinz Rühmann in einer Doppelrolle zeigte, verfilmt wurde). Nach Fertigstellung wurde der Film zunächst wegen der Darstellung der Lehrer und der damit verbundenen *»Respektlosigkeit gegenüber Autoritäten«*[122] verboten, doch Rühmann erreichte durch persönliche Intervention im Führerhauptquartier die Freigabe des Films. Als die Premiere im Januar 1944 schließlich stattfinden konnte, war ein Teil der jugendlichen Darsteller bereits an der Front gefallen.

»Bis in die letzten Kriegstage setzten die deutschen Filmkonzerne die Herstellung lebensfroher und ferienseliger Filme fort. Allerdings gelangten nur noch wenige dieser Produktionen zur Uraufführung. So überwiegen in der Ufa-Produktion von 1944/45 solche Filme, die vor dem Zusammenbruch des NS-Regimes nicht mehr vollendet wurden, sowie die sogenannten »Überläufer«, die, obschon noch von der NS-Filmprüfstelle zensiert, erst nach dem Krieg in die Kinos kamen.«[123]

Zu den »Überläufern« gehörte auch der Film »Unter den Brücken« von Helmut Käutner mit Hannelore Schroth, Carl Raddatz, Gustav Knuth und der damals noch völlig unbekannten 18-jährigen Hildegard Knef, der in Deutschland erst 1950 uraufgeführt wurde.

Neben den bereits genannten Filmen sind aus den Produktionen während des Zweiten Weltkriegs noch folgende Streifen für eine Vorführung im Heim geeignet:

- »Kora Terry« (1940), Regie: Georg Jacoby, mit Marika Rökk, Josef Sieber und Will Quadflieg. Marika Rökk singt darin die Lieder »Wenn es Frühling wird« und »Für eine Nacht voller Seligkeit« des Komponisten Peter Kreuder
- »Der Gasmann« (1941) mit Heinz Rühmann und Gisela Schlüter
- »Quax, der Bruchpilot« (1941) mit Heinz Rühmann und dem Lied »Heimat, deine Sterne«
- »Wir machen Musik« (1942) von Helmut Käutner mit Viktor de Kowa und Ilse Werner sowie den Schlagern: »Wir machen Musik«, »Ich hab dich und du hast mich«, »Wann wirst du wieder bei mir sein?« und »Mein Herz hat heut Premiere« (Musik: Peter Igelhoff und Adolf Steimel, Text: Helmut Käutner)
- »Akrobat schö-ö-ön« (1943), das Regiedebüt von Wolfgang Staudte mit dem Clown Charlie Rivel und Karl Schönböck
- »Damals« (1943) mit Zarah Leander, die darin die Lieder »Jede Nacht ein neues Glück« und »Einen wie dich könnt ich lieben« singt. (Es war übrigens Zarah Leanders letzter Film für die Ufa, bevor sie in ihre Heimat Schweden zurückkehrte. In den 1950er Jahren drehte Zarah Leander zwar wieder einige Filme in Deutschland, konnte aber an ihre großen Erfolge nicht mehr anknüpfen.)

---

122 www..dhm.de/lemo/html/biografien/RuehmannHeinz/index.html
123 Kreimeier, K.:a.a.O., S. 414

- »Romanze in Moll« (1943) von Helmut Käutner mit Marianne Hoppe, Paul Dahlke, Ferdinand Marian und Elisabeth Flickenschildt
- »Peter Voss, der Millionendieb« (1945) mit Viktor de Kowa, Karl Schönböck, Else von Möllendorf und Georg Thomalla wurde erst im September 1946 uraufgeführt und ist somit ein »Überläufer«.

3.3 Literatur

Natürlich gab es auch während des Krieges Literatur: ideologiebefrachtete nationalsozialistische Bücher und kriegsverherrlichende Schriften ebenso wie Unterhaltungs- und Trivialliteratur, aber auch Autoren, die die ihnen verbliebenen Freiräume zu nutzen suchten. Die Grenzen sind dabei oft schwierig zu ziehen, denn jeder, der in Deutschland noch publizieren wollte, musste Kompromisse eingehen.

Wegen des Krieges wurden den Verlagen bereits *»seit Oktober 1939 Papierkontingente zugeteilt. Damit gab es eine weitere Zensurmöglichkeit, um missliebige Verlage und Autoren auszuschalten. Wer kein Papier erhielt, konnte auch keine Bücher veröffentlichen. Diese Situation verschärfte sich noch während des Krieges. Bereits 1941 war eine Gründungssperre für neue Verlage erlassen worden; ab Januar 1943 wurden Verlage komplett geschlossen, wenn sie nicht irgendeinen Nutzen für die NS-Kulturbürokratie, die Partei oder die Wehrmacht hatten. Mit der Vergabe von Dringlichkeitsstufen ab dem 01. Januar 1944 wurde die stark rückläufige Buchproduktion noch einmal eingeschränkt. Die sicherste Methode, um das überlebenswichtige Papier zu erhalten, waren Aufträge für die Wehrmacht.«*[124] Allein der Bertelsmann Verlag publizierte über 20 Millionen Bücher für die Wehrmacht, darunter zahlreiche »Klassiker«.

Insgesamt bleibt jedoch festzuhalten, dass es in dieser Zeit keine Neuerscheinungen in Deutschland gab, die für das Thema »Kulturarbeit im Heim« von tiefer gehendem Interesse sein könnte.

3.4 Kabarett und Varieté

Wie schon in dem Kapitel über »Kabarett und Varieté« in der Zeit zwischen 1933 und 1939 beschrieben (siehe Seite 84), wurde die blühende deutsche Kabarettszene von den Nazis zerschlagen. Es gab nur sehr wenige Kabarettisten von Rang, die während dieser Zeit noch gelegentlich auftreten durften. Der bekannteste davon ist Werner Finck, der nach 1933 mehrfach verhaftet wurde, zwischenzeitlich jedoch immer wieder einmal spielen durfte. Anfang 1939 erhielt er dann das endgültige Auftrittsverbot, verbunden mit dem Ausschluss aus der Reichskulturkammer. *»Um weiteren Repressionen zu entgehen, meldete er sich freiwillig zur Wehrmacht.«*[125]

---

124 Sarkowicz, H.; Mentzer, A.: a.a.O., S. 45
125 a.a.O., S. 158

Was blieb, war oberflächliche und unpolitische Unterhaltung. Auch Varietéaufführungen und Musikrevuen existierten während des Krieges zunächst noch weiter, bis auch deren Spielbetrieb am 1. September 1944 vollständig eingestellt wurde.

3.5 Musik

Im Laufe des Krieges stieg der Anteil der Unterhaltungsmusik am Rundfunkprogramm zunehmend an (und erreichte bis 1943 70 Prozent[126]). Gleichzeitig wurde mit der »Verordnung über außergewöhnliche Rundfunkmaßnahmen« vom 1. September 1939 das Hören ausländischer Sender, so genannter »Feindsender« verboten. Trotzdem hörten Teile der Bevölkerung heimlich den englischen Rundfunksender BBC, die Stimme Amerikas, Radio Luxemburg oder auch Radio Moskau. Diese Sender strahlten Nachrichten in deutscher Sprache aus und dienten ihren Hörern dazu, sich unabhängig von der Nazipropaganda über den Kriegsverlauf zu informieren.

»Mein Vater war ein Gewerkschaftsmann, der war Maurerpolier bei einem Baubetrieb und war immer schon in der Gewerkschaft. Und er hatte – wie sich dann nachträglich nach dem Krieg aber erst herausgestellt hat, da hat er uns das erst gestanden – eine Gruppe in der Verwandtschaft, zwei oder drei Onkels, das waren Sozialdemokraten, die haben sich immer getroffen und haben diskutiert, mehr konnten sie ja auch nicht machen. Aber ausländische Sender gehört, wie sich dann auch herausgestellt hat. Und das ist charakteristisch: Das haben wir natürlich als Jungs nicht gemerkt. Sie haben Riesenangst gehabt, dass wir etwas erfahren konnten davon, weil sie dann wussten, was ihnen geschieht, das war ja bekannt. Deshalb haben sie uns gegenüber das derart geheim gehalten, dass ich das gar nicht gemerkt habe. Die haben eine Riesenangst gehabt, dass das raus kommt.«
(Herr P., Jg. 1925)

Am 1. Oktober 1939 wurde im Rundfunk erstmals das »Wunschkonzert für die Wehrmacht« ausgestrahlt. Die musikalische *»Palette reichte von den Ungarischen Tänzen über Kinderchöre, Marschmusik und Symphonien – u. a. auch von Karajan dirigiert – bis zur Schlagermusik.«*[127] Das Wunschkonzert wurde zur erfolgreichsten Sendung des NS-Rundfunks, die jeden Sonntag von etwa der Hälfte der Bevölkerung gehört wurde. Eine der beliebtesten und meist gewünschten Schlager dieser Sendung war »Lili Marleen«, gesungen von Lale Andersen. Wie kein anderes Musikstück drückte dieses 1939 aufgenommene Lied die Sehnsucht der Soldaten und ihrer Angehörigen nach einem Wiedersehen aus. (Der Filmemacher Rainer Werner Faßbinder hat die Geschichte dieses Liedes 1981 in seinem Film »Lili Marleen« fiktiv nachgezeichnet.)

---

126 www.dhm.de/lemo/html/nazi/kunst/musik/index.html

127 Grün, R. von: Funktionen und Formen von Musiksendungen im Rundfunk, in: Heister; Klein (Hrsg.): a.a.O., S. 104

»Das ›Wunschkonzert für die Wehrmacht‹ war sehr beliebt. Die Soldaten waren ja alle an der Front und jeder hatte Gedanken gehabt, geht's dem Kind noch gut.«
(Frau G., Jg. 1918)

Dem »Ernst der Lage« entsprechend wurden in Deutschland kurz nach Kriegsbeginn Tanzveranstaltungen verboten. *»Das allgemeine Verbot musste jedoch gelockert und zeitweise ganz aufgehoben werden, weil die Wehrmachtsführung Tanzunterhaltungen für Soldaten als ›kriegswichtig für die Kampfkraft‹ einstufte.«*[128] Auch ein erneutes Tanzverbot 1941 wurde nicht einheitlich befolgt. Erst nach der militärischen Niederlage in Stalingrad 1943 wurde das Verbot strikt umgesetzt.

»Während des Krieges war ich in Kärnten und dort war, wie der Volksmund sagt, der ›Dorfbums‹. Es war eine Minikapelle, eine Geige und zwei andere Instrumente, die aber ausreichten. Und man tanzte überwiegend die alten Tänze: Walzer, Polka, Tango.«
(Frau H., Jg. 1919)

»Später ist in unserem Heimatort ein großes Hotel eröffnet worden und die hatten zum Kaffee und zum Tee Tanzveranstaltungen angeboten. ›Tanztees‹ haben sie das genannt, nachmittags und abends war das gewesen, so lange, bis der Krieg ausgebrochen ist, dann ist das abgestellt worden. Da hat es geheißen: ›Wir tanzen und die Männer stehen an der Front.‹«
(Frau G., Jg. 1918)

»1940 sind wir extra an Weihnachten zum Tanzen nach Stettin gefahren, ins ›Ufa-Café‹. Über Weihnachten war das Tanzen ausnahmsweise erlaubt. Auf der Karte stand: ›Wir dürfen wieder tanzen, aber wir tanzen keine Niggertänze.‹ Da ging es eben etwas langsamer zu.«
(Herr C., Jg. 1920)

Bis 1941 gab es den Geschäften sogar noch amerikanische Jazzplatten zu kaufen, die allerdings den Kunden nicht mehr vorgespielt werden durften. Auch die deutsche Unterhaltungs- und Tanzmusik dieser Epoche bediente sich vielfach weiterhin Jazzelementen. Verschiedene Orchester, wie beispielsweise Teddy Stauffer und die Teddies, spielten ungeachtet des offiziellen Verbots amerikanische Jazzmusik. Teddy Stauffer verschwieg dabei die Komponisten und ersetzte die Titel der Musikstücke einfach durch deutsche Fantasienamen.

128 de.wikipedia.org/Tanzverbot#Tanzverbot_im_Nationalssozialismus_nach_Kriegsbeginn

Der Frankfurter Jazzmusiker Emil Mangeldorff verfuhr in gleicher Weise: »*Wir mussten aufpassen, dass wir auf der Bühne nicht die Namen der Lieder sagten. Und so wurde zum Beispiel aus ›Tiger Rag‹ die ›Löwenjagd im Taunus‹, aus ›St. Louis Blues‹ die ›St. Ludwig Serenade‹ und aus ›Everything like you‹ ›Dreimal sechs ist achtzehn‹.*«[129]

Während der Großteil der Jugendlichen in den nationalsozialistischen Jugendverbänden (zwangs-)organisiert war, bildeten sich in Großstädten, vor allem in Hamburg und Berlin, Jugendcliquen, die von den Verfolgungsbehörden als »Swingjugend« bezeichnet wurden. Sie »*zeichneten sich durch einen bewusst internationalen und weltstädtischen Lebensstil aus, der sich an amerikanischen und englischen Moden orientierte. Die Jugendlichen trugen oft längere Haare, karierte Sakkos, Hut und Regenschirm und trafen sich in Cafés oder Clubs, um den bei den Nationalsozialisten verrufenen Swing zu hören. Ihre Abgrenzung gegenüber dem normierten Alltag zeigte sich auch in der bewussten Verwendung von Anglizismen.*«[130] Sie schwärmten für die großen amerikanischen Jazzmusiker dieser Zeit, wie Louis »Satchmo« Armstrong, Duke Ellington, Count Basie, Glenn Miller, Benny Goodman, Tommy Dorsey und Artie Shaw. Besonders beliebt waren die Jazzstücke »Tiger Rag« und »St. Louis Blues« von Louis Armstrong, »Goody Goody« von Benny Goodman und »In the mood« von Glenn Miller. »*Als der Kauf von Jazz- und Swingplatten in den Schallplattenläden immer schwieriger wurde, schnitten sie Swingmusik von ausländischen Sendern wie BBC mit und pressten sie auf Tonfolien, die dann illegal an den Schulen gehandelt wurden.*«[131]

Manche »Swingkids« hörten aber nicht nur Jazzmusik, sondern gründeten auch eigene Bands. Auf Swingparties wurde zur Jazzmusik getanzt: »*Eine bekannte Tanzfigur war zum Beispiel das Mitswingen des Taktes bei träge emporgereckter, müde wirkender Hand und ausgestrecktem Zeigefinger oder gespreiztem Zeige- und Mittelfinger (Churchills Victory-Zeichen), die als ›Zerrbild der straffen Unterwerfungsgeste‹ den deutschen Gruß ins Gegenteil verkehrte und eine gefährliche Provokation darstellte, da ein Verunglimpfen hoher Persönlichkeiten schwer bestraft wurde.*«[132] Die Polizei ging daher teilweise mit brutaler Gewalt gegen Veranstaltungen wie Swingparties vor, sodass die Jugendlichen ihrer Leidenschaft zunehmend heimlich im privaten Rahmen frönen mussten.

Wie die Aussage von Emil Mangelsdorff zeigt, wurde die Musik mancherorts aber auch von den Machthabern geduldet: »*Wir spielten damals in der ›Rokoko-Diele‹. Ein Gestapo-Mann saß immer im Publikum. Ich werde oft gefragt: Warum verboten die Nazis nicht, was wir spielten? Ich glaube, weil sie uns so immer zusammen hatten und besser kontrollieren konnten.*«[133]

Die Swingjugend an sich war keine politische Oppositionsbewegung, sondern die Jugendlichen versuchten sich zunächst lediglich in teilweise provozierender Weise von der beste-

[129] vom Autor aufgezeichnete mündliche Aussage bei einem »Gesprächskonzert« des Emil Mangelsdorff Quartetts am 12.03.2007 im Bikuz Höchst in Frankfurt am Main
[130] www.dhm.de/lemo/html/nazi/widerstand/swing/index.html
[131] www.return2style.de/swheinis.htm
[132] www.return2style.de/swheinis.htm
[133] vom Autor aufgezeichnete mündliche Aussage bei einem »Gesprächskonzert« des Emil Mangelsdorff Quartetts am 12. März 2007 im Bikuz Höchst

henden Uniformität abzugrenzen. Erst die Verfolgung durch den Staatsapparat politisierte Teile der Swingjugend.

Einen Beleg dieser politischen Haltung liefert der Frankfurter Anti-Faschist Wolfgang Breckheimer (Jg. 1926) auf seiner CD »Lieder der südhessischen Edelweißpiraten«. Dort heißt es in dem authentischen Spottlied »Im Hinterhaus«:

»Kamerun[134] ist 'ne schöne Stadt
vom Rebstock bis zur Gallus-Wart',
und was da dazwischen liegt
ist das große Jazz-Gebiet
Kurze Haare, große Ohren,
so ward die HJ geboren
und man hört an jeder Eck:
die HJ muss wieder weg.
Lange Haare, Tangoschritt,
da kommt die HJ nicht mit,
und man hört an jeder Eck:
die HJ muss wieder weg.«

Die seit Einführung des Tonfilms bestehende Vermarktung von Filmschlagern auf Schallplatten wurde fortgeführt. *»Allein die (Schallplattenfirma) Telefunken-Platte hatte Melodien von 150 Filmen in ihrem Hauptverzeichnis für 1939.«*[135] Neben den bereits in dem Kapitel über das »Kino« (siehe Seite 80) erwähnten Liedern, waren in dieser Zeit folgende Schlager erfolgreich:

- »Du bist zu schön, um treu zu sein« (aus dem Film: »Opernball«); Sänger: Eric Helgar (1940)
- »Die kleine Stadt will schlafen geh'n«; Sänger: Wilhelm Strienz (1940)
- »Wenn ein junger Mann kommt« (aus dem Film: »Frauen sind doch bessere Diplomaten«); Sängerin: Marika Rökk (1940)
- »Bei dir war es immer so schön«; Sängerin: Rosita Serrano (1941)
- »Du darfst mir nie mehr rote Rosen schenken«; Sängerin: Zarah Leander (1941)
- »Frühling in Wien«; Sängerin: Marika Rökk (1941)
- »Die ganze Welt dreht sich um dich« (aus dem Film: »Immer nur Du«); Sänger: Johannes Heesters und Dora Komar (1941)
- »Man müsste Klavier spielen können«; Sänger: Johannes Heesters (1941)
- »Die Reblaus« (aus dem Film: »Sieben Jahre Pech«); Sänger: Hans Moser (1941)
- »Sing ein Lied, wenn du mal traurig bist«; Sängerin: Ilse Werner (1941)
- »Sing, Nachtigall, sing« (aus dem Film: »Auf Wiedersehen, Franziska«); Sängerin: Evelyn Künneke (1941)
- »Durch dich wird Welt erst schön« (aus dem Film: »Karneval der Liebe«); Sänger: Johannes Heesters und Dora Komar (1942)

---

134 Kamerun ist die umgangssprachliche Bezeichnung eines Stadtteils von Frankfurt am Main

135 Martin Elste, Zwischen Privatheit und Politik, Die Schallplatten-Industrie im NS-Staat, in: Hanns-Werner Heister/Hans-Günter Klein (Hrsg.), a. a. O., S. 108

- »Ein Glück, dass man sich so verlieben kann« (aus dem Operette »Hochzeitsnacht im Paradies«); Sänger: Johannes Heesters (1942)
- »Jeder Spatz pfeift es vom Dach«; Sängerin: Ilse Werner (1942)
- »Wir werd'n das Kind schon richtig schaukeln«; Sänger: Hans Brausewetter, Heinz Rühmann, Josef Sieber (1942)
- »Capri-Fischer«; Sänger: Rudi Schuricke (1943) (Da die US Army 1943 bereits auf Capri gelandet war, wurde die Wiedergabe des Liedes im Rundfunk verboten, das daher erst nach dem Kriege zum Erfolg wurde.)
- »Heute macht die ganze Welt Musik für mich«; (aus dem Film: »Meine Frau Teresa«); Sängerin: Elfie Mayerhofer (1943)
- »In der Nacht ist der Mensch nicht gern alleine«; (aus dem Film: »Die Frau meiner Träume«); Sängerin: Marika Rökk (1943)
- »Ein kleines Lied«; Sänger: Sven Olof Sandberg (1943)
- »Überhaupt, was gehen denn uns die Sorgen an« (aus dem Film: »Wie einst im Mai«); Sänger: Hubert von Meyerinck (1943)
- »Kauf dir einen bunten Luftballon« (aus dem Film: »Der weiße Traum«); Sängerin: Alda Noni (1944)
- »Ein Stern ist vom Himmel gefallen« (aus dem Film »Es lebe die Liebe«); Sängerin: Lizzi Waldmüller (1944)

Während der Schlager trotz oder gerade wegen des Krieges eine weitere Blütezeit erlebte, setze sich der Niedergang der Operette hingegen fort. Wie bereits im vorherigen Kapitel erwähnt, durfte etwa die Hälfte des Operettenrepertoires aus rassistischen Gründen nicht mehr inszeniert werden. »Neben die rassische Begründung trat aber auch eine ästhetische: Der subversive Witz, der Spaß, die Kritik und das Lachen der einfachen Leute über die Großen da droben, die Erotik, die Laszivität – diese ganzen Dinge waren den Nazis suspekt und danach wurde es ersetzt.«[136] Die führende Operettenbühne in Deutschland dieser Zeit war das Metropoltheater in Berlin, dessen Direktor Heinz Hentschke pro Jahr mindestens eine Operette produzierte, die jedoch nicht nur die Funktion hatten, die Zuschauer von ihrem schweren Alltag abzulenken, sondern auch die nationalsozialistische Ideologie zu transportieren. »Kaum einer dieser Operetten hat den Sprung auf die deutschen Nachkriegsbühnen geschafft, einzige Ausnahme ist »Die Maske in Blau«, die noch am wenigsten mit Nazi-Ideologie befrachtet ist.«[137]

»Am Anfang vom Krieg wurden in einer Gastwirtschaft Operetten aufgeführt, das war schön gewesen. Aber als dann der Krieg immer schlimmer geworden ist, ist das eingestellt worden, dann haben wir gar nichts gehabt, auch weil wir keine Gedanken dafür gehabt haben.«
(Frau G., Jg. 1918)

---

136 www.operundtanz.de/archiv/2005/03/kupo-operette.shtm

137 Ingrid Grünberg, »Wer sich die Welt mit einem Donnerschlag erobern will ...«, Zur Situation und Funktion der deutschsprachigen Operette in den Jahren 1933 bis 1945, in: Hanns-Werner Heister/Hans-Günter Klein (Hrsg.), a. a. O., S. 235

»Es wurde natürlich jede Operette angesehen. Als der Krieg dann angefangen hatte, dann kamen gelegentlich schon mal Operettendarstellungen, die wurden dann im ›Stern‹ aufgeführt, das war ein Gasthof mit einer Bühne und einem Zuschauerraum – für heutige Verhältnisse natürlich recht primitiv alles und in einem kleinen Umfang – aber das gab es schon, aber das hatte natürlich auch Seltenheitswert. Das war ein Ereignis, es gab ja sonst nichts. Tanzveranstaltungen gab es überhaupt nicht. Während des Krieges war alles tot.« (Herr P., Jg. 1925)

Mit der Intensivierung der Luftangriffe der Alliierten wurden auch zahlreiche Bühnen zerstört. Nachdem Goebbels am 25. Juli 1944 zum Reichbevollmächtigten für den totalen Kriegseinsatz ernannt worden war, versuchte er, die letzten personellen Reserven für den Kriegseinsatz zu mobilisieren. Die UK- (= unabkömmlich) Stellung wehrfähiger Männer wurde daher überprüft, sodass auch viele Kunstschaffende noch zum Militärdienst eingezogen wurden. Zum 1. September 1944 mussten schließlich *»beinahe alle Theater, Kabaretts, Zirkusse, Schauspielschulen, Varietés, Kunstausstellungen und Orchester … schließen. Die neun Rundfunkorchester blieben verschont – sie waren zu wichtig für den Propagandabetrieb.«*[138]

3.6 Theater

Nach Kriegsbeginn wurde das kulturelle Leben zunächst weitgehend uneingeschränkt fortgeführt. Die Auswahl der Stücke war jedoch von den politischen Bedingungen und der Kriegslage bestimmt; so kamen im Laufe des Krieges Autoren aus Staaten, die mit Deutschland verbündet waren, wie Spanien, Ungarn, Rumänien, Bulgarien oder Japan verstärkt zur Aufführung. Obgleich sich Deutschland mit England im Krieg befand, wurden – wenn auch mit Einschränkungen – englische Autoren, insbesondere Shakespeare und Georg Bernhard Shaw weiter gespielt. Dies hatte auch propagandistische Gründe, da das Regime damit der Welt seine angebliche Toleranz zu beweisen suchte.

Bereits 1937 entstanden die ersten »Soldatenbühnen«; dabei handelte es sich um Wandertheater mit Berufsschauspielern, die für die Truppenbetreuung zuständig waren. Nach Kriegsbeginn kamen so genannte »Fronttheater« hinzu, die mit Aufführungen an bzw. hinter der Front die kämpfenden Soldaten bei Laune halten sollten. Auch stehende Theater unternahmen Frontreisen. In den besetzten Gebieten wurden Theater übernommen oder auch neu aufgebaut, die ebenfalls für die Wehrmachtsangehörigen, teilweise aber auch für die einheimische Bevölkerung spielten. Doch nicht alle Soldaten kamen damit in Berührung.

[138] Jan Ogiermann, rbb-online, zitiert nach www.kriegsende.ard.de

»Truppenbetreuung habe ich gar nicht kennengelernt, das überhaupt nicht. Ob das damit zusammenhing, das wir hin und her geworfen wurden? Wir waren immer in Sondereinsätzen und sollten da noch was retten.«
(Herr P., Jg. 1925)

Neben den Juden wurde im »Altreich« auch den ausländischen Zwangsarbeitern der Besuch von Theater- und Musikveranstaltungen verboten.

Noch in seiner Rede zum »totalen Krieg« 1943 wies Goebbels darauf hin, dass Theater, Kinos und Musiksäle in Betrieb bleiben sollten. *»Trotz der furchtbaren Situation, trotz der Bombenangriffe und der Rückzüge an den Fronten, konnte man in den deutschen Zeitungen von langen Menschenschlangen lesen, die sich vor Konzertsälen, Theater- und Kinokassen drängten. Es waren meistens Menschen, die sich aus dem allzu grauen Alltag in die Welt der Illusion flüchteten.*[139] Da durch die Luftangriffe zahlreiche Theater und Spielstätten zerstört waren, wurden diese oft schnell wieder notdürftig hergerichtet oder die Vorstellungen wurden ausgelagert. Der Schauspieler und Regisseur Viktor de Kowa berichtet über diese Zeit: *»Im November (1943) waren fast alle Theater Berlins beschädigt und nicht mehr bespielbar. Aber wir wurden weiter eingesetzt! In Sälen und Bunkern.«*[140] Je prekärer die Lage wurde, desto mehr Bühnenschaffende versuchten sich durch Engagementwechsel, Ausreiseanträge oder Flucht der lebensbedrohlichen Situation zu entziehen. Das Propagandaministerium reagierte darauf mit Verweisen, Geldstrafen, aber auch dem Ausschluss aus der Reichskulturkammer und der Aberkennung der UK (= unabkömmlich) – Stellung, was zugleich die Einberufung zur Wehrmacht bedeutete.

Wie schon zuvor beschrieben, wurden schließlich am 01.09.1944 alle Theater in Deutschland geschlossen. Die noch nicht vollständig zerstörten und somit bespielbaren Theaterbauten wurden teilweise als Kinos genutzt. »Das Ende der Theater war hingegen vollständig: Nicht einmal für die Truppenunterhaltung blieben Ensembles bestehen.«[141]

3.7 Bildende Kunst

»Mit Beginn des Zweiten Weltkriegs schoben sich soldatische Helden- und Schlachtengemälde gegenüber den herkömmlichen Genres der NS-Kunst in den Vordergrund.«[142] Auch wurde noch bis 1944 jährlich in München die »Große Deutsche Kunstausstellung« gezeigt.

Doch auch für die Bildende Kunst bleibt zu konstatieren, dass die Zeit des Nationalsozialismus einen Stillstand darstellte und keinerlei bleibenden Werke hervorbringen konnte.

[139] Boguslaw Drewniak, a.a.O., S. 344
[140] zitiert nach Drewniak, a.a.O., S. 344
[141] Jan Ogiermann, rbb-online, zitiert nach www.kriegsende.ard.de
[142] www.dhm.de/lemo/html/wk2/kunst/index.html

4 Die Nachkriegszeit (1945–1949) mit einem Ausblick auf die 1950er Jahre

4.1 Politik und Alltag

Nach seiner Kapitulation wurde Deutschland von den Siegermächten in vier Besatzungszonen aufgeteilt, die den USA, England, Frankreich und der Sowjetunion unterstellt waren. Die östlichen Gebiete des ehemaligen Deutschen Reiches jenseits der Oder-Neiße-Grenze wurden abgetrennt und unter polnische und sowjetische Verwaltung gestellt. Die Hauptstadt Berlin sollte – in vier Sektoren geteilt – gemeinsam verwaltet werden. Alle Deutschland als Ganzes betreffenden Angelegenheiten unterstanden der Regierungsgewalt des »Alliierten Kontrollrats«. Im »Potsdamer Abkommen« einigten sich die Siegermächte u. a. auf die Bestrafung der Kriegsverbrecher, eine Entnazifizierung der Bevölkerung sowie die Entmilitarisierung und Demokratisierung Deutschlands.

Am 20. November 1945 begann in Nürnberg der Prozess gegen die Hauptkriegsverbrecher. Weitere Verfahren, wie der »Ärzteprozess« gegen die Verantwortlichen der von den Nationalsozialisten durchgeführten Menschenversuche und der euphemistisch als »Euthanasie« bezeichneten Ermordung behinderter Menschen folgten. Die Entnazifizierung der Bevölkerung wurde in der Sowjetischen Besatzungszone (SBZ) am konsequentesten durchgeführt. Eines der Ziele der Entnazifizierung bestand darin, »alle ehemaligen Nazis aus dem öffentlichen Leben und der Wirtschaft zu entfernen«.[143] Insbesondere bei Fachleuten und Spezialisten, die für den Wiederaufbau Deutschlands benötigt wurden, mussten jedoch vielfach Zugeständnisse gemacht werden, sodass in manchen Behörden und Institutionen »die alten Nazis« sehr schnell wieder zu Einfluss und Macht gelangen konnten.

In Folge des Zweiten Weltkriegs lagen weite Teile Deutschlands in Trümmern. Von den Zerstörungen waren insbesondere die Großstädte betroffen. Etwa 20 Millionen Menschen waren obdachlos. *»Noch Ende 1946 stehen für 14 Millionen Haushalte nur 8 Millionen Wohnungen zur Verfügung.«*[144] Mehrere Familien mussten sich daher oft eine Wohnung teilen. Auch große Teile der Infrastruktur waren zerstört. Die Menschen mussten vielfach ohne Wasser, Strom und Gas auskommen, der Post- und Bahnverkehr war zusammengebrochen, etwa die Hälfte der Verkehrswege nicht mehr nutzbar. Die Versorgung mit Nahrungsmitteln gestaltete sich vor allem in den Städten äußerst problematisch. Die ohnehin prekäre Situation verschärfte sich durch ca. 10 Millionen Flüchtlinge und Vertriebene, die aus den ehemaligen deutschen Ostgebieten vor allem in die westlichen Besatzungszonen strömten. *»Der Alltag der Deutschen war von Hoffnungslosigkeit und Erschöpfung, von Apathie und der Sorge um vermisste Angehörige bestimmt. Die Sieger fanden*

143 Benz, W. (1998): Demokratisierung durch Entnazifizierung und Erziehung, in: Bundeszentrale für politische Bildung (Hrsg.), Informationen zur politischen Bildung 259, Deutschland 1945–1949, Besatzungszeit und Staatengründung. Bonn, S. 26

144 www.dhm.de/lemo/html/Nachkriegsjahre/DasEndeAlsAnfang/index.html

unterwürfige und abgestumpfte Menschen vor, die sich auf den Straßen nach ihren Zigarettenkippen bückten, um die Tabakreste zu Ende zu rauchen.«[145]

»Über 400 Millionen Kubikmeter Schutt müssen weggeräumt werden. Unter den Trümmern liegen vielfach noch die Leichen von Verschütteten; es drohen Seuchen.«[146] Da viele Männer im Krieg gefallen waren, verwundet wurden, als vermisst galten oder in Kriegsgefangenschaft geraten waren, trugen bei der Beseitigung der Trümmer die Frauen (die sogenannten »Trümmerfrauen«) die Hauptlast.

Die Versorgungslage, insbesondere mit Lebensmitteln und Kohle, verschärfte sich durch den strengen Winter 1946/47 weiter. Die Lebensmittelrationen mussten auf bis zu 1.000 Kalorien gekürzt werden (zum Vergleich: 1936 hatte der Völkerbund den täglichen Bedarf eines Menschen auf 3.000 Kalorien festgelegt). Die notleidende Stadtbevölkerung versuchte sich mit »Hamsterfahrten« aufs Land über Wasser zu halten oder auf dem Schwarzmarkt die verbliebenen Habseligkeiten gegen Lebensmittel zu tauschen. Um den hungernden Menschen zu helfen, verschickte die US-Hilfsorganisation »Care« Lebensmittelpakete für die Bevölkerung in der amerikanischen Zone.

Als Reparationen, aber auch um eine mögliche militärische Wiederaufrüstung Deutschlands von Anfang an zu verhindern, wurden vor allem in der Sowjetischen und Französischen Besatzungszone Industrieanlagen und Maschinen demontiert und abtransportiert. Dies trug zu einer weiteren Verschlechterung der Versorgungslage bei.

Politische Parteien waren bereits kurz nach Kriegsende in der Sowjetischen Besatzungszone, später auch in den anderen Zonen unter Auflagen wieder zugelassen worden. Nachdem 1946 die Länder neu gebildet worden waren, wurden dort 1946/47 die ersten Wahlen durchgeführt.

Zwischen der Sowjetunion einerseits und den USA, England und Frankreich andererseits zeigten sich schon früh ideologische Gegensätze über die künftige Gestaltung Deutschlands, die letztlich zum so genannten »Kalten Krieg« führten. Die Sowjetunion wollte Deutschland nach kommunistischen Prinzipien entwickeln; Großgrundbesitz wurde daher enteignet, Industriebetriebe und Banken verstaatlicht. Die westlichen Besatzungsmächte wollten Deutschland hingegen in eine parlamentarische Demokratie führen. Insbesondere die USA strebten die wirtschaftliche Unabhängigkeit Deutschlands an, das nicht in ein »Armenhaus« (so der amerikanische Außenminister James Byrnes 1946) verwandelt werden dürfe. Die USA und England beschlossen daher ab 1947 ihre Besatzungszonen zu einer Bizone, dem »Vereinigten Wirtschaftsgebiet« (dem später auch Frankreich beitrat) zu vereinigen, das sukzessive eine ökonomische Unabhängigkeit erlangen sollte. *»Ihren sichtbarsten Ausdruck findet die amerikanische Hilfe dann in dem im Juli 1947 verkündeten Marshallplan. Die im Rahmen dieses Hilfsprogramms für die westlichen Besatzungszonen bereitgestellten Gelder sind ein wichtiger Impuls für den raschen wirtschaftlichen Wiederaufbau der*

145 Benz, W.: a. a. O., S. 6
146 www.dhm.de/lemo/html/Nachkriegsjahre/DasEndeAlsAnfang/kriegszerstoerung.html

späteren Bundesrepublik Deutschland.«[147] Da die Sowjetunion den Marshallplan ablehnte, trug er nach Ansicht vieler Historiker jedoch auch mit zur späteren Teilung Deutschlands bei.

In den westlichen Besatzungszonen wurde am 20. Juni 1948 mit der Währungsreform die D-Mark eingeführt und zugleich die Marktwirtschaft als Wirtschaftsordnung etabliert. Als Reaktion auf die Währungsreform führte die Sowjetunion drei Tage später auch in ihrer Zone eine Währungsreform durch. Aufgrund des Streites zwischen den Westmächten und der Sowjetunion, welche Währung in Berlin gelten sollte, versuchten die sowjetischen Besatzungsbehörden Berlin zu isolieren, in dem sie alle Straßen- und Bahnverbindungen in die Stadt sperrten. Die Amerikaner und Engländer reagierten darauf mit einer Luftbrücke: vom 24. Juni bis zur Beendigung der Blockade am 12. Mai 1949 wurde Berlin mit allen lebenswichtigen Gütern durch Flugzeuge versorgt.

Im Juli 1948 beauftragten die Militärgouverneure der drei Westmächte die Ministerpräsidenten der westlichen Länder mit der Ausarbeitung einer Verfassung. Trotz vielfacher Bedenken, dass damit eine Teilung Deutschlands manifestiert würde, erarbeitete ein »Parlamentarischer Rat« das »Grundgesetz für die Bundesrepublik Deutschland«, welches am 23. Mai 1949 verkündet wurde. Zur Hauptstadt der Bundesrepublik Deutschland wurde Bonn ernannt. Der erste Deutsche Bundestag wurde am 14. August 1949 gewählt. Die Regierungskoalition aus CDU/CSU und FDP wählte Konrad Adenauer zum ersten Bundeskanzler; der FDP-Vorsitzende Theodor Heuss wurde Bundespräsident.

Nachdem in der SBZ bereits zuvor ein Verfassungsentwurf erarbeitet worden war, wurde im März 1949 ein Volkskongress einberufen. Die Delegierten des Volkskongresses wurden durch eine Wahl im Mai bestätigt. Dabei stand allerdings nur eine Einheitsliste zur Wahl, die sich aus Vertretern der Parteien und Massenorganisationen zusammensetzte. Die 1946 aus der Zwangsfusion von SPD und KPD entstandene Sozialistische Einheitspartei Deutschlands (SED) war die dominierende politische Kraft. Auf dem Volkskongress konstituierte sich am 7. Oktober 1949 der »Zweite Deutsche Volksrat« als provisorische Volkskammer der Deutschen Demokratischen Republik (DDR). Zugleich wurde die Verfassung in Kraft gesetzt; (Ost-)Berlin wurde Hauptstadt der DDR. Die beiden SED-Vorsitzenden Otto Grotewohl und Wilhelm Pieck wurden zum Ministerpräsidenten bzw. zum Präsidenten der DDR gewählt. Mit der Gründung der beiden Staaten war die Teilung Deutschlands (bis zur Wiedervereinigung 1990) zementiert.

Ausblick auf die 1950er Jahre

Die Politik der Regierung Adenauer in der Bundesrepublik Deutschland war vom Ziel der Westintegration bestimmt. »Eine enge Anlehnung an die Weltmacht USA, die Aussöhnung mit Frankreich und eine zunehmende politische und wirtschaftliche Verflechtung mit den westeuropäischen Nachbarländern sind die entscheidenden Elemente.«[148] 1955 erhielt die Bundesrepublik weitgehend ihre Souveränität. Im gleichen Jahr wurde sie in

---

[147] www.dhm.de/lemo/html/Nachkriegsjahre/WiederaufbauUndWirtschaft/index.html

[148] Deutscher Bundestag, a.a.O., S. 369

das Militärbündnis NATO aufgenommen Auf die Wiederbewaffnung folgte 1956 die Einführung der allgemeinen Wehrpflicht.

Unter dem Wirtschaftsminister Ludwig Ehrhard und der von ihm proklamierten »Sozialen Marktwirtschaft« erlebte Westdeutschland einen starken wirtschaftlichen Aufschwung, der als »Wirtschaftswunder« in die Geschichtsbücher eingegangen ist. *»Mit jährlichen realen Zuwachsraten von 10 % steigt die Bundesrepublik binnen kürzester Zeit von einem eben noch schwer zerstörten und auch ökonomisch daniederliegenden Land zum drittgrößten Industriestaat der Erde auf.*[149] Infolge dieser Entwicklung verbesserte sich auch der Lebensstandard der Bevölkerung kontinuierlich. Nach den Entbehrungen der Kriegs- und Nachkriegszeit kam es zu einer regelrechten »Fresswelle«. Konsumgüter erlangten in der sich entwickelnden Wohlstandsgesellschaft immer mehr an Bedeutung. So wurde der Besitz eines Autos zunehmend zu einem Statussymbol. Ende der 1950er Jahre begann eine »Urlaubs- und Reisewelle«: Insbesondere Italien und Spanien wurden für viele Deutsche zu den bevorzugten Urlaubszielen. Die von den Gewerkschaften erkämpfte 5-Tage-Woche sowie der Übergang zur 40-Stunden-Woche brachten den Beschäftigten außerdem mehr Freizeit. Die boomende Wirtschaft garantierte Anfang der 1960er Jahre mit einer Arbeitslosenquote von ein Prozent im Prinzip eine Vollbeschäftigung.

In der DDR wurde hingegen die Sozialistische Zentralplanwirtschaft weiter fortgeführt. In (Fünf-) Jahresplänen wurden die Ziele der wirtschaftlichen Entwicklung definiert. Die Versorgungslage der Bevölkerung blieb jedoch unbefriedigend. Nachdem aufgrund einer Ernährungskrise die vorgegebenen Arbeitsnormen für die Beschäftigten um 10 Prozent erhöht wurden, kam es zu Demonstrationen, bei denen nicht nur die Revidierung der Vorgaben, sondern auch freie Wahlen gefordert wurden. Am 17. Juni 1953 wurde der »Volksaufstand« von der Volkspolizei mit Unterstützung des sowjetischen Militärs niedergeschlagen.

Obwohl »Republikflucht« unter Strafe gestellt war, verlassen *»zwischen der Staatengründung 1949 und dem Mauerbau 1961 … rund 2,7 Millionen Menschen von ursprünglich knapp 18 Millionen«*[150] die DDR. Da es sich bei den Flüchtlingen vielfach um gut qualifizierte Fachkräfte handelte, hatte dieser Exodus weitere negative Auswirkungen auf die wirtschaftliche Entwicklung der DDR.

Bereits 1950 war in der DDR das Ministerium für Staatssicherheit gegründet worden, das eine systematische Bespitzelung der Bevölkerung und die Verfolgung aller Oppositionellen veranlasste. Walter Ulbricht war als Generalsekretär (später als »Erster Sekretär«) des Zentralkomitees der SED der »starke Mann« im Staat, der gegenüber der Regierung über Weisungs- und Kontrollrechte verfügte.

1955 wurde die DDR in das unter Führung der Sowjetunion neu gegründete Militärbündnis »Warschauer Pakt« aufgenommen. Im gleichen Jahr erhielt sie von der Sowjetunion ihre formelle Souveränität.

---

[149] Deutscher Bundestag, a.a.O. S.377

[150] www.bpb.de/themen/90NHIE,0,0Nicht_mehr_mitmachen_Ausreise_als_Ausweg.html

4.2 Film

Nach dem Krieg waren nicht nur zahlreiche Kinos zerstört, sondern auch die Ateliers und Produktionsstätten waren aufgrund von kriegsbedingten Schäden oder Demontagen kaum noch nutzbar. Es herrschte außerdem ein eklatanter Mangel an Rohfilmmaterial.

Trotzdem bestanden in Westdeutschland und Westberlin noch etwa 1.150 bespielbare Filmtheater[151]; viele Kinos wurden notdürftig für den Spielbetrieb wieder hergerichtet. *»Ein Stück Holz oder Kohle für die Saalbeheizung sind als Eintrittspreis oft wichtiger als Geld.«* [152]

Deutsche Filme durften allerdings zunächst nicht mehr produziert werden. Dafür öffneten die Alliierten den Markt für ausländische Produktionen, insbesondere für amerikanische, englische und französische Filme. Vor allem die Amerikaner verbanden *»mit ihrer Filmpolitik propagandistische Interessen: die Bewohner des besetzten Territoriums sollten nicht zuletzt mit Hilfe von Filmen ›umerzogen‹ und in Mitglieder einer demokratisch gesitteten Gemeinschaft zurückverwandelt werden.*[153] Zu diesem Zweck wurden unmittelbar nach dem Krieg auch Dokumentarfilme über die unmenschlichen Gräuel in den Konzentrationslagern gezeigt.

> *»Im Januar 1946 kam ich über Beziehungen zum ›Allgemeinen Filmverleih‹, das war eine amerikanische Dienststelle, die den deutschen Filmstock verwaltete. Es wurden alte deutsche Filme gezeigt, die natürlich neutral sein mussten und synchronisierte amerikanische Filme.«*
> *(Herr C., Jg. 1920)*

Die erste Produktionslizenz vergab die Sowjetunion im Mai 1946 für den Film »Die Mörder sind unter uns« von Wolfgang Staudte mit Hildegard Knef und Ernst Wilhelm Borchert in den Hauptrollen, der sich mit der nationalsozialistischen Vergangenheit auseinandersetzte. Zeitgleich wurde in der Sowjetischen Besatzungszone mit der DEFA (Deutsche Filmaktiengesellschaft) die erste neue Produktionsfirma gegründet. Der erste Film unter britischer Lizenz war »In jenen Tagen« von Helmut Käutner (1946). Ein von den Amerikanern genehmigter Film entstand erst 1947 mit »Und über uns der Himmel«, in dem Hans Albers die Hauptrolle spielte. Auch diese beiden Filme gelten als »Trümmerfilme«, in denen die nationalsozialistische Vergangenheit und ihre Folgen kritisch thematisiert wurden. Dazu gehören auch die DEFA-Filme »Razzia« (1947 von Werner Klingler) und »Ehe im Schatten« (1947 von Kurt Maetzig) sowie die Zeitsatire »Berliner Ballade« (1948), mit Gert Fröbe als »Otto Normalverbraucher«. Insgesamt entstanden in Westdeutschland zwischen 1946 und 1948 28 neue Filme; die DEFA erstellte in dieser Zeitspanne 14 Produktionen.

---

151 Kreimeier, K.: a. a. O., S. 430

152 www.dhm.de/lemo/html/Nachkriegsjahre/HungerNachKultur/film.html

153 Kreimeier, K.: a. a. O., S. 435

Ausblick auf die 1950er Jahre

In den 1950er Jahren gehörte der Kinobesuch in Westdeutschland zu den beliebtesten Freizeitbeschäftigungen. *»Der Werbeslogan ›Mach dir ein paar schöne Stunden – geh ins Kino‹ spiegelt die ausgeprägte Sehnsucht der Wiederaufbaujahre nach einer heilen Welt wider.«*[154]

Wie das folgende Zitat belegt, nahm aber natürlich nicht jeder am Filmboom teil:

»Ich bin 1950 nach Frankfurt gekommen, da bin ich wenig ins Kino gegangen, mal sonntags, aber wir hatten wenig Geld und die Kinder waren ja noch klein – da hatte ich auch keine Zeit mehr.«
(Frau K, Jg. 1915)

Zu den beliebtesten Genres in der Bundesrepublik zählte in dieser Zeit der »Heimatfilm«. Ausgelöst wurde die Welle 1950 von dem ersten deutschen Farbfilm, der nach 1945 gedreht wurde: »Das Schwarzwaldmädel« mit Sonja Ziemann und Rudolf Prack. Innerhalb von zwei Jahren sahen 16 Millionen Zuschauer diesen Film,[155] dessen Hauptdarsteller damit zum ersten »Traumpaar« des westdeutschen Nachkriegsfilms avancierten.

»1950 baute ich eine Filiale des ›Zentraleuropäischen Filmverleihs‹ auf. Bei der Arbeit habe ich Hans Söhnker, Heinz Rühmann und Ilse Werner kennengelernt. Auch Grethe Weiser und Helmut Käutner. Alle Mädchen waren verrückt nach Rudolf Prack, doch der war ein bisschen überheblich. Das war die schönste, wenn auch nicht die längste Zeit in meinem Leben.«
(Herr C., Jg. 1920)

Der Erfolg des »Schwarzwaldmädels« löste geradezu eine Serie von weiteren »Heimatfilmen« aus, wie

- »Grün ist die Heide« (1951), ebenfalls mit Sonja Ziemann und Rudolf Prack
- »Wenn die Abendglocken läuten« (1951), mit Willy Birgel
- »Wenn am Sonntagabend die Dorfmusik spielt« (1953), mit O.E. Hasse
- »Der Förster vom Silbertal« (diese österreichische Produktion aus dem Jahre 1955 besteht zu einem großen Teil aus Tier- und Landschaftsaufnahmen)
- »Die Mädels vom Immenhof « (1955), mit Heidi Brühl
- »Die Fischerin vom Bodensee« (1956), mit Marianne Hold
- »Die Christel von der Post« (1956), mit Hardy Krüger
- »Die Trapp-Familie« (1957), mit Ruth Leuwerik, Hans Holt und Josef Meinrad

---

[154] www.dhm.de/lemo/html/DasGeteilteDeutschland/JahreDesAufbausInOstUndWest/KulturellesLeben/kinozeit.html

[155] Barthel, M. (1986): So war es wirklich. Der deutsche Nachkriegsfilm. München/Berlin, S. 90

Es handelte sich dabei um reine Unterhaltungsfilme ohne nennenswerten Tiefgang, die den Zuschauern *»idyllische Wälder statt zerbombte Städte«*[156] präsentierten – und dies war vermutlich auch genau das, was das Publikum zur damaligen Zeit sehen wollte.

In Westdeutschland erfreuten sich neben dem »Heimatfilm« Anfang der 1950er Jahre noch weitere Genres großer Popularität: So gab es eine Welle von Soldatenfilmen, von denen

- »08/15« (1954), mit Joachim Fuchsberger, Helen Vita, Hans Christian Blech und Mario Adorf
- »Des Teufels General« (1955), nach dem Theaterstück von Carl Zuckmayer mit Curd Jürgens, für den dieser Film den internationalen Durchbruch bedeutete und
- »Der Arzt von Stalingrad« (1958), nach dem Roman des Bestsellerautors Heinz Konsalik mit O.E. Hasse, Eva Bartok und Mario Adorf die bekanntesten sein dürften.

»Der Kriegsfilm wurde das Gegenstück der Heimatfilme. So wie diese das Glück im Winkel, Bravheit und Keuschheit verherrlichten, so feierten die Kriegsfilme Tapferkeit und Tod fürs Vaterland. Verlogen alle beide«[157], lautet das vernichtende Urteil von Manfred Barthel über diese cineastischen Entwicklungen. Eine Ausnahme bildet dabei aber sicherlich der Anti-Kriegsfilm »Die Brücke« von Bernhard Wicki (1959, mit Fritz Wepper, Michael Hinz, Volker Lechtenbrink). Er beschreibt den sinnlosen Einsatz einiger Jugendlicher in den letzten Kriegstagen, die den Auftrag, eine bedeutungslos gewordene Brücke zu verteidigen, letztlich fast alle mit dem Leben bezahlen.

Auch gab es eine Welle von Arztfilmen, die von dem Kassenerfolg des Films »Dr. Holl« (1951, mit Dieter Borsche und Maria Schell) ausgelöst wurde. »Die große Versuchung« (1952, mit Dieter Borsche und Ruth Leuwerik) sowie »Sauerbruch – Das war mein Leben« (1954, mit Ewald Balser) sind weitere populäre Filme dieses Genres.

Des Weiteren entstand eine Serie von Schlagerfilmen, die weit bis in die 1960er Jahre hinein reichte. Beispiele aus den 1950er Jahren sind: »Liebe, Tanz und 1000 Schlager« (1955, mit Peter Alexander, Caterina Valente und Rudolf Platte), »Bonjour Kathrin« (1955, ebenfalls mit Peter Alexander und Caterina Valente), »Liebe, Jazz und Übermut« (1957, mit Peter Alexander und Bibi Johns), »So ein Millionär hat's schwer« (1958, mit Peter Alexander und dem großartigen Komiker Heinz Ehrhardt), »Freddy, die Gitarre und das Meer« (1959, mit Freddy Quinn).

Auch die sich in den 1950er Jahre langsam entwickelnde Jugendkultur schlug sich im Musikfilm nieder, wie z. B. in dem Streifen »Wenn die Conny mit dem Peter«, in dem der deutsche Rock'n Roller Peter Kraus und Cornelia Froboess agierten.

Der Komiker Heinz Ehrhardt (der auch Gedichte verfasste) hatte bis in die 1970er Jahre mit zahlreichen weiteren Filmen Erfolg. In die 1950er Jahren drehte er z. B. »Witwer mit

[156] www.dhm.de/lemo/html/DasGeteilteDeutschland/JahreDesAufbausInOstUndWest/KulturellesLeben/kinozeit.html

[157] Barthel, M.: a.a.O., S. 259

fünf Töchtern« (1957), »Immer die Radfahrer« (1958), »Der Haus-Tyrann« (1958) oder »Drillinge an Bord« (1959).

Weitere erfolgreiche Filme der 1950er Jahre in Westdeutschland waren:
- »Die Sünderin« (1950) mit Hildegard Knef. Der Film sorgte mit einer Szene, in der Hildegard Knef für einige Sekunden nackt zu sehen ist, für den ersten Skandal des deutschen Nachkriegskinos.
- »Maske in Blau« (1953), ein Operettenfilm mit Marika Rökk
- »Königliche Hoheit« (1954) nach dem Roman von Thomas Mann mit Ruth Leuwerik und Dieter Borsche
- »Ludwig II« (1954) mit O.W. Fischer, Ruth Leuwerik und Klaus Kinski
- »Ich denke oft an Piroschka« (1955) mit Lieselotte Pulver, Gunnar Möller und Gustav Knuth
- »Hanussen« (1955) mit O.W. Fischer, Klaus Kinski, Siegfried Lowitz und Lieselotte Pulver
- Die »Sissi-Trilogie«:
  - »Sissi« (1955)
  - »Sissi – Die junge Kaiserin« (1956)
  - »Sissi – Schicksalsjahre einer Kaiserin« (1957). In den aus Österreich kommenden Sissi-Filmen spielten u. a. Romy Schneider, Karl-Heinz Böhm, Magda Schneider, Gustav Knuth und Josef Meinrad.
- »Die Halbstarken« (1956) mit Horst Buchholz und Karin Baal. Dieser Film wurde zu einem »Kultfilm« der damaligen Jugend.
- »Der Hauptmann von Köpenick« (1956) mit Heinz Rühmann, Martin Held und Hannelore Schroth
- »Der Schinderhannes« (1958) nach dem Drama von Carl Zuckmayer mit Curd Jürgens und Maria Schell
- »Es geschah am helllichten Tag« (1958) nach einer Idee von Friedrich Dürrenmatt mit Heinz Rühmann, Gert Fröbe und Siegfried Lowitz
- »Das Wirtshaus im Spessart« (1958) mit Lieselotte Pulver, Carlos Thompson, Günther Lüders und Wolfgang Neuss
- »Der eiserne Gustav« (1958) mit Heinz Rühmann, Karin Baal und Ingrid van Bergen
- »Buddenbrooks« (1959) nach dem Erfolgsroman von Thomas Mann mit Liselotte Pulver, Nadja Tiller, Hans Jörg Felmy, Hanns Lothar und weiteren populären Schauspielern
- »Rosen für den Staatsanwalt« (1959) von Wolfgang Staudte mit Walter Giller, Martin Held, Ingrid van Bergen und Inge Meysel
- »Das Mädchen Rosemarie« (1959) mit Nadja Tiller, dem der authentische Fall der 1957 in Frankfurt am Main ermordeten Prostituierten Rosemarie Nitribitt zugrunde liegt.

»Der Frosch mit der Maske«, die erste Verfilmung eines Edgar-Wallace-Romans, kam 1959 in die Kinos. Es sind dort u. a. Joachim Fuchsberger, Eva Anthes, Siegfried Lowitz, Eva Pflug und Eddi Arent zu sehen. Aufgrund des großen Erfolges dieses Films wurden bis in die 1960er Jahre hinein weitere 31 Edgar-Wallace-Filme gedreht.

Aber auch zahlreiche ausländische Filme kamen beim westdeutschen Publikum gut an.

- »Der dritte Mann« (1949) nach der Erzählung von Graham Greene mit Joseph Cotten, Orson Welles und Paul Hörbiger
- »Endstation Sehnsucht« (1951) von Elia Kazan nach dem Drama von Tennessee Williams, mit Vivian Leigh und Marlon Brando, der durch diesen Film zum Weltstar wurde
- »African Queen« (1952) von John Huston mit Humphrey Bogart und Katherine Hepburn. Der Film kam allerdings erst sieben Jahre nach seiner amerikanischen Uraufführung in die deutschen Kinos[158].
- »Zwölf Uhr mittags« (1952), ein Western von Fred Zinnemann mit Gary Cooper und Grace Kelly
- »Don Camillo und Peppone« (1952) mit Fernandel und Gino Cervi
- »Du sollst mein Glücksstern sein« (1952), ein Musicalfilm, in dem Gene Kelly das Lied »Singing in the rain« (so auch der Originaltitel des Films) singt
- »Über den Dächern von Nizza« (1955) von Alfred Hitchcock mit Grace Kelly und Cary Grant
- »Jenseits von Eden« (1955) nach dem Roman von John Steinbeck, mit dem James Dean zu einem Idol der damaligen Jugend wurde.
- »Saat der Gewalt« (1955) mit Glenn Ford. Der Song »Rock around the clock« von Bill Haley and his Comets wurde zu einem großen internationalen Hit.
- »Das verflixte siebte Jahr« (1955) mit Marilyn Monroe
- »Und ewig lockt das Weib« (1956) von Roger Vadim mit Brigitte Bardot
- »Die Brücke am Kwai« (1957) mit William Holden und Alec Guinness
- »Zeugin der Anklage« (1958) von Billy Wilder mit Charles Laughton und Marlene Dietrich
- »Manche mögens heiß« (1959) von Billy Wilder mit Marilyn Monroe, Tony Curtis und Jack Lemmon
- Ben Hur (1959) mit Charlton Heston

Die Westdeutschen bekamen nun aber auch Filme zu sehen, die während des Nationalsozialismus nicht gezeigt werden durften Dazu gehörten Filmklassiker wie

- »Casablanca« mit Humphrey Bogart und Ingrid Bergmann (entstanden 1942; deutsche Erstaufführung 1952)
- »Vom Winde verweht« mit Vivien Leigh und Clark Gable (entstanden 1939; deutsche Erstaufführung 1953)
- »Der große Diktator« von und mit Charlie Chaplin (diese 1940 entstandene brillante Satire auf Adolf Hitler kam erst 1958 in die westdeutschen Kinos).

158 de.wikipedia.org/wiki/African_Queen

»Ich kam 1948 nach Frankfurt, da bin ich nur ab und zu ins Kino gegangen; da hatten wir noch nicht so viel Geld. Ganz in der Nähe hatten wir ein Kino, das gibt's schon lange nicht mehr. Aber später sind mein Mann und ich oft ins Kino gegangen. ›Die Brücke am Kwai‹ und was eben so die Filme waren.«
(Frau G., Jg.1918)

Wie in der Bundesrepublik gehört auch in der DDR der Kinobesuch in den 1950er Jahren zu den beliebtesten Freizeitvergnügen. Zu den größten Publikumserfolge zählten dort[159]:

- »Das kalte Herz« (1950) von Paul Verhoeven war zugleich der erste DEFA-Farbfilm
- »Die lustigen Weiber von Windsor« (1950) von Georg Wildhagen; ein Musikfilm nach dem gleichnamigen Lustspiel von William Shakespeare und der Oper von Otto Nicolai
- »Der Rat der Götter« (1950) von Kurt Maetzig
- »Der Untertan« (1951) von Wolfgang Staudte nach dem gleichnamigen Roman von Heinrich Mann
- »Frauenschicksale« (1952) von Slatan Dudow
- »Die Geschichte vom kleinen Muck« (1953) von Wolfgang Staudte nach dem Märchen von Wilhelm Hauff. Mit fast 13 Millionen Besuchern war dies der erfolgreichste Film in der Geschichte der DDR.
- »Alarm im Zirkus« (1954) von Gerhard Klein
- »Rauschende Melodien« (1955) von E. Wilhelm Fiedler nach der Operette »Die Fledermaus« von Johann Strauß
- »Das singende klingende Bäumchen« (1957), ein Kinderfilm von Francesco Stefani
- »Meine Frau macht Musik« (1958), ein Musikfilm von Hans Heinrich
- »Das Feuerzeug« (1959) von Siegfried Hartmann nach dem Märchen von Hans Christian Andersen

Die Besucherzahlen der Kinos waren in Deutschland seit 1946 kontinuierlich angestiegen und erreichten 1956 im Westen mit über 800 Millionen Zuschauern[160] ihren Höhepunkt. Danach waren die Kinobesuche rückläufig. Bis 1962 hatten sich die Besucherzahlen fast halbiert, sodass ein »Kinosterben« einsetzte. Diese Entwicklung stand in engem Zusammenhang mit der Ausbreitung des Fernsehens, das sowohl in der Bundesrepublik Deutschland wie auch in der DDR Ende 1952 seinen Betrieb (wieder) aufgenommen hatte. Das »Pantoffelkino« weitete sein Programmangebot in den folgenden Jahren kontinuierlich aus; zugleich wurde der Besitz eines Fernsehgeräts zunehmend zu einem Statussymbol. *»Im selben Zeitraum (von 1956 bis 1962) war die Zahl der Fernsehteilnehmer um mehr als das Zehnfach von rund 681.000 auf 7,2 Millionen gestiegen.«*[161]

[159] www.insidekino.com/DJahr/DDRAlltimeDeutsch.htm
[160] de.wikipedia.org/wiki/Deutsche_Filmgeschichte
[161] www.deutsches-filminstitut.de/hdf/cont_k_11.html

Doch nicht jeder war von dem neuen Medium begeistert:

»Ich habe nie einen Fernseher gehabt, weil ich eben lieber gelesen habe. Also da habe ich mehr davon gehabt.«
(Frau H., Jg. 1919)

4.3 Literatur

Nach dem Krieg war Papier zunächst Mangelware, dessen Zuteilung an die Verlage von den Besatzungsmächten ebenso bestimmt wurde wie die Vergabe der für die Buchproduktion benötigten Lizenzen.

In den Verlagsprogrammen fanden sich neben den »Klassikern« und ausländischen Schriftstellern, wie z. B. Ernest Hemingway, Graham Greene oder Jean Paul Sartre auch wieder die Bücher der vom NS-Regime verbotenen Autoren. So konnte der bereits 1943 in der Schweiz veröffentlichte Roman »Das Glasperlenspiel« von Hermann Hesse, der 1946 mit dem Literaturnobelpreis ausgezeichnet wurde, nun in Deutschland verlegt werden.

Junge Autoren verarbeiteten in ihren Werken ihre Erfahrungen während des Krieges und des Nationalsozialismus sowie die Problematik der Nachkriegszeit. Ein herausragendes Beispiel für diese als »Trümmerliteratur« bezeichnete Auseinandersetzung ist das Buch »Wanderer, kommst du nach Spa …« von Heinrich Böll. *»Mit* Trümmer *sind nicht nur die in Schutt und Asche liegenden Städte gemeint, sondern auch die zerstörten Ideale und Utopien, die Wirklichkeit des Krieges und die Erfahrungen zwischen Tod und Überleben innerhalb der Trümmer.«*[162]

In der deutschen Nachkriegsliteratur gab es zahlreiche Strömungen. Sie *»war auf vielfache Weise gespalten: ein Teil der Autoren bemühten sich um eine Verarbeitung der NS-Diktatur, ein anderer Teil um die Verdrängung; es bestand eine Kontroverse zwischen Innerer Emigration und Exilliteratur; bald vollzog sich auch eine politische Trennung mit der Etablierung der beiden deutschen Einzelstaaten.«*[163]

Zahlreiche Autoren waren aus der Emigration nach Deutschland zurückgekehrt. Viele davon, wie Bertolt Brecht, Stephan Hermlin, Anna Seghers, Stefan Heym, Arnold Zweig und Johannes R. Becher (der später Kulturminister der DDR wurde) siedelten sich aus politischer Überzeugung in der Sowjetischen Besatzungszone an. Thomas Mann, dessen Roman »Doktor Faustus« 1947 erschien, lehnte hingegen eine Rückkehr nach Deutschland ab.

[162] www.literaturwelt.com/epochen/nachkrieg.html
[163] www.literaturwelt.com/epochen/nachkrieg.html

1947 gründete Hans Werner Richter die bis in die 1960er Jahre in der Bundesrepublik für die Literaturszene bedeutsame »Gruppe 47«, ein loser Zusammenschluss von Autoren, die sich einmal jährlich zu einer Versammlung trafen, um dort aus noch nicht veröffentlichten Werken zu lesen und diese zu diskutieren. Viele der teilnehmenden Schriftsteller, wie Ilse Aichinger, Ingeborg Bachmann, Günther Grass, Wolfdietrich Schnurre, Heinrich Böll und Martin Walser sollten später auch für ein breites Publikum zu bekannten Autoren werden.

Eine besondere Bedeutung erlangte in der Nachkriegszeit die Lyrik. Viel gelesen wurden vor allem die Gedichtbände von Ingeborg Bachmann, Gottfried Benn, Paul Celan, Günter Eich, Karl Krolow, Nelly Sachs und Bertolt Brecht.

Ausblick auf die 1950er Jahre

»Die Bestseller der 50er Jahre sind Übersetzungen aus dem westlichen Ausland, Sachbücher und Triviales, oft zu zeitgeschichtlichen Themen. In wenigen Jahren erreichen diese Bücher Auflagen von hunderttausenden Exemplaren. Möglich wird dies auch durch die neuartigen Taschenbücher. Das Bildungsbürgertum greift auf vertraute literarische Muster zurück. Viel gelesen werden neben den Weimarer Klassikern prominente Romanciers wie Franz Kafka, Hermann Hesse und Thomas Mann, ferner Autoren der ›inneren Emigration‹ wie Ernst Jünger und Werner Bergengruen.«[164]

»Als wir nach dem Krieg nach Frankfurt gekommen sind, waren wir sehr arm. In der Nachbarschaft war eine Leihbücherei, da sind wir hingegangen, meine Kinder und ich, und haben uns Leihbücher geholt und dann haben wir zu Hause jeder in einer Ecke gesessen, mein Sohn, meine Tochter und ich und haben geschmökert, die halbe Nacht. Wir haben viel gelesen: Geschichtliche Bücher, zwischendurch auch mal nen Krimi, klassische Literatur, Chroniken von der Umgebung und viel aus England übersetzt, nach dem Krieg war das ja sehr modern.«
(Frau K., Jg. 1915)

Zu den bedeutendsten im deutschsprachigen Raum entstandenen Büchern der 1950er Jahre zählen in Westdeutschland:

- Heinrich Böll: Wo warst du, Adam? (1951)
- Thomas Mann: Die Bekenntnisse des Hochstaplers Felix Krull (1954)
- Heinrich Böll: Haus ohne Hüter (1954)
- Heinrich Böll: Billard um halb zehn (1959)
- Uwe Johnson: Mutmaßungen über Jakob (1959)
- Günther Grass: Die Blechtrommel (1959). Das Buch wurde 1979 von Volker Schlöndorff verfilmt und als erster deutscher Film mit einem Oscar prämiert.
- sowie die beiden Romane des Schweizer Schriftstellers Max Frisch: Stiller (1954) und Homo Faber (1957)

164 www.dhm.de/lemo/html/DasGeteilteDeutschland/JahreDesAufbausInOstUndWest/KulturellesLeben/blickInDenWesten.html

Es ist sicher kein Zufall, dass sich in dieser kurzen Aufzählung gleich drei Werke des späteren Literaturnobelpreisträgers Heinrich Böll befinden, denn »*mit Böll … gewann die aus dem Krieg zurückgekehrte Jugend ihre literarische Sprache.*«[165] Und: »*Was Bölls Kurzgeschichten und Romane, deren Geschehen sich in der Nachkriegszeit abspielt, wichtig und interessant macht, ist ihre Bedeutung als Geschichtsschreibung des Alltags.*«[166]

In der DDR wurden neben der klassischen Literatur und den Exilautoren auch Übersetzungen russischer Schriftsteller verlegt. Die Autoren waren dem »sozialistischen Realismus« verpflichtet, um die Menschen im Geiste des Sozialismus zu erziehen. »*Die literarische Erfüllung dieser ideologischen Vorgaben rückte einen nicht unbeträchtlichen Teil der Literatur der DDR aus dieser Zeit in die Nähe der Trivialliteratur.*«[167] Werke, die nicht den weltanschaulichen Erwartungen entsprachen, wurden als »Formalismus« bekämpft. Dem Kulturministerium missliebige Bücher wurden zensiert und die Autoren konnten mit Publikationsverbot belegt werden. So wurde der Schriftsteller Erich Loest aufgrund seiner regimekritischen Haltung zunächst 1953 aus dem Schriftstellerverband ausgeschlossen und 1957 sogar zu einer siebenjährigen Zuchthaftstrafe verurteilt.

Trotz dieser Problematik sind im Folgenden einige der wichtigsten Bücher der 1950er Jahre in der DDR aufgelistet:
- Stefan Heym: Kreuzfahrer von heute (1950)
- Erwin Strittmatter: Ochsenkutscher (1950)
- Eduard Claudius: Menschen an unserer Seite (1951)
- Erwin Strittmatter: Tinko (1954)
- Franz Fühmann: Kameraden (1955)
- Herbert Otto: Die Lüge (1956)
- Karl Mundstock: Bis zum letzten Mann (1957)
- Bruno Apitz: Nackt unter Wölfen (1958)

1953 erschien von Bert Brecht der Gedichtband »Buckower Elegien«, die viele »*als bedeutendste Leistung seiner letzten Jahre*«[168] erachten.

4.4 Kabarett und Varieté

Nach dem Krieg blühte die von den Nationalsozialisten eliminierte Kabarettszene nicht nur in Berlin, sondern in ganz Deutschland wieder auf. Die Bühnen entstanden oft in Kellern, Gaststätten oder zerbombten Sälen, die notdürftig wieder hergerichtet werden mussten. In Ermangelung neuer Programme wurden vielfach zunächst »alte« Texte von

[165] Martini, F. (1991): Deutsche Literaturgeschichte. 19., neu bearbeitete Auflage.Stuttgart, S. 657
[166] Dorner, R. (1999): Literatur der Nachkriegszeit, in: Rainer Dorner, R.; Abels, N. (1999): Literatur im Buchhandel. Frankfurt am Main, S. 225
[167] Mühlen, B. von zur (1999): Literatur der Deutschen Demokratischen Republik, in: Rainer Dorner, R.; Abels, N. (1999): a.a.O.,S. 299
[168] Forster, H.; Riegel, P. (1995): Deutsche Literaturgeschichte Band 11, Die Nachkriegszeit 1945–1968, München, S. 448

Erich Kästner, Kurt Tucholsky und Joachim Ringelnatz vorgetragen. Doch dies sollte sich schnell ändern: Viele Bühnen thematisierten die Auswirkungen des Nationalsozialismus und des Krieges sowie die aktuellen Probleme der Menschen, wie die schwierige Versorgungslage und das Flüchtlingselend.

Die wichtigsten Kabarettbühnen dieser Zeit waren:

- Der »Ulenspiegel« in Berlin und »Die Schaubude«, die 1946 in München gegründet wurde, gehörten zu den Kabaretts der ersten Stunde. Für »Die Schaubude« schrieben u. a. Erich Kästner und Axel von Ambesser. Zum Ensemble gehörten Ursula Herking, Bum Krüger, Karl Schönbeck und Siegfried Lowitz.
- Ebenfalls 1946 wurde in Stuttgart die »Mausefalle« von Werner Finck ins Leben gerufen. Finck, der bereits in den 1930er Jahren in der »Katakombe« Erfolge gefeiert hatte, wurde später in Westdeutschland auch durch zahlreiche Fernsehauftritte berühmt.
- Das »Kom(m)ödchen« des Ehepaares Lore und Kay Lorentz entstand 1947 in Düsseldorf. Beide waren Seiteneinsteiger, die nach eigener Aussage ein politisch-literarisches Kabarett gründeten, *»ohne jemals zuvor in ihrem Leben eins gesehen zu haben.«*[169]
- In Hamburg entwickelte sich um die Schauspieler Eric Ode und Rudolf Platte, die bereits in den 1930er Jahren in der »Katakombe« in Berlin gespielt hatten, die »Bonbonniere«.
- Aus dem »Kabarett Kieler Studenten« gingen 1947 »Die Amnestierten« hervor. Sie tingelten in den 1950er Jahren als Tourneebühne durch ganz Westdeutschland.
- 1949 entstand in Berlin mit den »Stachelschweinen« ein weiteres populäres Kabarett, zu dem kurze Zeit später Wolfgang Gruner, Jo Herbst und Achim Strietzel stießen. 1952 trat dort auch Wolfgang Neuss auf. Neuss hatte als »Mann mit der Pauke« auf zahlreichen Kabarettbühnen für Furore gesorgt. Bis in die 1960er Jahre war er einer der großen Kabarettstars in Westdeutschland.

Da geeignete Spielstätten fehlten, fand das Varieté nach dem Kriege meist auf der Straße statt. Während die Straßenkünstler, wie z. B. Hochseilartisten, in der Sowjetischen Besatzungszone gefördert wurden, standen ihnen die westlichen Besatzungsmächte meist reserviert gegenüber, sodass es schwierig war, Auftrittsgenehmigungen zu bekommen.

Ausblick auf die 1950er Jahre

»›Das‹ deutsche Kabarett, das waren in den 50er Jahren das ›Kom(m)ödchen‹, die ›Stachelschweine‹ und – seit 1956 – die ›Münchner Lach- und Schießgesellschaft‹. Nie zuvor waren Kabaretts so weithin bekannt und beliebt gewesen wie seit 1952, als das Fernsehen ihnen ein Millionenpublikum bot und sie sich diesen Zuschauern erschlossen.«[170] Dies war jedoch oft nicht ohne Zugeständnisse bei der Programmgestaltung möglich. Missliebige, weil politisch kompromisslose Kabaretts, wie die Frankfurter »Schmiere«, wurden daher von den Programmgestaltern im Fernsehen boykottiert. (»Die Schmiere« war 1950 von Rudolf Rolfs in Frankfurt am Main gegründet worden. In dem, nach Eigenwerbung, *»schlechtesten Theater der Welt«* spielten außerdem Regnauld Nonsens und Hedi Reich als dauerhafte Ensemblemitglieder.)

---

[169] Kay Lorenz in: Kühl, S. (1962): Deutsches Kabarett. Düsseldorf, S. 10
[170] Budzinski, K. (1989): Wer lacht denn da? Kabarett von 1950 bis heute. Braunschweig, S. 60 f

In dieser kurzen Kabarettgeschichte zu erwähnen ist außerdem »Die kleine Freiheit« von Trude Kolmann in München. Der Name war einem Chanson von Erich Kästner entnommen, der auch hier als Textdichter tätig war. Der 1955 aus der Emigration zurückgekehrte Friedrich Hollaender schrieb für »Die kleine Freiheit« Kabarett-Revuen, die an die alte Berliner Kabarett-Tradition anknüpften. Es agierten eine ganze Reihe Schauspieler, die später durch Film und Fernsehen auch einem breiten Publikum bekannt werden sollten, wie Bum Krüger, Karl Schönböck, Helen Vita, Hanne Wieder, Karl Lieffen und Klaus Havenstein. Als Kartenabreißer wurde der Student Dieter Hildebrandt beschäftigt. Hildebrandt gründete 1956 aus dem studentischen Kabarett »Die Namenlosen« mit dem Sportreporter Sammy Drechsel sowie Hans Jürgen Dietrich, Klaus Havenstein und Ursula Herking (die später von Ursula Noak abgelöst wurde) die »Münchner Lach- und Schießgesellschaft«, die zu einem der bekanntesten Kabaretts in Westdeutschland avancierte. Später wurde Hildebrandt durch seine Kabarett-Sendungen im Fernsehen »Notizen aus der Provinz (1972–1979) und »Scheibenwischer« (1980–2003) zum sicherlich bekanntesten deutschen Kabarettisten.

Erwähnt werden muss auch die ebenfalls 1956 von Hans Dieter Hüsch in Mainz gegründete »Arche Nova«. Nach deren Schließung 1961 war Hüsch mit seinen literarisch-kabarettistischen Soloprogrammen bis wenige Jahre vor seinem Tod im Jahre 2005 sehr erfolgreich.

Viele Kabarettnummern der 1950er Jahre reflektierten die aktuellen politischen Entwicklungen, wie Wiederbewaffnung, Einführung der allgemeinen Wehrpflicht, kalten Krieg und Atomrüstung; auch Opportunismus, Nationalismus und die Schattenseiten der »Adenauer-Ära« waren Themen, die von den Kabarettisten satirisch aufs Korn genommen wurden.

Mit Gründung der DDR wurden fast alle ostdeutschen Kabaretts geschlossen. 1953 eröffnete die »Distel« als erstes staatliches Kabarett der DDR in Ostberlin. Die Programme wurden jedoch zensiert und durften keine staatskritischen Themen enthalten, sodass Gesellschaftskritik subtil bleiben musste und nur zwischen den Zeilen lesbar war. Ein weiteres bekanntes Kabarett der DDR war die »Pfeffermühle«, die 1954 in Leipzig entstand.

4.5 Musik

Trotz der Zerstörungen von Konzertsälen und Opernhäusern erwachte das musikalische Leben in Deutschland bereits unmittelbar nach Beendigung des Krieges in provisorisch hergerichteten Spielstätten zu neuem Leben. Auch der Rundfunk nahm, zunächst unter alliierter Kontrolle, sein Programm wieder auf. »*Vielschichtig und bunt präsentiert sich das Bild des musikalischen Neuanfangs. Klassische Musik steht auf der Wunsch- und Werteskala der Konzertbesucher weit oben. Doch neben dem alt vertrauten Repertoire werden nun auch Werke der während des NS-Regimes verbotenen deutschen wie ausländischen Komponisten aufge-*

führt.«[171] Zu nennen sind in diesem Zusammenhang beispielsweise Felix Mendelssohn-Bartholdy und Gustav Mahler sowie die Operettenkomponisten Jacques Offenbach, Robert Stolz und Emmerich Kálmán.

»Klassische Musik, wie Bach und Händel, entbehrte man während des Krieges schmerzlich. Klassik ist auch jetzt noch meine Vorliebe, abgesehen von neuer Musik.«
(Frau W., Jg. 1923)

»Musik liebe ich sehr, aber es muss schon gute Musik sein. Das haben wir auch teilweise im Krieg vermisst. Heute gehe ich gerne mit zu den Orgelkonzerten in die Katharinenkirche – da könnte ich stundenlang sitzen.«
(Frau A., Jg. 1920)

Der von den Nazis verbotene Jazz erlangte eine große Popularität. Neben Berlin wurden Frankfurt am Main und München zu den deutschen Jazzzentren. Die Musiker traten dort oft in amerikanischen Clubs und Offizierskasinos auf. Unter ihnen waren u. a. Max Greger und Kurt Edelhagen, die später in Westdeutschland mit ihren Orchestern berühmt werden sollten. Auch die Rundfunkanstalten begannen eigene Big-Bands aufzubauen. So war *»das Radio-Berlin Tanzorchester unter Leitung von Michael Jary … als erstes – nur 14 Tage nach Kriegsende – im Radio zu hören.«*[172] Zugleich nahm die Schallplattenindustrie ihre Produktion wieder auf.

»Jazz war für mich in den 30er Jahren unbekannte Musik und ich wurde damit erst nach Kriegsende vertraut.«
(Frau W., Jg. 1923)

Zu den erfolgreichen Schlagern der unmittelbaren Nachkriegsjahre gehören vor allem die Folgenden:

- »Gib mir einen Kuss durchs Telefon«; Sänger: Bully Buhlan (1945)
- »Mariandl«; Sänger: Maria Andergast und Hans Lang (1947)
- »Du bist die Rose vom Wörthersee«; Sänger: Maria Andergast und Hans Lang (1948)
- »Der Theodor im Fußballtor«; Sängerin: Margot Hielscher (1948; sehr viel bekannter dürfte allerdings die spätere Interpretation des Schlagers durch Theo Lingen sein)
- »Abends in Napoli«; Sänger: Rudi Schuricke (1949)
- »Ich fahr' mit meiner Lisa«; Sänger: Jupp Schmitz (1949)
- »Trizonesien-Song (Wir sind die Eingeborenen von Trizonesien)«; Sänger: Karl Berbuer (1949)
- »Wer soll das bezahlen«; Sänger: Jupp Schmitz (1949)

[171] www.dhm.de/lemo/html/Nachkriegsjahre/HungerNachKultur/musik.html
[172] www.dhm.de/lemo/html/Nachkriegsjahre/HungerNachKultur/jazz.html

Ausblick auf die 1950er Jahre

In Westdeutschland blühte die Schlagerszene auf. Dabei reflektierten ihre Texte zum Teil die aktuellen gesellschaftlichen Entwicklungen. Insbesondere die einsetzende »Reisewelle« Ende der 1950er Jahre wurde in zahlreichen Schlagern vermarktet. Neue Sänger, wie Vico Torriani, Caterina Valente, Peter Alexander oder Freddy Quinn wurden populär. Zu den sicherlich bekanntesten Schlagern aus dieser Epoche in der Bundesrepublik zählen:

- »In der Schweiz«; Sänger: Vico Torriani (1950)
- »La-Le-Lu«; Sänger: Bully Buhlan (1950)
- »Nimm uns mit, Kapitän, auf die Reise«; Sänger: Will Höhne (1950)
- »O mein Papa«; Sängerin: Rita Wottawa (1950)
- »Wenn das Wasser im Rhein gold'ner Wein wär'«; Sänger: Willy Schneider (1950)
- »Das machen nur die Beine von Dolores«; Sänger: Gerhard Wendland (1951)
- »Hab'n Sie nicht 'ne Braut für mich?«; Sänger: Bully Buhlan (1951)
- »Pack die Badehose ein«; Sängerin: Cornelia Froboess (1951)
- »Der schönste Platz ist immer an der Theke«; Sänger: Toni Steingass (1951)
- »Am Aschermittwoch ist alles vorbei«; Sänger: Jupp Schmitz (1952)
- »Rote Rosen, rote Lippen, roter Wein«; Sänger: René Carol (1952)
- »Schütt' die Sorgen in ein Gläschen Wein«; Sänger: Willy Schneider (1952)
- »Schützenliesl«; Sänger: Fred Rauch (1952)
- »Wir kommen alle in den Himmel«; Sänger: Jupp Schmitz (1952)
- »Bravo, bravo, beinah wie Caruso«; Sänger: Vico Torriani (1952)
- »Man müsste noch mal zwanzig sein«; Sänger: Willy Schneider (1953)
- »Heimweh nach St. Pauli«; Sänger: Freddy Quinn (1954)
- »Heut' liegt was in der Luft«; Sänger: Mona Baptiste und Bully Buhlan (1954)
- »Der Mann am Klavier«; Sänger: Paul Kuhn (1954)
- »So ein Tag, so wunderschön wie heute«; Sängerin: Lonny Kellner (1954)
- »Ganz Paris träumt von der Liebe«; Sängerin: Caterina Valente (1955)
- »Einmal noch nach Bombay«; Sänger: Hans Albers (1956)
- »Steig in das Traumboot der Liebe«; Sänger: Caterina Valente und Silvio Francesco (1956)
- »In der Taverne von Santa Marie«; Sänger: Peter Alexander (1957)
- »Musik liegt in der Luft«; Sängerin: Caterina Valente (1958)
- »Sugar Baby«; Sänger: Peter Kraus (1959) [173]

Das letztgenannte Lied von Peter Kraus deutet auf eine neue Entwicklung in der Musik hin: den Rock'n Roll. Er hatte sich in Amerika aus einer Synthese des schwarzen Rhythm'n Blues und der weißen Countrymusic entwickelt. *»Neu waren an ihr Aggressivität, Sexualität und der rücksichtslose Lärm, und das meiste davon kam vom Beat. Dieser war nämlich stärker und lauter als je zuvor, weil er elektrisch verstärkt wurde. Das wesentliche Element der Popmusik waren die elektrischen Gitarren.«*[174] Diese Aggressivität der Musik zeigte sich auch an den Krawallen, zu denen es bei Rock'n Roll-Konzerten damals zuweilen kam und bei denen auch schon einmal die Saaleinrichtung zu Bruch ging.

---

173 Auch hier sei nochmals auf die umfangreiche Auflistung von Schlagern auf der Homepage www.bobsmusic.de/schlager50er.htm verweisen

174 Cohn, N. (1971): AwopBopaLooBop AlopBamBoom, Pop History. Reinbek bei Hamburg, S. 10

Einen der größten Rock'n Roll-Hits aller Zeiten nahmen Bill Haley and his Comets 1954 mit »Rock around the clock« auf. Der Song wurde 1955 (als einziger nicht deutschsprachiger Titel des Jahres) auch die Nummer 1 der westdeutschen Hitparade.[175] Auf Bill Haley folgte bald mit Elvis Presley der »King of Rock'n Roll«, dem 1956 mit »Heartbreak Hotel« der internationale Durchbruch gelang.

»Elvis war nicht mein Geschmack. Aber trotzdem mag ich auch moderne Musik, Abba zum Beispiel. Und wenn heute jemand sagt: ›Kommst du mit in die Kleine Hochstraße, in den Jazzkeller?‹, dann höre ich mir auch modernen Jazz an und versuche ihn zu verstehen.« (Herr C., Jg. 1920)

Bei den westdeutschen Jugendlichen, die den amerikanischen Lifestyle vielfach kopierten, wurde der Rock'n Roll – zum Entsetzen der älteren Generation – sehr schnell populär. Peter Kraus und Ted Herold waren die bekanntesten jungen deutschen Musiker, die zu dieser Zeit den Rock'n Roll adaptierten. Es entstand eine eigene Jugendkultur, bei denen Lederjacken, Röhrenjeans, spitze Schuhe und gegelte Haare bei den männlichen Jugendlichen zum Outfit gehörten. Die weibliche Jugend trug Petticoat und Pferdeschwanz. Der Besitz eines Schattenplattenspielers und Motorrollers wurde in weiten Kreisen der Jugendkultur sehr schnell zum Statussymbol. Auch der Genuss von Kaugummi und Coca Cola war bei den »Halbstarken«, wie sie oft abschätzend tituliert wurden, in Mode.

***Anmerkung:** Die heutige Generation der Heimbewohner ist vom Rock'n Roll noch nicht sonderlich beeinflusst. Es gibt es zwar einzelne (meist etwas jüngere) Bewohner, die auch gerne einmal Elvis Presley hören, doch die »musikalische Revolution«, die der Rock'n Roll in den 1950er Jahre auslöste und der sich in den 1960er Jahren mit Bands wie den Beatles und den Rolling Stones fortsetzen sollte, wird sicherlich erst in einigen Jahren auch die kulturellen Angebote im Heim prägen.*

Während der Rock'n Roll auch im Westen auf die Ablehnung der »Erwachsenen« stieß, wurde er in der DDR in noch viel stärkeren Maße als Ausdruck westlicher Dekadenz diffamiert. *»Nachdem bereits der Jazz von der SED-Führung kritisch betrachtet wurde, begegnete sie dem Rock'n Roll mit besonderem Misstrauen. Ihren ersten Höhepunkt fand diese Ablehnung der westlichen ›Unkultur‹ 1958 in der ›Anordnung über die Programmgestaltung bei Tanz- und Unterhaltungsmusik‹. Fortan hatte es sich bei 60 Prozent der im Rundfunk gespielten Musik um eigene Stücke von Interpreten aus der DDR oder den sozialistischen Bruderländern zu handeln.«*[176] Trotzdem hatten auch Jugendliche in der DDR vielfach die Möglichkeit über westliche Radiosender, wie zum Beispiel RIAS Berlin, Rock'n Roll zu hören.

In der Musikkultur der DDR nahm die Klassische Musik, insbesondere die Barockmusik (Johann Sebastian Bach, Georg Philipp Telemann und Georg Friedrich Händel) einen breiten Raum ein. *»Kein anderes Land hatte so viele Sinfonieorchester im Vergleich zur Ein-*

175 de.wikipedia.org/wiki/Bill_Haley
176 www.mdr.de/doku/1784170-hintergrund-1739066.html

wohnerzahl wie die DDR.«[177] Über die Grenzen der DDR hinaus bekannt waren der Dresdner Kreuzchor und der Thomanerchor aus Leipzig. Auch der Operntenor Peter Schreier genoss großes internationales Ansehen. Schreier war ebenso als Operettensänger erfolgreich. Da in der DDR selbst Unterhaltungsmusiker Musik studiert haben mussten, um eine Auftrittsgenehmigung zu bekommen, waren die Grenzen zwischen Ernster Musik und Unterhaltungsmusik ohnehin sehr viel fließender als im Westen.

In weiten Teilen der Bevölkerung sehr beliebt waren die Hörfunksendungen des Moderators Heinz Quermann, der ab 1952 die »Schlagerlotterie« und ab 1958 die Sendung »Schlagerrevue« präsentierte, die 36 Jahre lang wöchentlich im Radio zu hören war.

Das gemeinsame Singen war in den staatlichen Jugendorganisationen »Junge Pioniere« und »Freie Deutsche Jugend« (FDJ) ein wichtiger Bestandteil des Freizeitprogramms. Ausgeprägter als im Westen war außerdem die musikalische Unterhaltung der Gäste in vielen Kaffeehäusern und Restaurants durch Musiker bzw. kleine Orchester.

4.6 Theater

»Das Theater war keineswegs tot, obwohl fast alle Schauspielhäuser in Schutt und Asche lagen und die Menschen Zeit und Geld doch wohl für wichtigere Dinge zu investieren hatten.«[178] Bereits am 27. Mai 1945 fand im Renaissance-Theater in Berlin mit dem Schwank »Der Raub der Sabinerinnen« von Franz Schönthans die erste Nachkriegspremiere statt. Allein in Berlin gab es von Juni bis Dezember 1945 mindestens 121 Theaterpremieren. Die Menschen strömten in die teilweise notdürftig hergerichteten Theater, aber auch zu Aufführungen in Gasthäusern und Gemeindesälen, um sich von ihren Sorgen des Alltags abzulenken und ihren »geistigen Hunger« zu stillen.

Die Alliierten hatten alle nationalsozialistischen Stücke verboten. Zugelassen waren Klassiker wie z. B. Johann Wolfgang von Goethes »Iphigenie auf Tauris« und »Clavigo«, Schillers »Kabale und Liebe«, Ephraim Lessings »Nathan der Weise«, Shakespeares »Romeo und Julia« und »Sommernachtstraum«, Kleists »Der zerbrochenen Krug« oder auch Hugo von Hoffmannthals »Jedermann«, das zu den am häufigsten gespielten Stücken dieser Epoche zählte. Außerdem durften nun die Werke zahlreicher ausländischer Autoren in Deutschland auf die Bühne kommen. Sie waren Teil der von den Alliierten angestrebten »Umerziehung des deutschen Volkes«. Thordon Wilder (»Wir sind noch einmal davongekommen«), Tennessee Williams (»Glasmenagerie«), T. S. Eliot (»Mord im Dom«), Jean Paul Sartre («Die Fliegen«) und Albert Camus (»Die Pest«) sind hier als Beispiele in den westlichen Zonen zu nennen. In der Sowjetischen Besatzungszone wurden Maxim Gorki's Dramen *»zum Rückgrat der russischen Spielplanpolitik.«*[179]

[177] de.wikipedia.org/wiki/Musik_der_DDR
[178] Forster, H.; Riegel, P.: a. a. O., S. 47
[179] Michael, F.; Daiber, H.: a. a. O., S. 138

Aber natürlich war bei einem großen Teil des Publikums auch »leichte Unterhaltung« gewünscht, die daher vielfach die Spielpläne bestimmte. Allein in Berlin gab es 1945 19 Operetten und 50 Schwänke, Lustspiele mit Musik, Revuen und Boulevardstücke zu sehen.[180]

Die beiden bedeutendsten neuen deutschen Stücke nach dem Zweiten Weltkrieg waren »Des Teufels General« von Carl Zuckmayer (1946) und »Draußen vor der Tür« von Wolfgang Borchert (1947), die sich mit dem Nationalsozialismus und den Folgen des Krieges beschäftigten. »Draußen vor der Tür« war eigentlich als Hörspiel geschrieben worden; wenige Monate nach seiner Ausstrahlung im Rundfunk wurde es auf die Theaterbühne gebracht. Der Autor Wolfgang Borchert verstarb einen Tag vor der Uraufführung an den Folgen einer Lebererkrankung, die er sich um Krieg zugezogen hatte.

Der Theaterboom der unmittelbaren Nachkriegsjahre fand jedoch mit der Währungsreform 1948 in den Westzonen ein jähes Ende. Der Zuschauerschwund führte zu Gagenkürzungen, Entlassungen und der Schließung zahlreicher Privattheater in den Westzonen.

Ausblick auf die 1950er Jahre

Eines der wichtigsten Stücke des Theaters der Bundesrepublik der 1950er Jahre war »Warten auf Godot« des irischen Dramatikers Samuel Beckett. Für das deutschsprachige Theater erlangten vor allem die Schweizer Friedrich Dürrenmatt (»Der Besuch der alten Dame«, 1956) und Max Frisch (»Biedermann und die Brandstifter«, 1958) Bedeutung.

»Biedermann und die Brandstifter« war (ebenso wie »Draußen vor der Tür«) vor seiner Theaterpremiere bereits als Hörspiel im Rundfunk ausgestrahlt worden. Damit ist zugleich eine neue Entwicklung benannt, denn *»viele Autoren der Kriegs- und Nachkriegsgeneration (entdeckten) ihre Liebe zum Hörspiel und lösten eine ungeahnte Begeisterung für diese noch recht neue dramatische Gattung aus.«*[181] Weitere nennenswerte Hörspiele dieser Zeit sind »Träume« von Günter Eich, »Der gute Gott von Manhattan« von Ingeborg Bachmann und »Die Spurlosen« von Heinrich Böll.

Für die Entwicklung des Boulevardtheaters wurde in den 1950er Jahren ein anderes Medium wichtig: Das Fernsehen. Insbesondere Mundartbühnen, wie das von Willy Millowitsch geleitete Millowitsch-Theater in Köln und das Ohnsorg-Theater in Hamburg mit seinen Protagonisten Heidi Kabel und Henry Vahl, begeisterten mit ihren Lustspielen bis weit in die 1970er Jahre hinein viele Fernsehzuschauer. Der Bayerische Rundfunk etablierte mit dem »Komödienstadl« ein Fernsehformat des bayrischen Volks- und Bauerntheaters auf dem Bildschirm. Gustl Bayrhammer, Maxl Graf und Michl Lang zählten zu den bekanntesten Akteuren zahlreicher Übertragungen.

---

180 Rischberger; H. (1999) (Hrsg.): Durch den Eisernen Vorhang. Theater im geteilten Deutschland 1945 bis 1990. Berlin, S. 10

181 Forster, H.; Riegel, P.: a. a. O., S. 154

»Später hatte ich ein Abonnement. Aber das Programm war sehr unterschiedlich. Manchmal haben sie mit Gewalt etwas sehr Neues hineingebracht, davon war ich nicht begeistert. Im Theater habe ich mir eine Mischung angeschaut. Ich war sowohl bei Liesel Christ als auch bei Klassikern.«
(Frau H., Jg. 1919)

Mit Bertolt Brecht war einer der bedeutendsten deutschen Dramatiker nach seiner Rückkehr aus dem Exil nach Ostberlin gegangen. Er gründete dort 1949 mit seiner Ehefrau Helene Weigel das »Berliner Ensemble«, das zunächst dem »Deutschen Theater« angegliedert wurde. 1954 wurde das Ensemble am »Theater am Schifferbaudamm« ansässig. Brecht inszenierte dort seine alten Stücke sowie Werke anderer Autoren. Bis zu seinem Tod 1956 schrieb er mit »Turandot oder der Kongress der Weißwäscher« nur noch ein neues Stück. Im Westen wurde Bertolt Brecht jedoch zeitweise boykottiert.

Von Anfang an unterlagen alle ostdeutschen Theater *»der Lenkung und Zensur erst der sowjetischen Kulturoffiziere, später der des ZK (= Zentralkomitee) der SED und des DDR-Kulturministeriums.«*[182] Stücke, die nicht den ideologischen Vorgaben des »Sozialistischen Realismus« entsprachen, wurden aufgrund ihrer angeblichen »westliche Dekadenz« verboten.

Für das Theater der DDR erlangten zu dieser Zeit neben Brecht vor allem Peter Hacks (»Die Schlacht um Lobositz«, 1956, und »Der Müller von Sanssouci, 1958) und Heiner Müller (»Die Lohndrücker, 1958) an Bedeutung. Trotzdem blieb *»die Zahl der Inszenierungen, die die Theaterstücke von Heiner Müller und Peter Hacks auf ostdeutschen Bühnen erlebten, … gering.«*[183] Ein großer Erfolg wurde 1953 hingegen Erwin Strittmatters »Katzgraben« in seiner Inszenierung von Bertolt Brecht.

4.7 Bildende Kunst

Die Zerstörungen des Zweiten Weltkriegs betrafen nicht nur Galerien und Museen, sondern vernichteten auch viele Kunstwerke. In den ersten Nachkriegsausstellungen bekamen die Menschen die Werke der Künstler zu sehen, die von den Nationalsozialisten als »entartet« diffamiert und verboten worden waren. Mit dem Krieg und seinen Folgen setzten sich Künstler wie Karl Hofer in ihren Bildern auseinander. Auch wurden Ausstellungen abstrakter Malerei gezeigt, die jedoch *»auf wenig Begeisterung bei den deutschen Besuchern«*[184] stießen.

Ausblick auf die 1950er Jahre
Die Kunstszene der 1950er Jahre war im Westen von einer radikalen Abkehr von der gegenständlichen Malerei gekennzeichnet. Die abstrakte Malerei wurde zur vorherrschenden künstlerischen Ausdrucksform der 1950er Jahre. Die Farbkleckse und hin-

[182] Rischberger, H.: a.a.O., S. 11
[183] Mühlen, B. von zur: a.a.O., S. 307
[184] www.dhm.de/lemo/Nachkriegsjahre//HungerNachKultur/bildendeKunst.html

geworfenen Linien der Aktionsmalerei des amerikanischen Künstlers Jackson Pollock oder die Farbflächen der Maler der »Geometrischen Abstraktion« bestimmten nun die Kunstszene. Dem Betrachter wurde nichts mehr vorgegeben; er sollte sich vielmehr in die Kunstwerke vertiefen und dabei seine eigenen Bilder und Assoziationen entwickeln. *»Die künstlerische Freiheit, die im Regelverzicht lag, machte dem breiten Publikum den Umgang mit Kunst (jedoch) schwer. Vielen Menschen war unverständlich, wie diese Malereien, in der der Alltag mit keinem Strich vorkam, als Ausdruck modernen Lebensgefühls gefeiert werden konnte. Nicht wenige empfanden die Bilder als überschätzte, dilettantische Farbschmierereien.«*[185]

Die Kulturpolitik der DDR sah hingegen in der Abstraktion ein Zeichen »westlicher Dekadenz«. Die an das Vorbild der sowjetischen Kunst angelehnte »Sozialistische Realismus«, der die Aufbauleistungen des Sozialismus verherrlichte, bestimmte die Bildende Kunst der DDR zu dieser Zeit.

»Ich gehe gerne in Ausstellungen. Die französischen Impressionisten mag ich sehr. Ich habe einige Reisen gemacht. Als die Kinder dann nicht mehr in der Schule waren, da hatte ich mehr Zeit und bin ich dann in einen Französisch-Kurs gegangen. Die Lehrerin dort hat jedes Jahr eine Reise organisiert, ... und eine der letzten, die sie gemacht hat, drehte sich um die Impressionisten.«
(Frau S., Jg. 1924)

»Malerei und Bildhauerei hat mich nie interessiert.«
(Frau K., Jg. 1915)

»Es hat mir Spaß gemacht, in Museen zu gehen. In Frankfurt gab es eine Masse Gelegenheiten dazu, da haben wir ja wirklich in Frankfurt enorme Möglichkeiten gehabt.«
(Frau A., Jg. 1920)

»Mit abstrakter Malerei kann ich herzlich wenig anfangen.«
(Frau H., Jg. 1919)

»Mein Vater war selbstständiger Architekt und interessierte sich lebhaft für den modernen Bauhaus-Stil. Mir lag die Moderne Malerei sehr am Herzen. Vor zwei Jahren fuhr ich im Auto nach München, um mir die Pinakothek anzuschauen – das war meine letzte Fahrt allein mit dem Wagen. Sie ist wundervoll! So etwas hat mich immer gereizt und ich spüre den Verlust an Freizügigkeit im meiner jetzigen Situation sehr deutlich und hart. Ich registriere voller Dankbarkeit, dass wir hier im Cronstetten Stift die Gelegenheit geboten bekommen, von Fall zu Fall Kunstausstellungen zu besuchen. Mein Sohn äußerte wiederholt: ›So etwas findest Du in keinem anderen Heim ...‹«
(Frau W., Jg. 1923)

[185] Krauße, A.-C.: a. a. O., S. 108

Teil 3

Konzeption und praktische Umsetzung von Kulturarbeit am Beispiel des Justina von Cronstetten Stifts

Das Altenpflegeheim Justina von Cronstetten Stift wurde im Juni 1997 in Frankfurt am Main eröffnet. Von Anfang an gehörte es zu den konzeptionellen Zielen der Einrichtung, seinen 47 Bewohnern umfangreiche Aktivitäten und ein vielfältiges Kulturprogramm anzubieten. Die Bewohner sollen dadurch die Möglichkeit erhalten, unter einer Vielzahl von Angeboten jene auszuwählen, die ihren Interessen und Bedürfnissen entsprechen. Die Angehörigen der Bewohner sind dabei ebenfalls Adressaten der verschiedenen Veranstaltungen. Ein Teil der Angebote steht außerdem der Öffentlichkeit offen und ist somit wichtiger Teil der Gemeinwesenarbeit der Einrichtung. Das Justina von Cronstetten Stift wurde Ende 2005 für sein Aktivitäten- und Kulturangebot mit dem erstmals von der Stadt Frankfurt verliehenen »Preis für vorbildliche Programme für ältere Menschen in stationären Altenhilfeeinrichtungen« ausgezeichnet.

Im Justina von Cronstetten Stift wird zwischen regelmäßigen Veranstaltungsangeboten, Sonderveranstaltungen und Einzelbetreuung unterschieden.

1 Regelmäßige Veranstaltungen

An regelmäßigen Veranstaltungen bietet das Heim jede Woche 26 verschiedene Gruppenaktivitäten an (siehe Anhang S. 154), unter denen die Bewohner wählen können.
Als Kulturarbeit im engeren Sinne sind davon folgende Angebote zu werten:

- die musikalischen Veranstaltungen »Singkreis«, »Musikgruppe«, »Senioren-Sitztanz« sowie die monatlich angebotene »Kaffeehausmusik«
- das Vorlesen von Kurzgeschichten und Gedichten im Rahmen der »Lesung«
- die Videofilmvorführung, bei der bei verschiedenen hausinternen Veranstaltungen gedrehte Filme gezeigt, aber auch Spielfilme, Operettenverfilmungen, alte Revuefilme und Konzertaufzeichnungen angeboten werden. Die Bewohner haben dabei die Möglichkeit, sich Filme zu wünschen und somit das Programm mit zu gestalten.
- Ausflug: Außenaktivitäten sind für die Lebensqualität vieler Bewohner von großer Bedeutung. Da fast alle Ausflugsteilnehmer auf die Benutzung eines Rollstuhls angewiesen sind, ist ein Betreuungsverhältnis von 1:1 erforderlich. Die Ausflüge werden daher von einer Gruppe von ehrenamtlichen Mitarbeitern getragen. Außerdem wird die Gruppe immer von mindestens einer Pflegefachkraft begleitet. Insbesondere in den Wintermonaten stehen bei den Ausflügen Besuche von Museen und die Besichtigung aktueller Ausstellungen im Vordergrund. Bei schönem Wetter führen die Ausflüge oft »nach draußen« in den Stadtwald, in verschiedene Parks, in den Zoo und Palmengarten, aber auch in die Innenstadt und zu Ausflugszielen in der näheren Umgebung von Frankfurt.

Es lässt sich sicherlich trefflich darüber zu diskutieren, ob andere Aktivitäten, wie verschiedene Spielkreise, die Koch- und Backgruppe oder der Stammtisch, auch als Kulturangebote zu klassifizieren sind oder nicht. Dies ist eng mit der Definition des Kulturbegriffs verbunden. Für die praktische Arbeit sind solche Unterscheidungen zwar von keinerlei Relevanz, doch für die Lebensqualität vieler Bewohner sind sie auf jeden Fall unverzichtbar.

Vier der 26 wöchentlichen Gruppenangebote finden ab 19.00 Uhr statt. Dadurch soll den Bewohnern auch abends noch eine interessante Möglichkeit der Freizeitgestaltung geboten werden. Da im Justina von Cronstetten Stift nur noch wenige Bewohner ihre freie Zeit und somit auch den Abend selbstständig strukturieren können, ist es nicht verwunderlich, dass diese Angebote gut angenommen werden. Die Abendveranstaltungen tragen damit auch zu einer Normalisierung des Heimlebens bei, denn es ist nun einmal nicht üblich, dass Erwachsene bereits um 18.00 oder 19.00 Uhr zu Bett gehen müssen, wie es leider in manchen Heimen noch immer üblich ist.

Die Gruppenaktivitäten stehen meist allen Bewohnern offen, teilweise werden sie jedoch auch gezielt nur für demenziell erkrankte bzw. vollständig orientierte Bewohner angeboten. Dies gilt insbesondere für die Vormittagsbetreuung, die von Montag bis Freitag ab 9.30 Uhr angeboten wird, und auf die im Folgenden etwas näher eingegangen wird. Auch die verschiedenen Gymnastikgruppen differieren nach den körperlichen Fähigkeiten der Teilnehmer.

1.1 Vormittagsbetreuung

Seit April 2006 bietet das Justina von Cronstetten Stift eine spezielle Vormittagsbetreuung für hochgradig demenziell erkrankte Bewohner mit herausforderndem Verhalten an. Der zuvor bestehende integrative Betreuungsansatz wurde damit punktuell aufgehoben. Im Rahmen der Vormittagsbetreuung wird eine Gruppe von sechs Bewohnern von den Sozialarbeitern der Tagesbetreuung (siehe Seite 154) in einem gesonderten Aufenthaltsraum vom Frühstück bis nach dem Mittagessen betreut. Neben verschiedenen Freizeitaktivitäten, die sich an den Interessen, Kompetenzen und der aktuellen Befindlichkeit der Teilnehmer orientieren, haben die Bewohner dabei auch die Möglichkeit, sich an alltäglichen Verrichtungen, wie dem Eindecken der Tische oder dem Spülen des Geschirrs, zu beteiligen.

Durch dieses neue Angebot mussten insgesamt vier zuvor bestehende weitere Neigungsgruppen eingestellt werden. Da sich drei dieser vier Gruppenaktivitäten aber ohnehin vorrangig an demenziell erkrankte Bewohner richteten, gehen diese nun quasi in der Vormittagsbetreuung auf, sodass sich daraus zwar eine Umstrukturierung, aber kein Qualitätsabbau im Betreuungsbereich ergibt. Außerdem muss eine Einrichtung immer auf Veränderungen und neue Herausforderungen reagieren, sodass bei gleichbleibenden finanziellen und damit personellen Ressourcen Schwerpunktsetzungen notwendig werden können.

Das Angebot der Vormittagsbetreuung wird sonntags durch eine Mittagessensgruppe für die demenziell erkrankten Bewohner ergänzt. Die Mittagessensgruppe ermöglicht es den Teilnehmern, das Essen in einem ruhigen, geschützten Rahmen einzunehmen. Zugleich sind die übrigen Bewohner nicht dem teilweise herausfordernden Verhalten der demenziell Erkrankten ausgesetzt. Samstags besteht dieses Angebot hingegen nicht, da die Mitarbeiter der Tagesbetreuung an diesem Tag die Koch- und Backgruppe anbieten, die bei vielen Bewohnern vor allem deshalb sehr beliebt ist, weil sie hier die Möglichkeit haben, ihre noch vorhandenen hauswirtschaftlichen Kompetenzen einzubringen. Aus personellen Gründen wäre es jedoch nur schwer möglich, beide Angebote parallel anzubieten. Es wurde sich daher hausintern auf den Kompromiss geeinigt, samstags kein spezifisches Gruppenangebot für hochgradig demenziell erkrankte Bewohner zu machen.

1.2 Gruppenleitungen

Die Gruppenleitungen der Veranstaltungsangebote sind auf insgesamt elf Personen verteilt. Ein wöchentliches Angebot (Stammtisch) wird außerdem immer von einer der im Dienst befindlichen Pflegekräfte übernommen. Dies ist dadurch möglich, weil an diesem Tag nachmittags die Tabletten für die ganze Woche gestellt werden und der Spätdienst daher mit einem zusätzlichen Mitarbeiter besetzt ist, der noch über die zeitlichen Kapazitäten verfügt, abends dieses Angebot zu gestalten.

Es gehört zur Konzeption des Justina von Cronstetten Stifts, dass prinzipiell jeder Mitarbeiter, der über ein entsprechendes Interesse und die notwendigen Fachkenntnisse verfügt, ein Gruppenangebot machen kann. Dies hat gegenüber der Beschäftigung nur eines einzigen Ergotherapeuten, Sozialarbeiters oder sonstigen Gruppenleiters folgende Vorteile:

- Dem in der Praxis häufig anzutreffenden Gegensatz zwischen Pflege und Therapie wird dadurch entgegengewirkt. Pflegekräfte können somit auch therapeutisch arbeiten; dies entspricht ihrer Ausbildung und vielfach auch ihren Wünschen.
- Da nicht alle Mitarbeiter über die gleichen Interessen und Fähigkeiten verfügen, können diese dadurch gezielter eingesetzt werden.
- Auch die Altenpflege ist von Sympathie und Antipathie der Handelnden bestimmt. Sollte einem Bewohner eine Gruppenleitung – aus welchen Gründen auch immer – unsympathisch sein, ist er nicht gezwungen, entweder auf die Teilnahme an dem Angebot zu verzichten oder aber sich mit einem ihm eigentlich unsympathischen Gruppenleiter abzugeben. Er kann einfach ein inhaltlich ähnlich gelagertes Angebot einer anderen Gruppenleitung besuchen.
- Bei Ausfällen infolge von Krankheit, Urlaub oder Fortbildung entfallen im Laufe der Woche immer nur vereinzelte Angebote. Konzentriert sich die Gruppenleitung hingegen nur auf wenige oder gar eine einzige Person, so fallen während dieser Zeit viele bzw. sogar alle Gruppenaktivitäten aus.

Die Gruppenleitungen im Justina von Cronstetten Stift liegen daher bei den Sozialarbeitern der Tagesbetreuung, verschiedenen Pflegekräften, der Verwaltungsmitarbeiterin sowie der Heimleitung. Darüber hinaus werden zwei Honorarkräfte (ein Ergotherapeut sowie ein Alleinunterhalter für die Leitung des Singkreises) beschäftigt. Bis Anfang 2007 las außerdem eine ehemalige Mitarbeiterin eines Verlagslektorats, die zugleich die heimeigene Bibliothek verwaltete, ehrenamtlich einmal wöchentlich interessierten Bewohnern Kurzgeschichten und Märchen vor. Da diese ehrenamtliche Mitarbeiterin nach fast zehnjähriger Tätigkeit ihr Engagement aus gesundheitlichen Gründen beenden musste, wird die Lesung nun in Kooperation mit dem Projekt »Lesefreuden – Bücher werden lebendig« des Frankfurter Bürgerinstituts durchgeführt. Die Veranstaltung wird abwechselnd von unterschiedlichen ehrenamtlichen Mitarbeiterinnen des Projekts gestaltet. Auch die Kaffeehausmusik wurde über viele Jahre einmal wöchentlich von einem Pianisten auf ehrenamtlicher Basis angeboten. Nachdem dieser ehrenamtliche Mitarbeiter im Herbst 2006 aus privaten Gründen ausschied, wurde die Kaffeehausmusik vom Leiter des Singkreises übernommen. Aus terminlichen Gründen findet sie nun jedoch nur noch einmal im Monat statt.

Über die notwendigen Fachkenntnisse verfügen die einzelnen Gruppenleitungen aufgrund ihrer Ausbildung, langjähriger Berufserfahrung und/oder persönlichen Interessen und Hobbys. Selbstverständlich besteht auch die Möglichkeit, die vorhandenen Kompetenzen durch gezielte Fortbildung (meist im Rahmen des jedem Mitarbeiter ohnehin zur Verfügung stehenden jährlichen Fortbildungsbudgets) weiter zu vertiefen.

2 Sonderveranstaltungen

Sonderveranstaltungen unterscheiden sich von den regelmäßigen Aktivitäten dadurch, dass sie eben gerade nicht wöchentlich, sondern einmalig angeboten werden. Sie lassen sich grob untergliedern in traditionelle jahreszeitliche Feste bzw. Feiern, Kulturveranstaltungen sowie kreative Angebote. Diese Unterscheidung dient aber lediglich dazu, an dieser Stelle die Struktur des Veranstaltungskalenders zu verdeutlichen; in der Praxis wird diese Differenzierung nicht vorgenommen.

Einen beispielhaften Überblick über die Sonderveranstaltungen des Jahres 2006 können Sie dem Anhang (siehe S. 156) entnehmen.

2.1 Traditionelle jahreszeitliche Feste und Feiern

Im Justina von Cronstetten Stift werden die folgenden Feste des Jahresverlaufs gefeiert:

- Sektumtrunk zu Neujahr oder Neujahrskonzert am 1. Januar
- Besuch der Sternsinger
- Stiftungsfest am 27. Januar (anlässlich des Geburtstags der Stifterin Justina von Cronstetten am 27. Januar 1677)
- Fastnachtsfeier am Fastnachtssamstag
- Kräppelkaffee zum Rosenmontag
- Heringsessen zum Aschermittwoch
- Konzert oder Feier zum Frühlingsanfang
- Verschiedene Veranstaltungen zu Ostern (zum Beispiel kreative Angebote, Ostereierfärben, Geschichten und Musik zu Ostern)
- Spargelfest (während der Spargelzeit im Mai/Juni)
- »Gesang in den Mai« (am 30. April) oder (Arbeiter-) Lieder zum 1. Mai
- Klassisches Pfingstkonzert
- Monatliche Grillfeiern vom Mai bis September
- Jahresfeier am 2. Juni (anlässlich der Eröffnung des Hauses am 2. Juni 1997) oder am 6. Juni (dem Jahrestag der offiziellen Eröffnungsfeier des Hauses)
- Sommerfest
- Länderwoche (siehe Anhang Seite 166)
- Erntedankfest
- Oktoberfest
- Veranstaltungsangebot anlässlich der Frankfurter Buchmesse
- Martinssingen
- Klassisches Adventskonzert
- Nikolausfeier
- Adventsfeier
- Weihnachtsfeier an Heilig Abend

Von besonderer Bedeutung ist dabei, dass sich die wichtigsten Feiertage und jahreszeitlichen Ereignisse, wie Fastnacht, Frühlingsanfang, Ostern, Erntedank, Herbst und Weihnachten, nicht nur in entsprechenden Veranstaltungen, sondern auch in der Dekoration des Hauses sowie im Speiseplan widerspiegeln.

Wie die obige Aufzählung zeigt, werden aber nicht nur allgemeine Feiertage (die in unterschiedlicher Ausprägung in ganz Deutschland gefeiert werden) mit verschiedenen Angeboten begangen, sondern es gibt auch hausinterne Anlässe. Da die Buchmesse in der Stadt Frankfurt in jedem Jahr ein großes kulturelles Ereignis ist, veranstaltet das Justina von Cronstetten Stift während der Messetage entweder eine Autorenlesung oder eine Veranstaltung über das jeweilige Gastland der Buchmesse.

Gerade die »großen Feiertage« bestimmen außerdem die Inhalte einiger regelmäßiger Veranstaltungsangebote. So werden beispielsweise während der Adventszeit im Justina von Cronstetten Stift

- bei der Lesung weihnachtliche Gedichte und Geschichten vorgelesen,
- im Singkreis und in der Musikgruppe Advents- und Weihnachtslieder gesungen,
- bei der Videofilmvorführung entsprechende Filme bzw. Konzertaufzeichnungen gezeigt,
- im Rahmen der Ausflugsfahrten verschiedene Weihnachtsmärkte besucht und
- in der Koch- und Backgruppe Weihnachtsplätzchen gebacken.

Da es sich bei einem Teil der genannten Feiertage um christliche Feste handelt, ist es unabdingbar, entsprechend religiöse Angebote zu machen, wie zum Beispiel ein Weihnachtsgottesdienst am 1. Weihnachtsfeiertag. Auch weitere christliche Feiertage, die sich in der Aufzählung nicht wiederfinden, werden mit seelsorgerischen Angeboten entsprechend gewürdigt. So wird beispielsweise im Justina von Cronstetten Stift der Totensonntag (Ewigkeitssonntag) immer zum Anlass genommen, in einem Gottesdienst der im Jahresverlauf verstorbenen Bewohner noch einmal besonders zu gedenken.

2.1.1 Bewohnerurlaub

Auch eine Urlaubsreise gehört für einen großen Teil der Bevölkerung mittlerweile schon zu einem normalen Freizeitverhalten. Einmal jährlich wird im Justina von Cronstetten Stift daher eine einwöchige Urlaubsreise für Bewohner angeboten. Um die Reisestrapazen gering zu halten, sollte der Anfahrtsweg zum Urlaubsziel nicht länger als eine Stunde betragen. Die Ziele liegen daher in der weiteren Umgebung von Frankfurt, wie im Taunus oder im Spessart, und müssen die Möglichkeit von interessanten Freizeitaktivitäten bieten. Dabei müssen die Unterkünfte selbstverständlich behindertengerecht sein.

Die Urlaube werden von zwei Pflegefachkräften sowie Auszubildenden begleitet. Es besteht dabei ein Betreuungsverhältnis von 1:1. In der Regel können vier bis fünf Bewohner an der Reise teilnehmen. Dies mag auf den ersten Blick wenig erscheinen, doch bei einer Gesamtbewohnerzahl von 47 Bewohnern entspricht dies immerhin einer Teilnahmequote von etwa 10 Prozent.

Da die Urlaube vollständig über Spenden finanziert werden, können sie für die Teilnehmer (mit Ausnahme des persönlichen Taschengelds) kostenlos angeboten werden. Dadurch wird verhindert, dass einzelne Bewohner nur deshalb nicht an der Urlaubsreise teilnehmen können, weil sie sich dies finanziell nicht leisten können. Sehr viel problematischer ist allerdings die Freistellung der Begleitpersonen, da diese nicht nur während der Urlaubsreise für die Pflege im Hause nicht zur Verfügung stehen, sondern auch danach eine angemessene Dienstbefreiung als Überstundenausgleich erhalten müssen.

2.2 Kulturveranstaltungen

Neben den jahreszeitlichen Festen und Feiern finden im Justina von Cronstetten Stift regelmäßig verschiedene hausinterne Kulturveranstaltungen statt:

- Klassische Konzerte
- Konzerte mit Unterhaltungsmusik (Operette, Schlager, Volkslieder)
- (Autoren-) Lesungen
- Kleinkunstveranstaltungen (Zauberei, Jonglage, Artistik)
- Theateraufführungen
- Dia-Vorträge (mit unterschiedlichen Themenbereichen, wie Reiseberichte, Tiere, Kunststile u. ä.)
- Filmvorführungen (neben den regelmäßigen Filmvorführungen finden in größeren Abständen auch »Autorenfilmabende« in Anwesenheit des »Filmemachers« mit anschließender Gesprächs- bzw. Diskussionsmöglichkeit statt)

Es wurden auch schon kleinere Kunstausstellungen durchgeführt. Aufgrund der räumlichen Struktur des Hauses sind die Möglichkeiten hierzu jedoch leider sehr eingeschränkt.

Die meisten dieser Angebote sind öffentlich, sodass nicht nur Angehörige, sondern auch externe Gäste daran teilnehmen können. Solche Angebote sind daher zugleich ein wesentlicher Teil der Gemeinwesenarbeit und Öffentlichkeitsarbeit des Hauses.

Wie schon zuvor erwähnt, wird im Rahmen der wöchentlichen Ausflüge der Besuch von externen Kulturveranstaltungen, insbesondere von Ausstellungen, angeboten. Aber auch außerhalb dieses festen wöchentlichen Ausflugstermins werden Besuche von Konzerten, Theateraufführungen und Zirkusvorstellungen organisiert. So findet in den Wintermonaten neben den wöchentlichen Ausflugsfahrten des Weiteren monatlich der Besuch eines Orgelkonzerts in einer nahe gelegenen Kirche statt, während von Mai bis September außerdem einmal im Monat der Besuch eines der Promenadenkonzerte in dem nur wenige Gehminuten entfernten Palmengarten auf dem Programm steht. Insgesamt haben die beteiligten Bewohner durch diese Angebote die Möglichkeit, am kulturellen und öffentlichen Leben in der Stadt Frankfurt aktiv Anteil zu nehmen.

2.2.1 Länderwochen

Unter dem Motto »Urlaub zu Hause« veranstaltet das Altenpflegeheim Justina von Cronstetten Stift jährlich eine Veranstaltungswoche, die jeweils einem bestimmten Land gewidmet ist.

Abb. 12: Die Folkloretanzgruppe »Slawia«.

Seit Eröffnung des Heimes wurden bisher acht Länderwochen gefeiert, die Griechenland, Italien, Frankreich, Russland, Spanien, Indien, Österreich und der Türkei gewidmet waren (im Jahr 2007 wird sich das Veranstaltungsangebot um die USA drehen). Diese Wochen unterliegen dabei alle folgenden Gestaltungsprinzipien:

- Authentische Kulturveranstaltungen: Während jeder Länderwoche werden mindestens zwei bis drei authentische Kulturveranstaltungen angeboten. Meist handelt es sich dabei um Auftritte von Musik- und Tanzgruppen; die Kontakte entstehen oft über die örtlichen Kulturvereine der jeweiligen Länder, aber auch über Mitarbeiter oder Angehörige, die aus dem jeweiligen Land stammen bzw. besondere Verbindungen dorthin pflegen.
- Weitere Sonderveranstaltungen: Hierzu zählen beispielsweise Dia-Vorträge über Reisen in die jeweiligen Länder mit Aufnahmen von »Land und Leuten« und/oder über die bildende Kunst des jeweiligen Landes. Bei vielen Länderwochen wurden auch Schallplattenkonzerte mit landestypischer Musik sowie Weinproben angeboten. Als weitere Beispiele für solche »Weiteren Sonderveranstaltungen« seien folgende Aktivitäten genannt: Während der »Indischen Woche« konnten interessierte Bewohner an einer Einführung in die Meditation teilnehmen; in der »Französischen Woche« wurde ein Fondue-Essen angeboten und in der »Spanischen Woche« in einem Vortrag die Geschichte Andalusiens thematisiert.
- Regelmäßige Veranstaltungen: In der Länderwoche finden nur die regelmäßigen Veranstaltungen statt, die sich in das Gesamtkonzept des jeweiligen Landes integrieren lassen (Eine Ausnahme bilden hierbei allerdings die verschiedenen Gymnastikgruppen. Sofern es möglich ist, werden diese natürlich ebenfalls an den Besonderheiten des

jeweiligen Gastlandes ausgerichtet: So wurde während der »Italienischen Woche« Boccia gespielt, in der »Französischen Woche« Boule angeboten und im Rahmen der »Indischen Woche« seniorengerechte Asanas aus dem Yoga ausprobiert. Da bei den anderen Länderwochen eine solche spezifische Verbindung jedoch nicht hergestellt werden konnte, fanden die Gymnastikgruppen vor dem Hintergrund, dass Gymnastik und Sport weltweit betrieben werden, in gewohnter Weise statt. Dies begründet sich darin, dass aus therapeutischer Sicht regelmäßige Bewegungsangebote für Heimbewohner unverzichtbar sind und daher auch während der Länderwoche nicht ausfallen sollten.) Inwieweit eine inhaltliche Ausrichtung der sonstigen Gruppenangeboten am jeweiligen Gastland erfolgen kann, hängt von dessen kulturellen Besonderheiten, aber auch von der Fantasie der Gruppenleitungen ab. Bei allen bisherigen Länderwochen war beispielweise im Spielkreis ein Rätsel über das jeweilige Land zu lösen, bei der Videofilmvorführung gab es Reisevideos aus dem Land zu sehen, in der Koch- und Backgruppe wurde ein landestypisches Gericht gekocht und im Singkreis bekannte Lieder und Schlager, die aus diesem Land stammen oder sich zumindest um dieses drehen, gesungen. Das »Aktuelle Zeitgeschehen« beschäftigte sich mit aktuellen politischen, kulturellen und gesellschaftlichen Entwicklungen des jeweiligen Landes, in der Lesung wurden entsprechende Märchen und Kurzgeschichten vorgelesen und in der Sitztanzgruppe Tänze nach landestypischer Musik eingeübt, die teilweise auch beim Abschlussfest aufgeführt wurden.

- Ausflüge: Wie schon zuvor erwähnt, sind Außenaktivitäten für die Lebenszufriedenheit der Bewohner von besonderer Bedeutung. Während der Länderwoche finden daher drei bis fünf Ausflugsfahrten statt, deren Ziele jeweils in assoziativem Bezug zu dem jeweiligen Land stehen. So wurde beispielsweise während der »Russischen Woche« eine Führung durch die russisch-orthodoxe St. Nikolaus-Kirche in Frankfurt angeboten, eine Fahrt in einen Wildpark, in dem sibirische Wölfe zu sehen sind, unternommen und das Frankfurter Ikonenmuseum besichtigt. In der »Italienischen Woche« wurde ein Spaziergang zum »Historischen Garten« (Reste einer römischen Siedlung) in Frankfurt mit dem anschließenden Besuch eines italienischen Eiscafes verknüpft, die italienische Abteilung der Frankfurter Gemäldegalerie »Städel« besichtigt und eine Fahrt zum Römerkastell »Saalburg« im Taunus durchgeführt. Ein weiteres Beispiel für die Konzeption dieser Ausflugsfahrten können Sie dem Programm der »Türkischen Woche« entnehmen (siehe Anhang Seite 166). Bei den Bewohnern sehr beliebt sind auch Schifffahrten auf dem Main. Da in vielen Urlaubsregionen Bootsfahrten angeboten werden, ist es meist auch relativ leicht, hierzu eine assoziative Verbindung herzustellen, sodass eine Schifffahrt auf dem Main mittlerweile zum Standardangebot in allen Länderwochen zählt. Außerdem führt der abschließende Ausflug der Länderwoche regelmäßig in ein landestypisches Restaurant zum Abendessen.
- Essen und Trinken
  - Unter den drei Auswahlmenüs, unter denen die Bewohner mittags wählen können, befindet sich während der Länderwoche immer ein Gericht des Gastlandes.
  - Auch das Frühstück-, Abendessen- und nachmittägliche Kuchenbüfett wird mit entsprechenden Speisekomponenten bereichert. So wurden beispielsweise während der »Französischen Woche« Croissants und Milchkaffee zum Frühstück angeboten, in der »Österreichischen Woche« gab es nachmittags (untermalt von Kaffeehausmusik) Sachertorte und Apfelstrudel mit verschiedenen österreichischen Kaffeespezialitäten und während der »Griechischen Woche« wurde das Abendessenbüfett mit Tzatziki,

gefüllten Weinblättern, Auberginenmus, griechischem Bauernsalat, Schafskäse, Oliven und Peperoni ergänzt. Dazu werden natürlich landestypische Getränke gereicht.
  - Wie unter »Weitere Sonderveranstaltungen« bereits erwähnt, konnten bei einigen Länderwochen die Bewohner auch im Rahmen einer Weinprobe unter fachmännischer Anleitung verschiedene landestypische Weine verkosten.
- Hausschmuck
  - Um den Bewohnern auch einen optischen Eindruck des jeweiligen Landes zu vermitteln, wird das Haus entsprechend geschmückt. Dabei wird ein Teil des Dekorationsmaterials im Vorfeld von interessierten Bewohnern selbst hergestellt. So werden beispielsweise kleine Landesfähnchen gefertigt, die – an einer Schnur aufgereiht – im Foyer sowie im Speiseraum an der Decke befestigt werden.
  - Außerdem werden Poster und Plakate mit Landschaftsaufnahmen, Sehenswürdigkeiten, Kulturdenkmälern und folkloristischen Szenen von den jeweiligen Fremdenverkehrsvereinen erbeten, die (mit Ausnahme des russischen Fremdenverkehrsvereins) bisher immer problemlos zur Verfügung gestellt wurden.
- Ausstellungen
  - Bei bisher drei Länderwochen konnten Fotoausstellungen über das jeweilige Land gezeigt werden. Bei der »Indischen Woche« war eine Ausstellung mit landestypischem Kunsthandwerk zu sehen und bei der »Türkischen Woche« eine Ausstellung von Büchern aus und über die Türkei.
- Hauszeitschrift
  - Auch in der monatlich erscheinenden Hauszeitschrift »Justina-Nachrichten« wird das jeweilige Land entsprechend gewürdigt. So erscheint dort immer ein kommentierter Veranstaltungskalender (ein Beispiel finden Sie im Anhang) eine allgemeine Beschreibung des Landes, kurze literarische Texte und/oder Gedichte, einige Bilder sowie ein Rätsel über das Land, an dem sich die Bewohner beteiligen können. Die Gewinner des Rätsels werden dann immer bei der Abschlussfeier öffentlich gezogen.

Abb. 13: Ausstellung von Indischem Kunsthandwerk während der Indischen Woche 2004.

2.3 Kreative Angebote

Es werden auch verschiedene kreative Angebote, insbesondere anlässlich jahreszeitlicher Ereignisse und Feiertage angeboten. So wird beispielsweise in jedem Jahr Dekorationsmaterial zu den verschiedenen Jahreszeiten, zu Ostern und Weihnachten sowie den jeweiligen Länderwochen hergestellt. Die gefertigten Gegenstände dienen entweder dem Schmuck der Allgemeinflächen oder dem privaten Gebrauch der beteiligten Bewohner.

Gelegentlich werden aber auch Produkte für den Verkauf bei einem Basar hergestellt. So wurde beispielsweise im Rahmen der »Indischen Woche« ein Kurs in Seidenmalerei angeboten. Dieses Angebot ist vor allem deswegen sehr gut geeignet, weil auch bei Einschränkungen der Feinmotorik und/oder demenziellen Erkrankungen von den Teilnehmern sehr gute Ergebnisse erzielt werden können. Die dort hergestellten Halstücher konnten die Teilnehmer zum einen für den persönlichen Gebrauch verwenden; ein Teil der dort produzierten Tücher wurde außerdem bei einem Basar während des Abschlussfestes der »Indischen Woche« verkauft und der Erlös an eine Behindertenschule in Kalkutta gespendet. Die gesamte Aktion war ein solcher Erfolg, dass sie auf Wunsch der beteiligten Bewohner einige Monate später wiederholt wurde.

3 Tagesbetreuung

Im Rahmen der Tagesbetreuung im Justina von Cronstetten Stift wurden ursprünglich die Bewohner, die sich im Hauptaufenthaltsraum aufhielten, von Montag bis Sonntag in der Zeit von 9.15 bis 17.45 Uhr betreut. Es handelte sich somit um die Betreuung einer offenen und informellen Bewohnergruppe. Die Arbeitsschwerpunkt der Sozialarbeiter in der Tagesbetreuung lag neben der Gestaltung verschiedener Gruppenangebote in der Einzelbetreuung und der Realisierung individueller Bewohnerwünsche, aber auch in der Konfliktintervention. Darüber hinaus initiierten und gestalteten sie über die regelmäßigen Veranstaltungsangebote hinausgehende informelle Aktivitäten in Kleingruppen im Hauptaufenthaltsraum.

Da Ende 2005/Anfang 2006 zunehmend hochgradig demenziell erkrankte Bewohner mit teilweise herausforderndem Verhalten in die Einrichtung zogen, nahmen Konflikte zwischen einzelnen Bewohnern zu. Der Qualitätszirkel im Justina von Cronstetten Stift beschloss daher ab April 2006 die Einführung einer Vormittagsbetreuung, um eine gezielte Begleitung der hochgradig demenziell erkrankten Bewohnern sicherzustellen und zugleich die anderen Bewohner von der alltäglichen Konfrontation mit »herausfordernden« Verhaltensweisen zu entlasten und somit das Konfliktpotenzial zu minimieren (siehe Anhang Seite 154).

Da es nicht möglich war, für die Vormittagsbetreuung zusätzliche Planstellen zu schaffen, wurden diese Aufgaben von den Mitarbeitern der Tagesbetreuung übernommen. Diese Umstrukturierung hatte jedoch zugleich zur Konsequenz, dass die Tagesbetreuung in ihrer ursprünglichen Konzeption (als Betreuung der Bewohner im Hauptaufenthaltsraum) seither nur noch nachmittags und an den Wochenenden durchgeführt werden kann. Eine Auswertung dieser Reorganisation im hausinternen Qualitätszirkel ergab jedoch, dass sich trotz der zuvor skizzierten Einschränkung der Tagesbetreuung die Betreuungssituation durch die Umstrukturierung insgesamt verbessert hat.

4 Einzelbetreuung

Auch wenn es sich dabei ebenfalls nicht um »Kulturarbeit« im engeren Sinne handelt, werden im Folgenden noch kurz die verschiedenen Maßnahmen der Einzelbetreuung dargestellt, um so einen vollständigen Überblick über das Betreuungsangebot im Justina von Cronstetten Stift zu erhalten.

4.1 Projekt zur Verbesserung der psychosozialen Betreuung überwiegend bettlägeriger Bewohner

Da der Anteil schwerstpflegebedürftiger Menschen in den Altenpflegeheimen, die trotz aktivierender Pflege das Bett nur noch kurzfristig oder sogar überhaupt nicht mehr verlassen können, immer mehr zunimmt, führt das Justina von Cronstetten Stift seit sechs Jahren ein spezielles Betreuungsprojekt für diesen Personenkreis durch. Aus den Mitteln des »Frankfurter Programms Würde im Alter« wird dafür eine Teilzeitstelle finanziert. In diesem Rahmen besucht eine Diplom-Pflegewirtin die Bewohner, die aufgrund schwerster körperlicher Einschränkungen nicht mehr oder nur noch sehr bedingt in der Lage

Abb. 14: Einzelbetreuung im Rahmen des Projekts zur Verbesserung der psychosozialen Betreuung überwiegend bettlägeriger Bewohner.

sind, an den zuvor beschriebenen Angeboten teilzunehmen. Die Rahmenziele des Projektes sind eine Erhöhung der Sozialkontakte der Projektteilnehmer sowie Abwechslung durch bedürfnisadäquate Anregungen.

Die praktische Umsetzung der Projektarbeit ist von den noch vorhandenen körperlichen und geistigen Ressourcen sowie den Interessen der Teilnehmer abhängig. Sie umfasst Gespräche, Vorlesen, Spiele oder gemeinsames Musikhören. Mit Bewohnern, die kurzzeitig aus dem Bett mobilisiert werden können, werden im Rollstuhl kleine Spaziergänge unternommen oder sie werden auf Wunsch auf die Terrasse, in die Gemeinschaftsräume, zu Gruppenaktivitäten oder Sonderveranstaltungen begleitet. Bei manchen Projektteilnehmern ist ein Zugang jedoch nur noch durch Körperkontakt, Massagen, Basale Stimulation oder Elemente des Snoezelen möglich.

4.2 Tiergestützte Therapie

Tiergestützte Therapie wird sowohl als Gruppenangebot (»Claras Club« – siehe Anhang) wie auch als Einzelbetreuung angeboten. Im Rahmen der Einzelbetreuung besucht eine Altenpflegerin, die eine entsprechende Fortbildung in tiergestützter Therapie beim Kuratorium Deutsche Altershilfe absolviert hat, einmal wöchentlich gezielt interessierte Bewohner mit ihren beiden Hunden. Darüber hinaus bringen weitere drei Pflegekräfte in unregelmäßigen Abständen ihre Hunde mit ins Haus; gelegentlich wird außerdem eine Katze mitgebracht. Das Justina von Cronstetten Stift hält selbst vier Kaninchen (als »Streicheltiere«) und hat außerdem drei Vogelvolieren, ein Aquarien und einen Gartenteich.

4.3 Snoezelen

Das Haus verfügt über einen Snoezelen-Raum. Die therapeutische Begleitung der Bewohner wird von Mitarbeitern der Tagesbetreuung und des Pflegedienstes übernommen, die jeweils das »Grundseminar Snoezelen« der »Deutschen Snoezelen Stiftung« besucht haben. Insbesondere im Rahmen des »Projekts zur Verbesserung der psychosozialen Betreuung überwiegend bettlägeriger Bewohner« werden auch mobile Elemente des Snoezelen eingesetzt.

4.4 Ehrenamtliche Besuchsdienste

Verschiedene Bewohner werden regelmäßig von ehrenamtlichen Mitarbeitern besucht. Dabei handelt es sich vorrangig um Bewohner, die keine Angehörigen haben bzw. von diesen nur selten besucht werden oder um Bewohner mit einem besonders hohen Betreuungsbedarf.

Ein Großteil der Mitarbeiter des Besuchsdienstes kommt dabei über das Projekt »Da sein« des Frankfurter Bürgerinstituts, das auch deren Schulung sowie die Supervision der ehrenamtlichen Mitarbeiter übernimmt.

Abkürzungen

BRD	Bundesrepublik Deutschland
BDM	Bund deutscher Mädel
CDU	Christlich Demokratische Union
CSU	Christlich Soziale Union
DDR	Deutsche Demokratische Republik
DEFA	Deutsche Filmaktiengesellschaft
FDP	Freie Demokratische Partei
HJ	Hitlerjugend
KdF	Kraft durch Freude
KPD	Kommunistische Partei Deutschlands
KZ	Konzentrationslager
NATO	North Atlantic Treaty Organisation (Nordatlantikpakt)
NSDAP	Nationalsozialistische Deutsche Arbeiterpartei
RM	Reichsmark
RSK	Reichsschrifttumskammer
SBZ	Sowjetische Besatzungszone
SED	Sozialistische Einheitspartei Deutschlands
SA	Sturmabteilung der NSDAP
SPD	Sozialdemokratische Partei Deutschlands
SS	Schutzstaffel der NSDAP
Ufa	Universum Film AG
UK	Unabkömmlich
ZK	Zentralkomitee

Literaturverzeichnis

Altenhilfe

Blimlinger, E.; Ertl, A.; Koch-Straube, U.; Wappelshammer, E. (1994): Lebensgeschichten. Biographiearbeit mit alten Menschen. Vincentz Verlag, Hannover.

Graber-Dünow, M. (2003): Milieutherapie in der stationären Altenhilfe. 2. vollst. überarb. Aufl., Schlütersche Verlagsgesellschaft, Hannover.

Bücher zur (Kultur-)geschichte

Politik und Alltag

Bundeszentrale für politische Bildung (Hrsg.) (1985): Informationen zur politischen Bildung 109/110. Die Weimarer Republik. Bonn.

Bundeszentrale für politische Bildung (Hrsg.) (1984): Informationen zur politischen Bildung 123/126/127. Der Nationalsozialismus. Bonn.

Bundeszentrale für politische Bildung (Hrsg.) (1998): Informationen zur politischen Bildung 259. Deutschland 1945–1949. Besatzungszeit und Staatengründung. Bonn.

Bundeszentrale für politische Bildung (Hrsg.) (2003): Informationen zur politischen Bildung 251. Nationalsozialismus I. Von den Anfängen bis zur Festigung der Macht. überarb. Neuaufl., Bonn.

Bundeszentrale für politische Bildung (Hrsg.) (2003): Informationen zur politischen Bildung 261. Weimarer Republik. überarb. Neuaufl., Bonn.

Bundeszentrale für politische Bildung (Hrsg.) (2004): Informationen zur politischen Bildung 266. Nationalssozialismus II. Führerstaat und Vernichtungskrieg. Bonn.

Deutscher Bundestag, Presse- und Informationszentrum, Referat Öffentlichkeitsarbeit (Hrsg.) (1983): Fragen an die deutsche Geschichte. Bonn.

Engelmann, B. (1985): Einig gegen Recht und Freiheit. Ein deutsches Anti-Geschichtsbuch. Goldmann Verlag, München.

Engelmann, B. (1982): Im Gleichschritt marsch, Wie wir die Nazizeit erlebten. 1933–1939. Goldmann-Wilhelm GmbH, Köln.

Engelmann, B. (1983):Bis alles Scherben fällt. Wie wir die Nazizeit erlebten 1939–1945. Goldmann-Wilhelm GmbH, Köln.

Klee, E. (1985): »Euthanasie« im NS-Staat. Die Vernichtung lebensunwerten Lebens. Fischer Verlag, Frankfurt am Main.

Zu diesem Thema verwendete Internetseiten:
www.antifa.co.at
www.bpb.de
www.br-online.de
www.dhm.de

Film

Bandmann, C.; Hembus, J. (1980): Klassiker des deutschen Tonfilms 1930–1960. Goldmann-Wilhelm GmbH, München.

Barthel, M. (1986): So war es wirklich. Der deutsche Nachkriegsfilm. Herbig Verlag, München/Berlin.

Belach, H. (1979): Wir tanzen um die Welt. Deutsche Revuefilme 1933–1945. Hanser Verlag, München/Wien.

Jacobsen, W.; Kaes, A.; Prinzler, H. H.(Hrsg.) (1993): Geschichte des deutschen Films. Metzler Verlag, Stuttgart.

Kreimeier, K. (2002): Die Ufa-Story. Fischer Verlag, Frankfurt am Main.

Riess, C. (1977): Das gab's nur einmal. Die große Zeit des deutschen Films. Band 2. Verlag der Sternbücher, Wien/München.

Riess, C. (1977): Das gab's nur einmal. Die große Zeit des deutschen Films. Band 3. Verlag der Sternbücher, Wien/München.

Zu diesem Thema verwendete Internetseiten:
de.wikipedia.org
www.bleyenberg.de
www.cyranus.ch
www.deutsches-filminstitut.de
www.deutscher-tonfilm.de
www.dhm.de
www.filmportal.de
www.insidekino.com
www.shoa.de
www.zwanziger-jahre.de

Literatur

Dorner, R.; Abels, N. (1999): Literatur im Buchhandel. Bramann Verlag, Frankfurt a. M.

Fähnders, W. (1988): »700 Intellektuelle beten einen Öltank an«, in: Die wilden Zwanziger. Weimar und die Welt 1919–33. Rowohlt Verlag, Reinbek bei Hamburg.

Forster, H.; Riegel, P. (1995): Deutsche Literaturgeschichte. Band 11. Die Nachkriegszeit 1945–1968. Deutscher Taschenbuch Verlag, München.

Kästner, E. (1966): Bei Verbrennung meiner Bücher, in: Kästner, E.: Kästner für Erwachsene. S. Fischer Verlag, Zürich.

Martini, F. (1991): Deutsche Literaturgeschichte. 19., neu bearbeitete Auflage. Kröner Verlag, Stuttgart.

Sarkowicz, H.; Mentzer, A. (2000): Literatur in Nazi-Deutschland. Ein biografisches Lexikon. Europa Verlag, Hamburg/Wien.

Zu diesem Thema verwendete Internetseiten:
de.wikipedia.org
www.buecherverbrennung.de
www.dhm.de
www.fluter.de
www.literaturwelt.com
www.shoa.de

Kabarett

Budzinski, K. (1989): Wer lacht denn da? Kabarett von 1950 bis heute. Westermann Verlag Braunschweig.

Hippen, R. (1988): Kabarett zwischen den Kriegen, in: Die wilden Zwanziger, Weimar und die Welt 1919–33. Rowohlt Verlag, Reinbek bei Hamburg.

Hippen, R. (1988): Es liegt in der Luft. Kabarett im Dritten Reich. Zürich.

Kühn, V. (1984): Das Kabarett der frühen Jahre. Ullstein Verlag, Berlin.

Kühl, S. (1962): Deutsches Kabarett. Droste Verlag, Düsseldorf.

Otto, R.; Rösler, W. (1977): Kabarettgeschichte. Henschel Verlag, Berlin.

Rolfs, R. (o.J.): Pfui!. Frankfurt am Main.

Musik

Cohn, N. (1971): AwopBopaLooBop AlopBamBoom. Pop History. Rowohlt Verlag, Reinbek bei Hamburg.

Fath, R. (1999): Reclams Opernführer. 36. erweiterte Auflage. Reclam Verlag, Stuttgart.

Heister, H.W.; Klein, H.-G. (Hrsg.) (1984): Musik und Musikpolitik im faschistischen Deutschland. Fischer Verlag, Frankfurt am Main.

Muthesius, D. (1997): Musikerfahrungen im Lebenslauf alter Menschen. Vincentz Verlag, Hannover.

Würz, A. (1997): Reclams Operettenführer. 22. Auflage. Reclam Verlag, Stuttgart.

Zu diesem Thema verwendete Internetseiten:
de.wikipedia.org
www.bobsmusic.de
www.comedien-harmonists.de
www.dhm.de
www.drm-berlin.de
www.mdr.de
www.nrw2000.de
www.operundtanz.de
www.return2style.de

Theater

Brecht, B. (1948): Kleines Organon für das Theater. Suhrkamp Verlag, Frankfurt am Main.

Drewniak, B. (1983): Das Theater im NS-Staat. Droste Verlag, Düsseldorf.

Michael, F.; Daiber, H. (1990): Geschichte des deutschen Theaters. Reclam Verlag, Frankfurt am Main.

Rischberger, H. (Hrsg.) (1999): Durch den Eisernen Vorhang. Theater im geteilten Deutschland 1945 bis 1990. Propyläen Verlag, Berlin.

Wulf, J. (1983): Theater und Film im Dritten Reich. Ullstein Verlag, Frankfurt am Main/ Berlin/Wien.

Zu diesem Thema verwendete Internetseiten:
www.dhm.de
www.kriegsende.ard.de
www.literaturwelt.com
http://theater-info.de

Bildende Kunst
Krauße, A. C. (1995): Geschichte der Malerei von der Renaissance bis heute. Verlag Ullmann/Tandem, Köln.

Zu diesem Thema verwendete Internetseiten:
de.wikipedia.org
www.bauhaus.de
www.dhm.de
www.shoa.de

Sonstige Literatur
Kanik, O. V.; Pazarkaya, Y. (1979): Das Wort des Esels. Geschichten von Nasreddin Hodscha. Berlin/Ararat.

Sonstige verwendete Internetseiten:
www.islam.de
www.justina-von-cronstetten-stift.de
www.livemusicnow.de
www.remid.de
www.religion-online.info

Anhang

Regelmäßige Veranstaltungen im Justina von Cronstetten Stift

Montag

9.30 Uhr	**Vormittagsbetreuung** mit Herrn Claus Guckenberger
10.00 Uhr	**Kreativ- und Einzelgymnastik** mit Frau Uli Kremer
16.30 Uhr	**Singkreis** mit Herrn Markus Kneisel
19.00 Uhr	**Stammtisch** mit verschiedenen Pflegekräften

Dienstag

9.30 Uhr	**Vormittagsbetreuung** mit Frau Katrin Kuznia
10.00 Uhr	**Gruppengymnastik** mit Frau Uli Kremer
10.30 Uhr	**Musikgruppe** mit Frau Katrin Kuznia
15.30 Uhr	**Spielkreis** mit Herrn Norbert Wöste
16.30 Uhr	**Gespräche und Spiele** mit Herrn Norbert Wöste
19.00 Uhr	**Videofilmvorführung** mit Herrn Michael Graber-Dünow

Mittwoch

9.30 Uhr	**Vormittagsbetreuung** mit Herrn Claus Guckenberger
10.30 Uhr	**Gedächtnistraining** mit Frau Marlies Schwarz
15.00 Uhr	**Ausflug**
16.00 Uhr	**Kreuzworträtsel-Ecke** mit Herrn Claus Guckenberger

19.00 Uhr **Lesung**
mit Mitarbeiter/innen des Projekts »Lesefreuden« des Frankfurter Bürgerinstitus

Donnerstag

9.30 Uhr **Vormittagsbetreuung**
mit Frau Katrin Kuznia

10.30 Uhr **Gruppengymnastik**
mit Frau Uli Kremer

16.00 Uhr **Andacht**
mit Herrn Pfarrer Thomas Hessel und Frau Katrin Kuznia (Musik)

17.00 Uhr **Aktuelles Zeitgeschehen**
mit Herrn Claus Guckenberger

19.00 Uhr **Spiele-Abend**
mit Herrn Claus Guckenberger

Freitag

9.30 Uhr **Vormittagsbetreuung**
mit Frau Angelika Heise

10.30 Uhr **Senioren-Sitztanz**
mit Frau Katrin Kuznia

14.30 Uhr **Clara`s Club**
mit Frau Ulrike Greiner und ihrer Hündin Clara

16.00 Uhr **Vertellekes/Sonnenuhr**
mit Frau Katrin Kuznia

Samstag

10.30 Uhr **Koch- und Backgruppe**
abwechselnd mit Frau Angelika Heise, Frau Katrin Kuznia oder Herrn Claus Guckenberger

16.00 Uhr **Bunter Nachmittag**
abwechselnd mit Frau Angelika Heise, Frau Katrin Kuznia oder Herrn Claus Guckenberger

Außerdem jeden letzten Donnerstag im Monat um 15.00 Uhr:
Kaffeehausmusik mit Herrn Markus Kneisel

Stand: Juni 2007

Sonderveranstaltungen 2006 im Justina von Cronstetten Stift

Sonderveranstaltungen im Januar

Sonntag, 01.01.2006
11.30 Uhr **Sektumtrunk zum Neujahr**

Sonntag, 08.01.2006
11.45 Uhr **Besuch der Sternsinger**
der St. Antonius-Gemeinde

Montag, 09.01.2006
19.00 Uhr **Dia-Vortrag: Reise in den hohen Norden**
Teil 1: Norwegen
von und mit Herrn Claus Guckenberger

Montag, 16.01.2006
19.00 Uhr **Ein Jahresrückblick 2005 in Bildern**
von und mit Herrn Peter Barwitzki

Samstag, 21.01.2006
16.30 Uhr **Hans-Harald, der Odenwälder**
Volkstümliche Lieder, Schlager und Animation

Freitag, 27.01.2006
10.30 Uhr **Wolfgang Amadeus Mozart – Leben und Werk**
(zu Mozart`s 250. Geburtstag)
Vortrag mit zahlreichen Musikeinspielungen
von und mit Herrn Michael Graber-Dünow

16.30 Uhr **Stiftungsfest**
»Yehudi Menuhin live music now«
präsentiert Frau Katharina Magiera (Mezzosopran)
und Herrn Christoph Weisbrod (Gitarre)

Sonderveranstaltungen im Februar

Freitag, 03.02.2006
19.00 Uhr **Videofilmvorführung: »Frankfurt und Umgebung 1930«**
Der dokumentarische Stummfilm wird live am Klavier begleitet von Herrn Fréderic Strube

Samstag, 11.02.2006
16.30 Uhr **Jaques Oerter: »Immer noch wahr«**
Nostalgisch-musikalisches Kabarett
Herr Jaques Oerter singt Otto Reutter-Couplets und rezitiert Ringelnatz, Morgenstern sowie eigenen Gedichte und Gedanken

Montag, 20.02.2006
19.00 Uhr **Dia-Vortrag: Reise in den hohen Norden**
Teil 2: Spitzbergen
von und mit Herrn Claus Guckenberger

Samstag, 25.02.2006
15.11 Uhr **Fastnachtsfeier**
mit dem »1. Frankfurter Karnevalclub von 1898«
und dem Alleinunterhalter Herrn Markus Kneisel

Montag, 27.02.2006
15.11 Uhr **Kräppelkaffee zum Rosenmontag**

Sonderveranstaltungen im März

Mittwoch, 01.03.2006
18.00 Uhr **Heringsessen zum Aschermittwoch**

Freitag, 03.03.2006
16.00 Uhr **»Gedichte zum Schmunzeln«**
Herr Michael Graber-Dünow liest Wilhelm Busch,
Christian Morgenstern, Heinz Ehrhardt, Eugen Roth u. a.

Montag, 06.03.2006
19.00 Uhr **Dia-Vortrag: »Frühlingswanderung in Ostfrankreich«**
von und mit Herrn Claus Guckenberger

Freitag, 10.03.2006
16.30 Uhr **Konzert des »Ensemble Incendo«**
Unter dem Motto »Mozart im Kreise seiner Verehrer« spielt das Berliner Quintett Werke von Wolfgang Amadeus Mozart, Joseph Haydn und Ludwig van Beethoven

Montag, 13.03.2006
16.00 Uhr **»Kumulieren und Panaschieren«**
Informationsveranstaltung zum Kommunalwahlrecht
anlässlich der Kommunalwahl am 26. März 2006
mit Herrn Michael Graber-Dünow

Samstag, 18.03.2006
16.30 Uhr **Frühlingsfest**
Frühlingslieder und Schlager
mit dem Alleinunterhalter und Humoristen
Herrn Werner Glöckner

Dienstag, 21.03.2006
19.00 Uhr **»Eine zauberhafte Reise«**
Zauberei, Magie, Visionen
mit dem Zauberer Ello

Sonderveranstaltungen im April

Samstag, 01.04.2006
16.30 Uhr **»Scherzo«**
Liedernachmittag zum 1. April
Frau Raminta Vaicek (Sopran) und Frau Ruta Rudvalyte (Flügel) spielen heitere Stücke von Franz Schubert, Hugo Wolf, Wolfgang Amadeus Mozart, Johann Strauß und Franz Lehar

Dienstag, 04.04.2006
16.00 Uhr **»Rund um die Biene«**
Informationen und Honigprobe
mit dem Imker Herrn Norbert Wöste

Dienstag, 11.04.2006
19.00 Uhr **Dia-Vortrag: »Karlsbad – Bilder einer Stadt«**
von und mit Herrn Otfried Grein

Donnerstag, 13.04.2006
10.00 Uhr **Ostereier färben**
mit Frau Angelika Heise

Mittwoch, 19.04.2006
19.00 Uhr **Marionettentheater: »Schläft ein Lied in allen Dingen«**
Ein Bilderbogen bunter Träume von Menschen, Tieren und anderen Wesen
von und mit Herrn Martin Scherper

Samstag, 29.04.2006
16.30 Uhr **Spargelfest**
Musik: »Golden Evergreens«

Sonderveranstaltungen im Mai

Montag, 01.05.2006
16.30 Uhr **Lieder zum 1. Mai**
Herr Markus Kneisel singt Arbeiter- und Volkslieder

Dienstag, 02.05.2006
19.00 Uhr **»Gekommen ist der Maie …«**
Gedichte und Musik zum Frühling
mit Herrn Michael Graber-Dünow

Samstag, 06.05.2006
16.30 Uhr **»Ein Leben für die Liebe«**
Liedernachmittag nach Zarah Leander
mit Frau Erika Burger (Gesang) und Herrn Lothar Lang (Flügel)

Samstag, 13.05.2006
16.30 Uhr **Grillfest mit »Tag der offenen Tür«**
Für die musikalische Unterhaltung sorgt der
Alleinunterhalter Herr Manfred Maaß

Mittwoch, 24.05.2006
19.00 Uhr **Schallplattenkonzert: »Himmelfahrtsoratorium«**
von Johann Sebastian Bach
mit Herrn Michael Graber-Dünow

Sonntag, 28.05.2006
15.00 Uhr **Besuch des Promenadenkonzerts im Palmengarten**
mit dem **»Blasorchester Nieder Mörlen«**

Dienstag, 30.05.2006
19.00 Uhr **»Anekdoten und Geschichten rund um's Stöffche«**
(mit Apfelweinprobe)
von und mit dem Keltermeister Herrn Jörg Stier

Sonderveranstaltungen im Juni

Sonntag, 04.06.2006
16.30 Uhr **Klassisches Pfingstkonzert**
mit Frau Khalida Abdullaev (Flügel)
und Herrn Alexander Fradkin (Geige)

Dienstag, 06.06.2006
16.30 Uhr **Jahresfeier**
»Yehudi Menuhin live musik now«
präsentiert Frau Katharin Kutsch (Sopran)
und Frau Paulina Tukiainen (Flügel)
Die Festrede hält Herr Dr. Frank Hinrichs

Montag, 12.06.2006
15.00 Uhr **Kaffeenachmittag im Garten**
von Herrn Claus Guckenberger

Dienstag, 13.06.2006
19.00 Uhr **Wunschkonzert**
mit Herrn Markus Kneisel
Das Programm bestimmen Sie!

Mittwoch, 14.06.2006
10.30 Uhr **»Der Ball ist rund wie eine Schallplatte«**
Schallplattenkonzert mit landestypischer Musik
verschiedener Teilnehmer an der Fußballweltmeisterschaft
von und mit Herrn Michael Graber-Dünow

Freitag, 16.06.2006
15.00 Uhr **Besuch der Brüder-Grimm-Märchenfestpiele in Hanau:**
»Die Goldene Gans«
Musical nach den Gebrüdern Grimm

Samstag, 17.06.2006
16.30 Uhr **Grillfest**
mit dem Alleinunterhalter Herrn Markus Kneisel

Freitag, 23.06.2006
16.00 Uhr **Zarah Leander – Leben und Werk**
(zum 25. Todestag des Ufa-Stars)
Vortrag mit zahlreichen Musikeinspielungen
von und mit Herrn Michael Graber-Dünow

Sonntag, 25.06.2006
15.00 Uhr **Besuch des Promenadenkonzerts im Palmengarten**
mit dem **»Pfungstädter Akkordeon Ensemble«**

Montag, 26.06.2006
19.00 Uhr **Ein Halbjahresrückblick in Bildern**
von und mit Herrn Peter Barwitzki

Sonderveranstaltungen im Juli

Montag, 03.07.2006
19.00 Uhr **»Faszination Brasilien«**
Ein brasilianischer Erlebnisvortrag
mit Lichtbildern, Musik (Gitarre live gespielt), Filmauschnitten, Literatur, Kunstgegenständen und exotischen Früchten
von und mit Herrn André Berk

Freitag, 07.07.2006
16.30 Uhr **Klassisches Konzert**
mit Herrn Jan Polivka (Flügel), Frau Ela Mrackova (Oboe)
und Herrn Martin Polivka (Geige)

Montag, 10.07.2006
19.00 Uhr **»Märchen vom Glück und von der Liebe«**
mit der Märchenerzählerin Frau Barbara Mödder

Samstag, 15.07.2006
15.30 Uhr **Sommerfest**
mit dem Alleinunterhalter Herrn Markus Kneisel sowie
gepfefferte Jonglage, scharfe Comedy und feurige Pannen
mit den »Tabascos«

Sonntag, 23.07.2006
15.00 Uhr **Besuch des Promenadenkonzerts im Palmengarten**
mit dem **»Männerchor Praunheim«**

Dienstag, 25.07.2006
16.00 Uhr **Lesung: »Legenden entlang des Jacobswegs«**
mit Frau Marlies Schwarz

Sonderveranstaltungen im August

Dienstag, 01.08.2006
16.00 Uhr **Lesung: »Biografien berühmter Frauen«**
mit Frau Marlies Schwarz

Dienstag, 08.08.2006
19.00 Uhr **Klassisches Konzert**
mit Frau Tatjana Drujan (Cello)
und Herrn Alexander Schawgulidse (Flügel)

Montag, 14.08.2006
10.30 Uhr **Herstellen von Dekorationsmaterial**
für unsere »Türkische Woche«
mit Frau Uli Kremer und Herrn Claus Guckenberger

Samstag, 19.08.2006
16.30 Uhr **»Lieder, die man nie vergisst«**
Balladen – Evergreens – Operetten
mit dem Tenor Herrn James Mayer

Sonntag, 20.08.2006
15.00 Uhr **Besuch des Promenadenkonzerts im Palmengarten**
mit dem **»Musikverein Limburg«**

Montag, 21.08.2006
10.30 Uhr **Herstellen von Dekorationsmaterial**
für unsere »Türkische Woche«
mit Frau Uli Kremer und Herrn Claus Guckenberger

Dienstag, 22.08.2006
8.30 Uhr **Besuch der Bezirkstierschau in Bad Vilbel**
(Sonderveranstaltung im Rahmen von »Clara`s Club«)
mit Frau Ulrike Greiner

Samstag, 26.08.2006
16.30 Uhr **Grillfest**
Für die musikalische Unterhaltung sorgen
Lothar Lang`s »Starlights«

Montag, 28.08.2006
10.30 Uhr **Herstellen von Dekorationsmaterial**
für unsere »Türkische Woche«
mit Frau Uli Kremer und Herrn Claus Guckenberger

Sonderveranstaltungen im September

Sonntag, 03. 09.2006 bis Samstag, 09.09.2006
»Türkische Woche«
mit 25 Veranstaltungen »rund um die Türkei«, u. a. der Bauchtänzerin Sho`ira (die einen Schlangentanz mit einer lebenden Boa zeigt), der orientalischen Märchenerzählerin Rosa Vita, Musik- und Tanzgruppen des Alevitischen Kulturzentrums sowie verschiedenen Ausflugsfahrten

Sonntag, 17.09.2006
15.00 Uhr **Besuch des Promenadenkonzerts im Palmengarten**
mit der **»Stadtkapelle Bad Vilbel«**

Dienstag, 19.09.2006
15.00 Uhr **»Europa-Quiz«**
des Vereins »Bürger Europas«
im Seniorentreff des Deutschen Roten Kreuzes

Sonntag, 24.09.2006
16.00 Uhr **Michael Jary – Leben und Werk**
(zum 100. Geburtstag des bekannten Schlagerkomponisten)
Vortrag mit zahlreichen Musikeinspielungen
von und mit Herrn Michael Graber-Dünow

Dienstag, 26.09.2006
19.00 Uhr **Klassisches Klavierkonzert**
mit Frau Ruta Rudvalyte

Sonderveranstaltungen im Oktober

Sonntag, 01.10.2006
16.30 Uhr **Erntdankfest**
»Yehudi Menuhin live music now«
präsentiert Frau Andrea Florescu (Violine)
und Frau Anca Lupu (Flügel)
Im Anschluss an die Feierstunde erwartet Sie Zwiebelkuchen und Federweißer

Dienstag, 03.10.2006
10.00 Uhr **Teilnahme am »Lauf gegen das Vergessen«**
des Sozialverbandes VdK in Kooperation mit dem »Ginnheimer Lauftreff« des PSV Blau-Gelb
Sie können sich mit dem Rollstuhl über den Rundkurs im Niddapark schieben lassen, unsere Läufer/innen anfeuern oder das Rahmenprogramm mit dem Musikduo »Pommes und Fritz« genießen.

Freitag, 06.10.2006
19.00 Uhr **»Märchenhaftes Indien«**
Ein indischer Abend anlässlich der Frankfurter Buchmesse,
dessen Gastland in diesem Jahr Indien ist,
mit indischer Sarod-Musik von Herrn Helmut Kapusta und einer Lesung indischer Märchen mit Herrn Michael Graber-Dünow

Montag, 09.10.2006 bis Freitag, 13.10.2006
Bewohnerurlaub in Bad Orb

Sonntag, 15.10.2006
16.30 Uhr **Oktoberfest**
mit den Kolping Tanzfreunden Karlburg
und der musikalischen Unterhaltung von »Bavaria Blue«

Montag, 16.10.2006
19.00 Uhr **Rückblick auf unseren Bewohnerurlaub in Bad Orb**
mit Frau Franziska Beitner, Frau Ulrike Greiner,
Frau Sandra Müller und Frau Christine Wagner

Dienstag, 24.10.2006
19.00 Uhr **»Von unserem Sommerfest bis zum Oktoberfest«**
Ein Bilderrückblick von und mit Herrn Peter Barwitzki

Sonderveranstaltungen im November

Montag, 06.11.2006
16.00 Uhr **»Jugend musiziert«**
mit Klavierschüler/innen von Frau Viktoria Terno

Dienstag, 07.11.2006
19.00 Uhr **Dia-Vortrag: »Deutschlands alte Bäume«**
von und mit Herrn Stefan Kühn (vom Deutschen Baumarchiv)

Freitag, 10.11.2006
10.00 Uhr **Martinssingen**
mit dem Kindergarten der St. Katharinengemeinde

Freitag, 17.11.2006
16.00 Uhr **Dia-Vortrag: »Elefanten – Dicke Haut und zarte Seelen«**
von und mit Herrn Klaus Kallenbach
(vom Zoologischen Garten)

Montag, 20.11.2006
16.00 Uhr **Besuch des Orgelkonzertes in der St. Katharinenkirche**
Prof. Martin Lücker spielt
Werke von Johann Sebastian Bach und Max Reger

Montag, 27.11.2006
10.30 Uhr **Basteln von Advents- und Weihnachtsschmuck**
mit Frau Uli Kremer

Dienstag, 28.11.2006

18.00 Uhr **Hessischer Abend**
anlässlich des 60. Geburtstags des Landes Hessen
mit Äppelwoi, Rippche un Kraut,
»Hessische Lieder, Gedichte un Sprüch«
mit Herrn Markus Kneisel

Sonderveranstaltungen im Dezember

Freitag, 01.12.2006

17.00 Uhr **Chorkonzert:**
Der »**Männerchor Praunheim 1878 e.V.**«
singt weltliche und weihnachtliche Lieder

Sonntag, 03.12.2006

16.30 Uhr **Klassisches Adventskonzert**
»Yehudi Menuhin live music now«
präsentiert das »Trio Altiora«

Montag, 04.12.2006

10.30 Uhr **Basteln von Advents- und Weihnachtsschmuck**
mit Frau Uli Kremer

Mittwoch, 06.12.2006

18.00 Uhr **Nikolausfeier**
Für die musikalische Unterhaltung sorgt »Drehorgel-Peter«

Sonntag, 10.12.2006

15.00 Uhr **Weihnachtliche Lieder**
mit der Heliand Pfadfinderinnenschaft
im Evangelischen Jugendwerk Hessen

Montag, 11.12.2006

19.00 Uhr **Dia-Vortrag: »Winterliche Impressionen«**
von und mit Herrn Claus Guckenberger

Sonntag, 17.12.2006

15.00 Uhr **Adventskaffee**
mit unseren Auszubildenden Frau Peggy Hillger
und Frau Susanne Volb

Dienstag, 19.12.2006

19.00 Uhr **Konzert des Bläserquartetts »Barokko«**
aus St. Petersburg

Donnerstag, 21.12.2006
16.00 Uhr **Besuch des Orgelkonzertes in der St. Katharinenkirche**
Prof. Martin Lücker spielt Werke von Johann Sebastian Bach

Freitag, 22.12.2006
15.00 Uhr **Vorweihnachtlicher Kaffeenachmittag**
mit unseren Auszubildenden Frau Franziska Beitner
und Frau Sandra Müller

Sonntag, 24.12.2006
15.30 Uhr **Weihnachtsfeier**
Musik: Frau Gabi Krah-Kneisel und Herr Markus Kneisel

Freitag, 29.12.2006
19.00 Uhr **»Zwischen Weihnachten und Dreikönigsfest«**
Lesung mit Herrn Michael Graber-Dünow

Die »Türkische Woche« 2006

(Das kommentierte Veranstaltungsprogramm ist der Hauszeitschrift »Justina-Nachrichten« entnommen)

Sonntag, 03.09.2006
16.30 Uhr
Eröffnungsfeier
mit der Bauchtänzerin Sho'ira und der orientalischen Märchenerzählerin Rosa Vita

Der orientalische Bauchtanz gehört bis heute untrennbar zu vielen Feierlichkeiten und Festen in der arabischen Welt, in den Maghreb-Staaten und der Türkei. Gerade im traditionell ländlichen Milieu wird der »Göbek-Danse« weiterhin gepflegt. Erleben Sie zur Eröffnung unserer »Türkischen Woche« daher die Bauchtänzerin Sho'ira, die u. a. einen Schlangentanz mit einer lebenden Boa vorführt.

Unter dem Motto »Märchen für Aug' und Ohr« trägt die Märchenerzählerin Rosa Vita zur Einleitung und zwischen den Tänzen orientalische Geschichten aus 1001 Nacht vor.

Im Anschluss an die Eröffnungsfeier bereitet unsere Küche zum Abendessen um 18.00 Uhr Kebap mit Cacik und frischen Salaten.

Montag, 4.09.2006
10.00 Uhr
Kreativ-Gymnastik I
mit Frau Kremer
Sport ist international! Wie auf der ganzen Welt werden auch in der Türkei die verschiedensten Sportarten betrieben; vor allem der Fußball erfreut sich dort heute einer großen Beliebtheit. Eine traditionelle sportliche Besonderheit stellen hingegen die Yagli Güres, die Öl-Ringkämpfe dar.

Und für Türkeireisende werden in den Touristenhotels natürlich täglich Gymnastik und andere sportliche Aktivitäten angeboten. Es gibt also keinen Grund, während unserer »Türkischen Woche« auf unsere verschiedenen Gymnastikgruppen zu verzichten, die daher wie gewohnt stattfinden.

10.30 Uhr
Vortrag: Der Islam – Entstehungsgeschichte, Glauben und Leben
von und mit Herrn Pfarrer Hessel

Der Islam ist mit ca. 1,2 Milliarden Anhängern nach dem Christentum (ca. 2,0 Milliarden Anhänger) die zweitgrößte Religion der Welt. Die Gläubigen werden als »Muslime« oder auch »Moslems« bezeichnet. Nach offiziellen Statistiken sind 99,8 Prozent der türkischen Bevölkerung Muslime. Davon sind etwa 65 bis 70 Prozent Sunniten, die restlichen 30 bis 35 Prozent Aleviten. Außerdem leben in der Türkei 0,2 Prozent Christen (125.000) und 0,04 Prozent Juden (23.000).

Pfarrer Hessel gibt im Rahmen der »Türkischen Woche« einen Einblick in die Grundzüge des Islam.

11.00 Uhr
Kreativ-Gymnastik II
mit Frau Kremer

15.00 Uhr
Ausflug: Besichtigung der Nuur – Moschee
der Ahmadiyya Muslim Jamaat in Frankfurt

»Liebe für alle – Hass für keinen« steht am Eingang der Nuur-Moschee am Rande des Frankfurter Stadtwalds. Die Moschee wurde 1959 als erste Moschee in Frankfurt (und dritte in Deutschland) erbaut. Der Imam (und bekannte Dichter) Hadayatullah Hübsch wird uns durch die Moschee führen und für Fragen zur Verfügung stehen. Im Anschluss sind wir dort zu Kaffee und Kuchen eingeladen.

16.00 Uhr
Türkische Märchen
mit Frau Bender-Bächer

Im Rahmen ihrer wöchentlichen Lesung wird Frau Bender-Bächer Geschichten aus dem reichhaltigen türkischen Märchenschatz vortragen.

19.00 Uhr
Eine musikalische Reise in die Türkei
mit Herrn Kneisel

Zu dieser Veranstaltung schreibt der »musikalische Reiseleiter« Herr Kneisel:

»Die Reiseleitung hat folgende Route für die Fahrt in die Türkei festgelegt: Von Frankfurt aus fahren wir nach Süddeutschland, machen einen kleinen Umweg über die Schweiz und Liechtenstein, kommen dann in Österreich an, fahren weiter durch Austria, um schließlich nach Italien zu gelangen. Hier besteigen wir zur weiteren Fahrt ein Schiff, machen noch mal Rast in Griechenland und legen dann letztendlich in einem Hafen in der Türkei an.

Wir wünschen unseren mitfahrenden Gästen gute Laune und einen interessanten Reiseverlauf!«

Dienstag, 5.09.2006

10.00 Uhr
Gruppengymnastik
mit Frau Kremer

11.00 Uhr
Türkische Musik in der Musikgruppe
mit Frau Kuznia

Selbstverständlich erklingt auch in unserer wöchentlichen Musikgruppe türkische Musik zum Zuhören und Mitmachen.

15.15 Uhr
Ausflug: Schifffahrt auf dem Main

Es ist schon eine kleine Tradition, dass wir bei nahezu jeder Länderwoche eine Schifffahrt anbieten. Und da sich auch bei der Türkei eine assoziative Verbindung zu einer Schifffahrt herstellen lässt, haben wir diese bei vielen Bewohner/innen sehr beliebte Aktivität im Rahmen unserer »Türkischen Woche« erneut ins Programm genommen.

Wer schon einmal an einer türkischen Küste Urlaub gemacht hat, wird sicherlich bestätigen können, dass dort neben vielfältigen Wassersportarten auch Schiffsausflüge angeboten werden: Die Fahrten führen meist an der Küste entlang zu anderen Ortschaften, Badebuchten oder zu vorgelagerten Inseln.

Dies können wir Ihnen zwar nicht anbieten, aber doch immerhin eine Schifffahrt auf dem Main: Vom Eisernen Steg fahren wir mit der »Wickinger« zunächst flussaufwärts durch den Osthafen zur Gerbermühle. Danach geht es stromabwärts bis zur Griesheimer Schleuse und von dort wieder zum Eisernen Steg zurück.

16.00 Uhr
Rätselhafte Türkei
Ein Ratespiel von und mit Herrn Wöste

Die Türkei wirft viele Fragen auf, die es bei unserem Quiz zu beantworten gilt.

19.15 Uhr
Dia-Vortrag: »Von den Seldschuken zu den Osmanen«
Ein Einblick in die türkische Kulturgeschichte
von und mit Herrn Gieltowski

Unternehmen Sie mit dem Maler und Kunstpädagogen Frank Gieltowski einen Streifzug durch die reichhaltige türkische Kulturgeschichte.

Mittwoch, 6.09.2006
10.30 Uhr
Türkei mit allen Sinnen
mit Herrn Guckenberger

Bei diesem Angebot können Sie türkisches Gebäck kosten, den Duft frisch gebrühten Tees riechen, Bilder aus der Türkei betrachten, Stoffe ertasten und dazu türkische Musik hören.

10.30 Uhr
Videofilmvorführung: »Türkei – ein Reisevideo«
mit Herrn Graber-Dünow
Ort: Mehrzweckraum 6. OG

Besuchen Sie mit diesem Reisevideo die Türkei und erleben Sie dort »Land und Leute«.

15.00 Uhr
Ausflug: Türkische Orte im Frankfurter Bahnhofsgebiet

Im Frankfurter Bahnhofsviertel, insbesondere in der Münchener Straße gibt es vielfältige Zeugnisse türkischen Lebens in Frankfurt, die in ihrer Authentizität von keiner Stadt in der Türkei zu unterscheiden sind: Dazu gehören beispielsweise türkische Lebensmittelläden und Supermärkte, Bäckereien, Frisöre, Juweliere, Buchläden und Imbisse. Auch mehrere Moscheen sind hier zu finden. Erleben Sie unter der Führung von Frau Kuznia das türkische Flair in diesem Stadtteil.

Und wie bei jedem Ausflug steht natürlich danach der Besuch in einem Kaffeehaus auf dem Programm.

16.00 Uhr
Spiele-Nachmittag: »Okey«
mit Herrn Guckenberger

Die beliebtesten Spiele in der Türkei sind Backgammon und Okey. Okey ist dem Rommé bzw. Rummy sehr ähnlich. Während unserer »Türkischen Woche« können Sie dieses Spiel unter der Anleitung von Herrn Guckenberger einmal ausprobieren.

19.00 Uhr
Dämmerschoppen
mit Herrn Sproll

Auch unser Dämmerschoppen steht ganz im Zeichen der Türkei. Neben dem üblichen Getränkeangebot gibt es daher dort auch Ayran (ein Joghurtgetränk), »Löwenmilch« (so wird ein mit Wasser verdünnter Raki (das ist ein traditioneller türkischer Anis-Traubenschnaps) aufgrund seiner milchigen Färbung genannt), original türkisches Bier (Efes) sowie türkischen Wein (der in der Türkei allerdings nur wenig getrunken wird).

Donnerstag, 7.09.2006
10.00 Uhr
Gruppengymnastik
mit Frau Kremer

11.00 Uhr
Schallplattenkonzert: »Alla Turka«
mit Herrn Graber-Dünow

Große Komponisten wie Mozart, Haydn, Gluck und Beethoven haben sich von der türkischen Musik inspirieren lassen. »Alla Turka«-Kompositionen nannte man diese musikalischen Ausflüge, von denen der »Türkische Marsch« von Mozart sicherlich der bekannteste sein dürfte. Auch die Instrumente der Janitscharenkapellen, wie Becken, Tamburin, Glöckchen oder Schellenbaum wurden im 18. Jahrhundert in deutsche Orchester integriert. Vor allem Ende des 18. Jahrhunderts erfreuten sich außerdem so genannte »Türkenopern«, wie Mozart's »Entführung aus dem Serail« großer Beliebtheit.

Bei unserem Schallplattenkonzert gibt es einen kleinen Querschnitt dieser Musik zu hören.

15.00 Uhr
Türkische Kaffeestunde
mit Frau Kuznia

Bei der Kaffeestunde können Sie bei türkischer Musik u. a. Baklava (türkisches Gebäck), çay (schwarzer Tee), türk kahvesi (türkischer Mokka) sowie elma çay (Apfeltee) probieren.

16.00 Uhr
Aktuelles Zeitgeschehen in der Türkei
mit Herrn Guckenberger

Anhand aktueller Zeitungsmeldungen gibt Herr Guckenberger einen Überblick über politische, kulturelle und gesellschaftliche Entwicklungen in der Türkei.

19.00 Uhr
»Istanbul – Symphonie«
Eine Ton-Bilder-Show
mit Frau Friedrich

Von türkischer Musik untermalt zeigt Ihnen Frau Friedrich Bilder einer Reise nach Istanbul, die sie in diesem Jahr unternommen hat.

Freitag, 8.09.2006
10.30 Uhr
Türkische Tänze in der Sitztanzgruppe
mit Frau Kuznia

Selbstverständlich wird während der »Türkischen Woche« auch in unserer Sitztanzgruppe nach türkischer Musik getanzt. Die einstudierten Tänze sollen dann bei unserem Abschlussfest vorgeführt werden.

15.30 Uhr
»Geschichten von Nasreddin Hodscha«
Eine Lesung mit Herrn Graber-Dünow

»Die Geschichten und Streiche von Nasreddin Hodscha sind seit Jahrhunderten über die Landesgrenzen hinaus bekannt. Genaueres über die Person Nasreddin Hodschas wissen wir nicht. Literaturhistoriker und Volkskundler vermuten, dass er im 13. Jahrhundert im Seldschukischen Reich in Sivrihisar geboren und in Akschehir gestorben ist. Er soll als Lehrer, Priester, Kadi und Weiser gewirkt haben. In vielen seiner Geschichten taucht er in diesen und ähnlichen Rollen auf.
Allerdings wird der historische Nasreddin Hodscha mit der Hauptfigur Hunderter von überlieferten Geschichten nicht sehr viel gemein haben. Denn die klugen Scherze, die humorig tiefgründigen, ironischen Witze, die lebensphilosophischen Bruchstücke, die in diesen Geschichten von Mund zu Mund an uns weitergegeben worden sind, sind nicht von einer einzigen realen Person zu erleben, zu erdenken und zu erfinden. Das anatolische Volk hat sich in den Jahrhunderten einen Nasreddin Hodscha geschaffen, mit dem es sich identifizieren konnte, der all die Eigenschaften des anatolischen Menschen in sich vereint: klug, ausgelassen, elementar tiefgründig auf der einen, schlagfertig, witzig und ironisch auf der anderen Seite.« *(aus: Orhan Veli Kanik/Yüksel Pazarkaya, »Das Wort des Esels«)*

Im Anschluss an die Lesung können Sie noch einen kurzen Filmausschnitt über das berühmte, nach seinem Helden Karagöz benannte, türkische Schattenspiel sehen.

18.00 Uhr
Ausflug: Abendessen im türkischen Restaurant »Gundi«

Wie in jedem Jahr gehen wir während unserer Länderwoche in ein landestypisches Restaurant zum Abendessen. Dieses Mal fahren wir in das türkische Restaurant »Gundi« in der Leipziger Straße, in dem die Speisen u. a. in einem offenen Holzkohleofen im Gastraum zubereitet werden.

Samstag, 9.09.2006
10.30 Uhr
Türkische Gerichte in der Koch- und Backgruppe
mit Frau Heise

Natürlich wird auch in unserer Koch- und Backgruppe ein türkisches Rezept ausprobiert. Es gibt Kirmiz merci mek çorbasi (Rote Linsensuppe), Terbiyeli Köfte (Klößchen in Zitronensauce) und zum Nachtisch Kardamom Milchreis mit frischen Aprikosen.

16.30 Uhr
Abschlussfeier
mit Musik- und Tanzgruppen des alevitischen Kulturzentrums

Die Abschlussfeier wird von Musik- und Tanzgruppen des alevitischen Kulturzentrums gestaltet. Wie schon zuvor beschrieben, wird außerdem unsere Sitztanzgruppe einen Tanz zu türkischer Musik aufführen.

Wie in jedem Jahr verbinden wir die Abschlussfeier unserer Länderwoche wieder mit einem Grillfest. Dies ist zugleich der Abschluss der diesjährigen »Grillsaison«.

Ausstellung
Während unserer »Türkischen Woche« ist im hinteren Teil der Vitrinen unserer Bibliothek im Speiseraum eine kleine Ausstellung von Büchern aus und über die Türkei zu sehen, die uns die Tochter unseres Bewohners Herrn Mesut Dölen, Frau Yasemin Dölen, zur Verfügung gestellt hat. Diese können auch ausgeliehen werden. Bei Interesse wenden Sie sich bitte an Herrn Graber-Dünow.

Register